轻与重
FESTINA LENTE

姜丹丹 何乏笔 主编

走向绝对

王尔德 里尔克 茨维塔耶娃

（第2版）

[法] 茨维坦·托多罗夫 著 朱静 译

Tzvetan Todorov
Les Aventuriers de l'absolu

华东师范大学出版社

华东师范大学出版社六点分社　策划

主编的话

1

时下距京师同文馆设立推动西学东渐之兴起已有一百五十载。百余年来,尤其是近三十年,西学移译林林总总,汗牛充栋,累积了一代又一代中国学人从西方寻找出路的理想,以至当下中国人提出问题、关注问题、思考问题的进路和理路深受各种各样的西学所规定,而由此引发的新问题也往往被归咎于西方的影响。处在21世纪中西文化交流的新情境里,如何在译介西学时作出新的选择,又如何以新的思想姿态回应,成为我们必须重新思考的一个严峻问题。

2

自晚清以来,中国一代又一代知识分子一直面临着现代性的冲击所带来的种种尖锐的提问:传统是否构成现代化进程的障碍?在中西古今的碰撞与磨合中,重构中华文化的身份与主体性如何得以实现?"五四"新文化运动带来的"中西、古今"的对立倾向能否彻底扭转?在历经沧桑之后,当下的中国经济崛起,如何重新激发中华文化生生不息的活力?在对现代性的批判与反思中,当代西方文明形态的理想模式一再经历祛魅,西方对中国的意义已然发生结构性的改变。但问题是:以何种态度应答这一改变?

中华文化的复兴,召唤对新时代所提出的精神挑战的深刻自觉,与此同时,也需要在更广阔、更细致的层面上展开文化的互动,在更深入、更充盈的跨文化思考中重建经典,既包括对古典的历史文化资源的梳理与考察,也包含对已成为古典的"现代经典"的体认与奠定。

面对种种历史危机与社会转型,欧洲学人选择一次又一次地重新解读欧洲的经典,既谦卑地尊重历史文化的真理内涵,又有抱负地重新连结文明的精神巨链,从当代问题出发,进行批判性重建。这种重新出发和叩问的勇气,值得借鉴。

3

一只螃蟹,一只蝴蝶,铸型了古罗马皇帝奥古斯都的一枚金币图案,象征一个明君应具备的双重品质,演绎了奥古斯都的座右铭:"FESTINA LENTE"(慢慢地,快进)。我们化用为"轻与重"文丛的图标,旨在传递这种悠远的隐喻:轻与重,或曰:快与慢。

轻,则快,隐喻思想灵动自由;重,则慢,象征诗意栖息大地。蝴蝶之轻灵,宛如对思想芬芳的追逐,朝圣"空气的神灵";螃蟹之沉稳,恰似对文化土壤的立足,依托"土地的重量"。

在文艺复兴时期的人文主义那里,这种悖论演绎出一种智慧:审慎的精神与平衡的探求。思想的表达和传播，快者，易乱；慢者，易坠。故既要审慎，又求平衡。在此，可这样领会：该快时当快，坚守一种持续不断的开拓与创造；该慢时宜慢，保有一份不可或缺的耐心沉潜与深耕。用不逃避重负的态度面向传统耕耘与劳作，期待思想的轻盈转化与超越。

4

"轻与重"文丛，特别注重选择在欧洲（德法尤甚）与主流思想形态相平行的一种称作 essai（随笔）的文本。Essai 的词源有"平衡"（exagium）的涵义，也与考量、检验（examen）的精细联结在一起，且隐含"尝试"的意味。

这种文本孕育出的思想表达形态，承袭了从蒙田、帕斯卡尔到卢梭、尼采的传统，在 20 世纪，经过从本雅明到阿多诺，从柏格森到萨特、罗兰·巴特、福柯等诸位思想大师的传承，发展为一种富有活力的知性实践，形成一种求索和传达真理的风格。Essai，远不只是一种书写的风格，也成为一种思考与存在的方式。既体现思索个体的主体性与节奏,又承载历史文化的积淀与转化,融思辨与感触、考证与诠释为一炉。

选择这样的文本,意在不渲染一种思潮、不言说一套学说或理论,而是传达西方学人如何在错综复杂的问题场域提问和解析,进而透彻理解西方学人对自身历史文化的自觉,对自身文明既自信又质疑、既肯定又批判的根本所在,而这恰恰是汉语学界还需要深思的。

提供这样的思想文化资源,旨在分享西方学者深入认知与解读欧洲经典的各种方式与问题意识,引领中国读者进一步思索传统与现代、古典文化与当代处境的复杂关系,进而为汉语学界重返中国经典研究、回应西方的经典重建做好更坚实的准备,为文化之间的平等对话创造可能性的条件。

是为序。

姜丹丹(Dandan Jiang)
何乏笔(Fabian Heubel)
2012年7月

目 录

译序 / 1

引言 / 1
王尔德 / 19
里尔克 / 95
茨维塔耶娃 / 171
与"绝对"一起生活 / 247

译 序

茨维坦·托多罗夫（Tzvetan Todorov）在当代西方文学批评界占有重要地位，他以结构主义诗学和叙述学的理论研究开端，逐渐意识到文学批评家还应该思考文学以外的东西。八十年代，托多罗夫思想发生转折，他的研究活动突破了文学范畴，扩大到文化人类学领域，将研究的目光转向不同文化之间的关系，将思考转向人的主题，探测人的内心世界深处，重提被人们忽视甚至诟病的人文主义。他注重研究人该怎样和他人一起去体验人类共同的命运，同时，他很关注属于不同社会和不同传统的人们怎样在其中构筑他们的经验这样的问题。

巴黎罗贝尔·拉丰出版社 2006 年出版了茨维坦·托多罗夫的《走向绝对》（*Les aventuriers de l'absolu*）一书，作者通过阅读王尔德（Oscar Wilde）、里尔克（Rainer Maria Rilke）、茨维塔耶娃（Marina Tsvetaeva）生前和友人的通信，追寻他们竭尽全力探求并走向"绝对"的人生轨迹。他梳理了三位大诗人的人生经历,进而考察他们以其生活准则服从审美标准的强烈欲望,绝对地处理艺术与人生的矛盾的过程及其所带来的令人唏嘘的结局,引人入胜地对这三位诗人不惜牺牲自己的幸福人生,亲历步履探求"绝对"险境的主题做了精湛又很有说服力的解析。

托多罗夫 1939 年出生于保加利亚首都索菲亚市,受过良好的家庭教育。有着这样出身背景的人在保加利亚这个相对封闭、受前苏联遮蔽的东欧小国,受到外国,特别是西欧国家的吸引是很自然的事。上世纪六十年代,托多罗夫居住在加拿大的一位姑母为他提供了去外国学习的机会。那时候走出保加利亚很不容易,签证也不是轻易就能获得,但他还是于 1963 年到了西方文化中心巴黎,那时他刚 24 岁。三年之后,他已经融入到法国生活中,根本不可能再回到保加利亚,他选择留在法国。托多罗夫在异国他乡以其多种文化修养的优势,终于在西方文坛取得了可喜的成就,确立了他的地位。

以三位诗人留下的真实文字作依据,托多罗夫展现了他们以各自不同的方式追求、探寻"绝对"的履险过程。他对诗人们的生活方式和人生追求提出深刻的质询。三位诗人置有限的人生处境于不顾,力图达到无限与崇高,绝对没有商量、妥协的余地。他们的道路各不相同,结局也迥然有别。他们的绝对追求成就了他们独特、丰富的人生,也成就了他们深刻完美、不可磨灭的作品,但他们具体的有限人生却充满了人间辛酸。

一

19世纪英国唯美主义诗人、剧作家王尔德把"美"作为人生追求的终极目标,他是生活在对"美"的绝对崇拜之中。他像个宗教使徒般地全身心地追求"美",力求把自己的人生雕琢成一件完美的艺术品。他衣着华丽,举止优雅,频繁出入上流社会;他风流倜傥、才华横溢、光彩夺目,周围不乏崇拜逢迎他的人们;他喜欢豪华的排场、漂亮的朋友、美丽的物件;他认为人应该尽量在自己身上寻找资源、绽放个性,而不是迎合压抑人的个性的社会来达到"完美",理智和道德无助于个性的绽放。这种旨在自我绽放的唯美探寻,根据个人深层的自然天性,有多种多样各不相同的形式。王尔德绝对地追求唯美到极致,他将自己作为这种唯美主义的体现。

王尔德与道格拉斯的同性恋遭到后者的父亲昆斯伯里侯爵的强烈反对,这位侯爵对王尔德提出司法起诉,王尔德又提出反诉。最后王尔德败诉被判监禁入狱,唯美的神话破灭了。待他出狱后,已经风光不再,穷困潦倒,立即被表面优雅实则无情冷漠虚伪的道德社会所抛弃。这个社会可以默认此类所谓的伤风败俗,但绝不容许公开向它挑战。

孤独的监禁让王尔德心灵受到极大的震动,让他看到自己在实现自我完美的过程中忽视了他人存在的现实及其重要作用。他一心埋头经营自己在别人眼中的完美形象,绝对地追求唯美并以此形象自诩,并且将其作为自己的艺术支柱的道路是行不通的。残酷的现实让他痛苦地看到了自己和他人的真实关系。众目睽睽之下,他不再是"美"的使徒。**绝对的完美是达不到的**,即便他和美少年道格拉斯之间的亲密关系也难免俗套,道格拉斯最终离开了衰老贫穷的王尔德。唯美诗人王尔德再也写不出美丽的诗篇,最后贫病交加而死。现实生活不可能绝对地树立"美"和自我的最高价值。**绝对的唯美主义是一种不可实现的计划。真实生活具有相对性。**

二

19世纪末20世纪初德语诗人里尔克把艺术追求作为人生最终目的,为艺术而违拗自身天性的里尔克写出了深刻的作品,却享受不到艺术带来的幸福,抑郁成疾,早早离世。托多罗夫的笔触介入到诗人的内心深处,展现了一个焦虑重重、身心倍受煎熬折磨的人。他要追究里尔克把他的全部人生决绝地献给艺术创作,献给"美"的真实性到何种程度,从何时起,里尔克所描述的道路成了此路不通?托多罗夫指出,一切生活都是"相对"和"绝对"的混合,是在尘世生活下去的必要性和积极提升向上的必须性的混合。里尔克在日常人生中采取绝对的生活态度,为了艺术创作,拒绝和逃避爱他的人们(其中许多是女人),但是日常生活中人的处境并不是绝对性的,而是相对性的:矛盾着的事物不一定总是美好地结合在一起,爱与美,崇高与低俗,生活与艺术,善与恶,美与丑等矛盾的双方都带上了人无法克服的困难印记。

里尔克曾经当过雕刻家罗丹的秘书,深受罗丹思想的影响,罗丹说,要持久不懈地去追求"美",创造"美"。在创造"美"的同时,人可永葆青春,但是要在一种深层的创作欲中汲取创作的源泉,而不是受一种求知欲或追名逐利的驱动。于是,里尔克要求自己专心致志地进行艺术创作。选择了一条决绝地放弃生活快乐和苦恼,与社会生活隔绝,极其真诚、孤独地从事艺术创作的道路,以致抹杀否认自己个人内心的存在。他认为一切无限的东西都在于孤独之人的内心,诗人在内心经受考验,完成事业,产生奇迹。他绝然阻断向他示爱的女性们抛来的红线,甚至肯定地断言爱情只能在孤独中得以发展,达到最深层的意义,因为一切爱情都必须要超越它对所爱之人特有的依恋。只有向着世界之爱敞开心扉,努力地去抓住世界的本质,将它提升为普世之爱才能写出深刻的传世之作。他在诗中说:*我创作,我存在,我在这个道理上找到我全部的人生力量。*

然而,艺术创作并没有给里尔克带来快乐和个人的自我绽放,托多罗夫多次在里尔克的通信中窥见到他时时处于两难的境地。作为普通个人他也渴求"爱",但为了全身心投入到艺术之中,**绝对地**达到最终追求,他又要压抑自己,推却"爱"的欲求。创作的快乐不足以抵御推却"爱"时经历的撕心裂肺之痛,他以万分痛苦的代价,**绝对地**将自己的人生作了艺术和崇高的祭品。其实,稍微折中一些,相对地来处理艺术追求和人生幸福又未尝不可呢?

三

20世纪初流亡法国的俄国女作家茨维塔耶娃,始终坚持艺术自人间产生,她在苏维埃俄国受到历史动荡的冲撞,历经磨难流亡到异国他乡,仍不顾一切绝对地追求艺术为人服务,绝对拒绝屈从。

托多罗夫笔下的茨维塔耶娃既不像王尔德那样追求唯美,将生活作为一件绝对完美的艺术品那样来精心雕琢,也不像里尔克一样决绝地将艺术置于生活之上,她希望将两条道路相提并论。她首先是一个内心深受俄国十月革命伤害又饱尝流亡颠沛之苦的有血有肉的女人。她没有将生活和创作对立起来,不是绝对地将创作置于生活之上。她认为,诗只应追逐它本身的完美。"写作者只为写作而写作",作品就是一切,作品本身即是目的。"屈从的艺术是一种失败的艺术。"艺术家作品的价值在于揭示世界的真理。托多罗夫说:"诗人的天职包括一种挑战,茨维塔耶娃懂得揭示它……"茨维塔耶娃说:"我是一个会思想的诗人。"她绝不屈从哪一方。她驾驭作品的能力和水平在当时文坛上可算首屈一指,她高超的语言能力助她把内心的呼喊变成了作品。她作品的艺术成就越来越受到当今文坛的关注。

相对于抽象的精神说教,茨维塔耶娃更看重具体的个人。我们的女诗人寻求通过和其他人建立起某种关系,去体验纯粹和极端的感情,来达到她心目中的"绝对",并且将它表现在她的作品中。可是她却遭遇到了与她同时代那些尊奉"绝对"、非此即彼的人们的抵制。她疯狂般地爱上某些个人,可是马上又堕入对所爱之人深深的失望之中。她虽然是严重政治动荡的牺牲品,但她仍坚持成为自己,政治上绝不参与某一方。她也从不把她的创作置于她对某个人的爱情之上。她认为,诗歌不应为诗人之外服务,而是其本身完美的继续。她对远离生活囿居于象牙塔里杜撰不切实际的作品的诗人们不屑一顾。茨维塔耶娃超越时代的特立独行的绝对态度导致她无论在十月革命后的苏维埃俄国,还是在其客居地法国的文坛上,及在法国的俄国流亡圈同胞中都遭到排斥,因为当时的人们往往都尊捧着非此即彼"绝对"的两元论不放。

作为作家存在于世,茨维塔耶娃需要发表作品。可是,在今天诗坛上倍受欢迎的茨维塔耶娃的作品在其生前难有出路。最后我们的女诗人被逼无路走向了自绝。托多罗夫指出,即使今天由茨维塔耶娃女儿加以整理出版的作品,也还是与她的本意相距甚远,这是对母亲生前的执着追求又一次的伤害:这是一种无奈,时空距离造成了女儿和母亲之间的隔阂。

托多罗夫还指出,茨维塔耶娃在被接受和被承认上发生困难不是偶然的,这是一个只听从其内心的声音而拒绝一切妥协的创作者所遭遇的困难和伤害。茨维塔耶娃通过她的诗追求"绝对",她绝不屈从,绝不媚俗。她认为应该让读者来追随她,而不是她去迎合受众或任何权威。在那个时代,因为她的桀骜不驯,她到哪里都不被接纳。她和诺贝尔文学奖得主帕斯捷尔纳克分手的主要原因也在于她决不放弃她唯一要遵循的法则。帕斯捷尔纳克屈就了苏维埃政权,违心地选择了"从众"而不是自己的良心,致使茨维塔耶娃大失所望。不过,后来帕斯捷尔纳克发生了巨大变化,不负众望地写出了史诗性长篇小说《日瓦戈医生》,可以说,和茨维塔耶娃的相遇促使了他的蜕变。

茨维塔耶娃与王尔德不同,她不会为了某种爱情关系牺牲写作,断送自己的艺术事业;她与里尔克也不同,她不能放弃"爱"。相对于彼岸,她更偏向于此岸,偏向于人。她孜孜追求的"绝对"就在她的诗歌之中。对于茨维塔耶娃来说,艺术是由精神和物质共同孕育出来的,艺术家真实地生活在人间,和各种人等在一起生活,她要通过艺术创作来真实地揭示隐蔽在人们生活之中不可见的强度和维度。她认为要在具体生活中汲取艺术创作的源泉,深深扎入生活之中,将艺术和生活融合在一起。她不是为了写诗而活着,而是为了活着而写诗。可是她又必须面对我们这个激烈冲突、动荡不定的世界,她终于身心俱灰,走向绝路。

四

托多罗夫总结了"绝对"降临人间致使现代历史发生的巨大蜕变:由宗教构成的世界过渡到了另一个只参照人性和尘世价值观而组织起来的世界。托多罗夫对"绝对"降落人间进行了追根溯源，他指出时时窥伺着人和"绝对"的关系的首要危险，是以各种形式表现出来的摩尼教义式"非此即彼"的两元论，还有拒绝多样人生的唯美主义。摩尼教义和唯美主义让我们的艺术家们接二连三地掉入"绝对"的境地欲罢不能。艺术家们经常遇到的艺术与生活，崇高与低俗，美与丑，善与恶等似乎相互对立的矛盾其实也和其他矛盾着的事物一样：矛盾的双方并不截然断裂，相互间并不界限分明，它们之间有一定的延续性，它们相互渗透，相互补充，相互转换，甚至你中有我，我中有你，相辅相成，或者说相反相成。

绝对和有限的人类处境无缘。掉入"绝对""唯美"陷阱中的艺术家们也许采取另一种较平和、通达、开放的态度，能够更好地处理他们所面临的艺术和多矛盾、多重又多彩的人生之间的种种关系，能够既创作出具有厚重理想的美好作品，又能够让自己度过充实美好的人生。托多罗夫在结论中提到了乔治·桑，这位法国女作家以她的田园小说著称，其实她小说中不光描绘出了美丽宁静的田园风光，还展现了善良的人们如何摆脱人类处境中封闭、狭窄、绝对、无趣的一面，我们的女作家笔下树起的胸怀宽厚、仁爱的主人公群像，创造了包容、开放、相对有趣、和谐美好的人文氛围。这样的人类处境，给人希望，让人向往。要学会从内在来使日常生活放光发采，要学会使它更加明亮又充实紧凑。

托多罗夫在结论中还提到了小说《白痴》的主人公梅什金公爵，陀思妥耶夫斯基笔下的梅什金公爵是一个相当完美的男人，他力求做"善事"。但是他不是天使,他的无条件仁慈最终羞辱了受其仁慈的人们。他的普世同情式的爱扰乱了人际交往,因为它排斥激情,扰乱了有限的人类处境,给他所爱的人和爱他的人带来了死亡。梅什金的"善举"与他追求完美的本意正相反,结果引发了灾难,最后他自己也被送入了疯人院。作为不完美的"人",非天使的"人",不可能只是陶醉于完美之中。因为生活是有终结的,是相对的,绝对的真"圣人"给人间带来更多的是悲剧。

许多类似王尔德、里尔克、茨维塔耶娃等的艺术家们都喜欢想象极端状态,以为他们是在追求完美,其实,世界是有限的、相对的,人类处境也是有限的、相对的。**完美在彼岸**。这就是为什么许多绝对苛求完美的艺术家们往往陷于痛苦深渊不得善终的原因。不过,我们也不要掉落到"相对主义"的歧路上去,艺术家们追求"绝对"也并非一无所获,从艺术创作来看,他们**绝对地孜孜追求完美**,也是一种很有成效的过程,他们大多都留下了启示后人良知的传世之作,警世恒言。

译者怀着真诚的感动,花了一年多时间,努力将托多罗夫这部力作忠实地呈现给中国读者,希望对大家有所裨益。

朱 静

2012 年 8 月

引　言

今天晚上，一位朋友请我们去香榭丽舍(Champs-Élysées)剧院听一场音乐会：意大利乐队，利那尔多·阿莱桑德里尼(Rinaldo Alessandrini)指挥，演奏维瓦尔蒂(Vivaldi)的作品。我们不太熟悉这支交响乐队。大厅里坐得满满的，我们的位子很好。音乐可以开始了，和往常一样，我不太能集中注意力。我的思绪四处游荡，同时又常会在一些细枝末节上停留一下，甚至正当我欣赏低沉的《圣母悼歌》(*Stabat Mater*)的时候。突然，在下一节的开头，出现了某种完全不同的东西。弦乐和笛子组成的小乐队演奏了一支著名的协奏曲——《夜》(*La Notte*)。它演奏得如此细致准确，以至于几秒钟之后，整个大厅就马上肃静下来，屏住了气息。所有人都目不转睛地盯住音乐家们缓慢的动作，一个音一个音地吮吸各乐器徐徐发出的乐声。我们大家都意识到在这个时刻自己参与了一个特别的事件，一次难以忘怀的经历。我屏住气息全神贯注聆听音乐。最后的一段乐曲奏完,静默了一会儿,突然全场爆发出热烈的掌声。

这段经历说明了什么?维瓦尔蒂是位伟大的作曲家,意大利乐队是一个杰出的组合,但是还不止于此。我不会分析音乐,我只满足于天真地聆听音乐,我想象大部分听众和我同样情况。在这段音乐演奏的时间里,使我们心荡神怡的不仅仅是音乐。完美无瑕的演奏打开了通往某种稀罕又熟悉的体验的大门。它把我们引领到一种我们说不出、道不明,却能让我们一下子就感受到的对我们来说是本质性的境地。这是一种丰富充实的境地。在某个时刻,我们内心常有的激荡停了下来。很少有一种作用或者反作用本身包含有它们的理由,作用和反作用都导致某种结果,某种超越它们本身的意义。在神来之笔的好时刻里,就像我所说的那个时刻里,我们不再祈望一种超越不凡的时刻——我们已经在这样的时刻里了。我们不知道自己正在寻觅这种状态;然而,当我们处于这种状态,我们就能认识到它的勃勃生气:这种欣喜万分的时刻与一种迫切需要相呼应。不久以后,我在这位利那尔多·阿莱桑德里尼写的关于另一位大作曲家的小书里读到这样一句话:"蒙特威尔第(Monteverdi)[①]让听他(音乐)的人能够用手指触摸到美。"是的,就是这样,美,无论风景之美,相遇之美,或者艺术作品之美,都不会让某种东西超越其本身,但是让我们将它作为其本身而加以赞美。我们在

---

① 利那尔多·阿莱桑德里尼,《蒙特威尔第》,阿尔勒(Arles),南方文献出版社(Actes Sud),2004年,第161页。

聆听《夜》时体验到了这种完全沉浸于现时别无他想的感受。

音乐并不是了解这种经验的唯一手段,美也不是命名我们在其中感受到的东西的唯一方式。即使它并不频繁出现,我们大家也能在日常生活中遇到它。我把自己作为一个(审美)对象——突然,我停了下来,被它内在的品质震撼。我在"自然"中漫步——面对天空或夜晚,白雪皑皑的山峰或是废渣碎铁堆的阴影,我(心中)充满热情。我看着我的孩子——他的笑让我快乐至极,就在这一刻,我不需要别的任何东西。我对某人谈起——突然,沉浸在一种预料不到的温情之中。我寻找一种数学演绎——它好像从远方不期而至进入我的脑海。它更甚于一种愉悦感,甚至更甚于一种幸福感,因为,这一幕幕让我瞬息间预感到一种其他时候感受不到的完美状态。我们从这些时刻中得到的满足感并不直接取决于我们处于其中的社会,它既不是一种物质性补偿,也不是一种会取悦我们虚荣心的公共认同:这方面或那方面可以给这些行动以赞誉,但是它们并不成为这些行动的组成部分。

这些经验之间并不互相混淆,然而它们都导向某种完满充实状态,让我们感到一种内心的完善。瞬间的,同时又是永无止境欲求的感受,因为,幸好有了这种感受,我们的人生才不会白白活着,因为幸好有了这些珍贵的时刻,我们才活得更加美好,更加富有意义。我有时候很想用这些相同词语来形容一位我钦佩有加却刚刚去世的人。他的"美"不可估量,其他人,即使和他亲近的人都无法言喻他的"意义"。这并不妨碍所有认识这个男人、这个女人的人们都认同这一意见,他说了真话。我们都知道人不可能始终活在这种完善充实状态之中。我们知道,这更多地是就视野而非地域而言的;没有这种完美状态,无论如何,生命价值大不相同。

向往完美充实和内心完善,从最远古的年代起就存在于每个人的头脑之中。如果说我们难于道明这种向往的话,那是因为这种向往具有极其繁多的形式。我想在此着重说说其中一种,因为它在我们身上起着某种特殊的令人着迷的作用,今天引导着我们的自我探索。它并不总是这样,在许多世纪中,其实这种追求完美的需要曾经被表述为或者被引向到宗教经验的范畴之中。当然,词语也会引向到多种多样的现实。宗教曾经是,现在还经常是一种宇宙论,一种伦理,一种凝聚群体的粘合剂,一种国家和政治的基础。这种说法也提出了一种超越我们之上的与某种非物质诉求有关的关系,我们可以参照这种关系,用绝对,或者无限,或者神圣,或者恩宠等词汇来表述。宗教有多种多样,但是所有宗教都体现和导向了这种与彼岸之间的关系,它们为此作了几千年的努力,一切努力都是围绕着尘世而行。其他内心完善的形式并不缺失,但是没有一种教理来框定它们让它们自圆其说,它们停留在悟性的空白之处,毫无章法。

两三个世纪以来,欧洲掀起了一场真正的革命,由教会体现出来的以神性世界作为参照系开始让位给纯人性的价值观。我们总要和某种"绝对"或者某种"神圣"打交道,但是"绝对"和"神圣"已经从天上落下掉到了地上。这并不是说,从这个时代起,对于欧洲人来说,"教会已经死了"。它没有死,这是就教会作为多少世纪以来向往"绝对"的主要形式(如果不说它是唯一的形式的话),把它的烙印打在了人的身上而言(不是仅仅打在了指称教会的词语上)。此外,纯宗教经验和对神的信仰——不管名称如何——在我们的同时代人中间丝毫没有消除。不管怎样,无论在建构整体的社会还是个人的经验方面,教会都不再提供强制性的规范;今天,狭窄意义上的各种宗教信仰是这种探求(绝对)的各种形式之一,对它们的选择变成了个人的事情。可以抛弃由传统承继下来的教会,经过几番犹豫之后选择更适合我们的另一种宗教,没有比这种可能性能更好地说明教会的新地位了。

起初,18世纪末,始终存在但是已经削弱了的神意的"绝对"已经和一种以集体形式出现的"绝对",即民族,发生了激烈冲突;然后,其他相似的对立面出现了,如无产阶级或者雅利安种族,它们得助于对理想的政治体制的想象,对于社会主义或通往社会主义的过程,即"革命"的想象。被这些词语遮盖的现实一旦暴露,令人大失所望,甚至让人觉得可怕。为这些经验寻找一个框架,导向了某种第三条道路,这条道路自18世纪末起同样也已经划了出来,但是,第三条道路的吸引力是慢慢显现出来的,那就是个性自由(l'individu autonome)的道路。

既然"绝对"应该对所有人都有价值,谈论一种个性的"绝对"就有点不合常情了,如果不直接说是自相矛盾的话;如果说

"绝对"仅对个人而言,那么只能说"绝对"对于个人还是具有相对性的。然而我们围绕这个悖论从此要论争两个世纪以上,并且,越接近现时,论争越多,这是好事。我们不愿意放弃和神圣(或者说无限,或者说崇高)的关系,但是我们不接受我们的社会强加给我们的神圣,于是我们宁可在我们的经验之内寻找神圣,而不是通过集体性的密码来寻找神圣。我们要把一种美好生活和一种平庸生活区分开来,但是美好生活不再一定是为了众所公认的"好"而言。我们的选择是主观性的,然而我们私下里相信它绝不是专断的,我们周围的人终究会承认它的价值:我们是"发现"它,而不是臆造了它。那些今天大家都很熟悉的"绝对"的新形式主要证明了:宗教经验似乎并不是人类的一种固有特征,而只是一种由某种情况所决定的共同形式,它纯粹是人类学的形式,也就是说,不发生种族变异它是不会消失的。再说一遍,这些向往"绝对"的其他形式,已经存在很久了,只是最近在所谓的"世界觉醒"的过程中它们才进入到个性意识和公共认可的层面。

在所有为了在传统宗教和世俗的政治宗教之外,在以个人方式思考"绝对"和以"绝对"方式生活的所有尝试之中,我想抓住其中之一,尝试把这种经验解释为对美的探求。在这点上,仍涉及到一种广泛传播的情感。作为各个时代的许多小标记之一:2003 年,一份名为《林冠》(*Canopée*)的画报问世,它的卷首语是"美将拯救世界"。陀斯妥耶夫斯基的话从未具有如此的现时性。"因为正当我们周围那么多的东西日益恶化之时,必须要讲讲地球之美的问题和住在地球上的人类之美的问题。"①必须要明白:"美"这个词在此具有比它的日常用法更广泛的意义。它并不意味着人们要以欣赏落日或月光来度过时光,也不意味着人们将从商店买一些装饰品来作美的点缀。人们更愿意尝试以个人意识中认为和谐的方式来作美的打扮,以至于他的与众不同的各组成部分,社会生活,职业生活,私人生活,物质生活,形成了一个清晰的整体。这不一定是一个为美好理想而献身的生命,也不一定是一个符合各种所谓高尚的价值观的生命。一个美好的生命常常没有政治的或道义的标记。每一个人在当下确定他的成功标准,即使他得为了确定他的成功标准而借用他生活其中的社会提供给他的一套东西。由此,我们又回到了我们的起点,人的内心完善和充实完美的存在的经验。

我们还可以说生活的艺术是各种艺术之一,人们总是试图像(对待)一件艺术品一样来完美自己的生活。再说一遍,必须预防各种误会。我们领悟到艺术真是人类生产美的极好场所。对于我们之中的许多人来说,我们所寻找的完美就在——尤其是在——艺术经验之中。"艺术就是神圣以其他手段的继续。"研究我们世界的祛魅的历史学家马塞尔·戈歇(Marcel Gauchet)②谈到克劳塞维茨(Clausewitz)时如是说。我自己从一次音乐体验

---

① 《林冠》,2003年,第1期,第11页。
② 马塞尔·戈歇,《世界的祛魅》(*Le Désenchantement du monde*),伽利玛出版社(Gallimard),1985年,第297页。

出发来谈感受完美,今天我远不是唯一的一个,即使我们所谈的各种音乐可以极其纷繁复杂。我信手翻开一本画报,读到大众女歌手弗朗索瓦丝·哈尔蒂(Françoise Hardy)说的这句话:"凡是在音乐上令我震撼的,我都觉得似乎是上帝存在的一种无可置疑的证明。"但是,艺术并不仅仅因为是某种存在的具体实践和时刻,而是因为它是一种活动的模范榜样在此值得一提,因为艺术作品,不管好的还是坏的,其本身都给予我们一种丰富饱满尽善尽美的印象,那就是我们对生活的祈求。

因而,并不是对作品的观赏,也不是创作作品,而是艺术作品本身,成为一种美好生活的榜样。然而,并没有一道鸿沟将作品与最普通的存在隔开。为了发现最普通的存在中的美,用不着实践某种艺术,也用不着刻意消费某些杰作。每个人都会以想象力来使真实焕发光采,尝试让他的日常生活具有某种和谐形式(或者至少为没有能做到这一点而遗憾),艺术作品只是一个场所,在艺术作品上所花的努力产生出其最光彩的结果,因而也是最容易观察到的。

我在一个不以神意为参照系的家庭中长大,父母不是信徒,我想出生在19世纪下半叶的他们的父母也不见得比他们更笃信(宗教)。保加利亚人原则上是基督徒(东正教教徒),但是,在一些像我祖父母那样的家庭中,人们更多的是指望人的杰作而不是神的恩宠;他们重视学习和劳动,而不是祈祷。我同样是在第二次世界大战结束之后不久的社会中长大,这个社会强制推行集体理想:共产主义体制强迫我们偶像化各种抽象概念,诸如

"工人阶级"、"社会主义"或者"各族人民大团结",以及某些被奉为体现这些理想的个人。然而,一走出童年,我很快就发现美好的词语并不能指称事实,而是遮蔽了这些事实的缺失;而那些人们被引导去崇拜的个人是一些双手沾满鲜血的专制暴君。我从来不相信某个"绝对"之神,我很早就对尘世的集体信仰的"绝对"之神失去了信仰。

在东欧,有些人针对这种形势作出反应,完全放弃了神圣的一切形式,躲进了一种犬儒主义,他们以为犬儒主义是明智的做法。其他一些人,仍然坚持寻求神圣,但只是在他们自己内心寻求。这使他们能够以他们的悟性标准的名义对他们生活其中的社会进行严厉批判,并且提高他们私生活的价值:友谊和爱情,精神追求或艺术追求。这条道路同样吸引着我,几年之后,即移民法国之后,我可以毫无羁绊地走上这条道路。

批评家和历史学家的职业,让我接触到许多我非常欣赏的文章和画作,在我眼中,它们体现了我在别处所向往的完美。但是,这些经验不能使我得到满足,它们也不比音乐引起的陶醉更甚。回想起来,我意识到,艺术作品、美好无比的风景、异域旅行等各种公认形式下的美,让我如饥似渴。在生活中,我们常常会觉得不能自由选择自己的道路。我们首先得听从周围大人们的决定,然后,我们会遭到同伴们施加的各种压力,还得符合社会摆在我们面前的行为模式,我们屈服于工作环境的要求。然而,我们中每个人并非自觉地,也无从用言语表述清楚地,都有一个生活计划跃跃欲试,有一个理想的轮廓引导着,并以此为尺度自我判断自己当下的生存状况。我知道向往完美、向往内心的完善、向往更高尚的生活是内心计划的组成部分,但是我不知道向往会把我带向何方,与"绝对"的关系在其中占据怎样的位置。为了揭示它,我投入到目前的调查之中:希望过去能说明现时,我曾经想知道其他人,我还很钦佩这些人,他们是如何尝试提出这同一挑战的。他们向何处探寻完美,这种探寻在他们的人生中起了何种作用,这种探寻和他们寻觅幸福是否结合在了一起?

"怎样活着?"顺着某几个人的命运,我绕了个弯子来贴近这个伤脑筋的问题,对他们的人生经历的叙述可以作为促进思考的媒介。这些人的一生并不能成为我们的榜样,这些个人并不完美,也不是很幸福。不管怎样,很久以来,为了思考我们本身的人生,我们并不从圣徒们的生平中,而更愿意从像我们一样可能会犯错误的、漂泊不定的人的人生中得到启发。卢梭曾经首开先河,他自愿叙述他的一生,并不是因为它值得赞赏,而是因为它让每个人都以此来观照自己的一生。卢梭说,为了了解自己的内心,必须从读懂他人的内心开始。我们这个时代并不完美的英雄,激发人们去审视和质询,而不是去模仿或屈从。

这种选择将迫使我们闯入好几个人的内心深处,无所顾忌地挖掘他们的隐私。当谈及那些原则上本不应向公众泄露的时刻时,传记作者犯下了某种强暴行为。老实说,这种强暴并不是唯一的,也不是最厉害的。叙述一个人的一生是什么,是一部传记?这是在组成这个人一生的举不胜举的事实和事件中作出选择,组成一部叙事作品的几个章节。诸如某些性格特征,插入某些事件、小故事,某些会面该得到保留,甚至要特别加以强调,而其他的都可以遗忘,这难道不是越出本人意愿的擅自取舍吗?有些传记篇幅很长,有些短一些,然而它们都经过了大规模的筛选:有哪本书能够包罗传主度过的成千上万个日子里无穷尽的丰富内容?

传记作者对于落入他手中的无奈的个人所施加的最强暴力各有不同:这是赋予传主某种意义的举动。这种意义不仅与传主自己所赋予的有别,它还把结局强加给每个人都要经历过的生活,诸如开端,没有走完的道路——因为没有人死后还能生活,仅此而已。传记作者并不希望复活死者,而是希望在忠于事实的同时,产生一种在他之前并不存在的意义,并与他的读者们一起分享此意义。一旦这个存在诉诸于文学,它就不再属于一个血肉之人,而是类似文学人物而存在于世,历史学家笔下所展现的人物变成了和那些小说主人公很相似的人物。这就让我们得以闯入一个个人的内心深处,让我们"纸上谈人"。

就我的关于探求完美和向往"绝对"的"小说"而言,我只提三个名字:奥斯卡·王尔德(Oscar Wilde),赖纳·马利亚·里尔克(Rainer Maria Rilke)和玛丽娜·茨维塔耶娃(Marina Tsvetaeva)。除了我很同情这几个人,很欣赏他们的著作以外,好些原因促使我选择他们三位。

首先,他们三位是真正的"探求'绝对'的履险者","履险"在此应该被理解成具有双重意义:他们所走的道路没有标识(他们走了前人没有走过的道路),他们开拓了新的道路;他们不屈不挠,不会出于谨慎而半途停下,而是冒着牺牲幸福甚至生命的危险勇往直前。这是几个探索极端的冒险家。因此,他们与他们非同凡响的经验为所有的人照亮了道路。

必须研究几个不仅向往过某种完美的形式,而且还预先作了设计并且用文字把计划记录下来的人。这是必须付出的代价,以把理论和实践相对照,并且评定计划的可行性,这个条件引导我们去研究那些与"绝对"的关系触及到其职业本身的人们的生平,我们要研究的将是一些艺术家,美的仆人。尤其是那些其亲身经历留有许多雄辩又可信的见证的人们,那就是作家们。斯蒂芬·茨威格(Stefan Zweig)于1928年发表了《三诗人评传》(*Trois Poètes de leurs vie*),讲述的是卡萨诺瓦(Casanova)、司汤达(Stendhal)和托尔斯泰(Tolstoï)的命运。他解释自己的选择时说:"只有诗人能够成为一个自知之明者(Selbstkenner)"[1],也就是说能自我认识的人。不是所有的作家都走上了这条道路,但是其中那些愿意走这条道路,并且将他们的尝试记录下来的人为我们的探索提供了丰富的素材。

然而,在下文中并没有属于文学批评的章节。众所周知,作品从不会让人们很确切地了解其作者的生活。再者,对于我们来说,重要的问题与作品的结构和意义无关,而是是否可能将某些过去的人生作为榜样,来更好地调整我们自己的人生;或者,

---

[1] 斯蒂芬·茨威格,《文集》(*Essais*),袖珍本(Le livre de poche),1996年,第439页。

不管怎样,是否可能以他们的人生来照亮我们的人生。有关作家的人生的问题是一种适宜而不是一种必需。优先使用的素材,不是从他们的作品,而是从他们诸如信件、日记等涉及个人生活的写作而来,他们在这些写作中讲述他们自己,他们对生活的选择,他们的成功和他们的失败。

在这些写作中,通信占据了特殊的位置,有时候也有一些随机选用的其他来源的材料。信件处于纯私密性和公众性之间,它已经是对他人说话,作者对此人作自我描述,自我分析,但是这个他人是熟人而不是无人称的人群。信件总是表现出作者的某个方面——但并不因此而成为亮明作者身份的透明窗户。在信中,(写信人的)经验和经历不仅通过了语言的筛选,而且还通过了收信人的目光的筛选,而收信人的目光是被写信人内在心理化了的。然而,一般来说,它并不知道第三方,将会读到信件的陌生见证者,他才是真正的收信人,唯有不经意的泄露让我们这些匿名的读信人今天能从这些只给某个人看的信件中读出点东西。

我挑选信件的第二种要求是属于历史性的。我想首先对为我们的时代作准备的前代提出质询。我所叙述的三个人的命运在1848年至1945年这一历史时期展开,更确切地说,它们和1880年至1940年之间的六十多年纠结在一起。这几个人彼此擦肩而过,却从未能相遇;然而,年轻一点的很清楚较之年长者的存在。

促成我的挑选的最后条件与空间意义上的边界有关。愿生命更美好和富于意义,这一梦想并不属于任何个别国家,它是具有普遍性的。然而,在欧洲,它却达到了最大规模。如果再加上我对这块大陆的近现代史相对更熟悉这一点,那么就可明白我为何挑选了来自欧洲的这几位。既然我的这几位作者恰恰在欧洲大陆居住,而不是仅仅在他们的家乡居留。王尔德是爱尔兰人,然而他不仅在大不列颠生活过,而且也在法国和意大利生活过。里尔克,特别固执地过着深居简出的生活,他出生在布拉格(当时属于奥匈帝国),在德国、法国、意大利逗留了很长时间,在西班牙和丹麦呆的时间较短一些,之后,在生命最后阶段,在瑞士居住。茨维塔耶娃在俄国长大,后来在德国、捷克斯洛伐克和法国生活。这三位欧洲人很能代表一种历险的欧洲命运,这是一种属于人类历史的历险。

他们三个谁也不是法国人,却都与法国保持着一种很强的联系。不仅仅是因为作为美的热忱守护者,他们了解和欣赏波德莱尔或者其他法国作家的诗歌和思想,也因为在那些年代中,巴黎起着欧洲文化首都的作用。他们来到巴黎,在巴黎居住,频繁出入巴黎各文学圈子,甚至借用法语写下了他们的某些作品:王尔德的《莎乐美》(Salomé),里尔克的诗集《果园集》(Les Vergers),茨维塔耶娃的《致女骑士的信》(Lettre à l'amazone)①及其他文章。作为居住在巴黎的外国人,这种身份无疑使他们对于

---

① Les Amazones,希腊神话中的女战士,又指女骑士,巾帼丈夫。——译注

我来说显得特别亲切。

然而不能说,他们对法国的宽厚总是得到了回报。王尔德第一次到访巴黎,到处受到热烈欢迎和接待,人们欣赏他光彩的思想和优雅的风度。"我是一个怀有认同感的法国人,"他临走时如是说。几年之后,当他又回来时,已经物是人非,再不像以前那样了:那时他在英国因为冒犯了良好风俗而惹上了官司,他是在服刑之后到法国寻求庇护的。再没有人来奉承他,把他簇拥其中,王尔德苦涩地看到:"这些十年前被我征服、舔我靴子的巴黎人今天竟然声称不要看见我了。"以前曾奉承过他的安德烈·纪德(André Gide)同意和他见面——但那是为了教训他。

里尔克在巴黎的命运循着一种与此相反的轨迹。他一开始饱受孤独和被排斥之苦,在提到这段经历的文章中,他开头几句话就说:"难道人们到此地是为了来生活的吗?我想不如说这是一个来寻死的地方。"很久以后,用德语写作的著名大诗人,或许还可以说,法国作家瓦莱里或纪德作品的杰出译者里尔克重又来到这个法兰西首都。瓦莱里和纪德很友好地接待了他,但他并非容易受骗上当的人,他离开巴黎时,给一位女友写信道:"我真的接触到了所有能接触到的人——我发现他们……既殷勤又健忘,忙呀忙,一心保持他们的距离。"① 1922年,他很想加入《新

---

① 《布里格手记》,收入《散文集》(Œuvres en prose),伽利玛出版社,1993年,第435页;《给玛戈·斯佐-诺里斯·吉罗依伯爵夫人的信》(À la comtesse Margot Sizzo-Noris Grouy),1925年11月12日,收入《作品集》,第三卷,瑟伊出版社(Le Seuil),1976年,第588页。

法兰西评论》,加入向他敬仰已久的作家普鲁斯特致敬的行列,却遭到了普鲁斯特兄弟的反对:"任何一个德语作家不得走近这个墓地!"德国报界却还指控他背叛:他现在用敌人的语言来发表诗歌……

茨维塔耶娃在法国逗留长达十四年,自始至终都不为她的文学同行们所知。她和法国作家们的瞬息会晤都再没有下文,她给纪德或给瓦莱里的信也都没有回音。她为了发表她的法语文章所做的许多尝试都遭遇失败,她把俄罗斯诗人的作品译成法文也不受欢迎。她离开这个国家(法国)时,(用俄语)写了最后一首诗。在这首诗中,她将她的命运与玛丽·斯图亚特(Marie Stuart)的作比,后者从法国动身前往英国,等候她的却是断头台。这首诗名为《温柔的法兰西》(Douce France),诗中用玛丽·斯图亚特重复三次并签了字的话作为题铭:"再见,法兰西!再见,法兰西! 再见了,法兰西!"

以下是这首短诗:

> 比法兰西更温柔
> 无边无际
> 作为回忆
> 给我留下了两颗泪珠
> 它们一动不动
> 留在我的睫毛尖
> 我将要出发

奔向玛丽·斯图亚特①

为什么特地用这些文字来叙述三位探求"绝对"者的命运?这是为了充分引起警觉,因为下文要叙述的并不是胜利的篇章。而恰恰是在梦想和现实、人生计划和真实存在之间的差距中,我们去寻找我们所要思考的素材。

---

① 《文集》(*Sobranie Sochinenij*),莫斯科,艾里斯·鲁克出版社(Ellis Luck),第二卷,1944年,第363页。

王尔德

说　明

王尔德的作品已收入《作品全集》(*Complete Works*),纽约,哈珀·柯林斯出版社(Harper Collins),1994年;法文版收入《作品集》,伽利玛出版社,"七星丛书",1996年。他的通信集:《通信全集》(*The Complete Letters*),伦敦,第四等级出版社(Fourth Estate),2000年;法文版《通信集》(*Lettres*)二卷本,伽利玛出版社,1966年版和1994年版。

19世纪最后几年里,在欧洲和北美洲出现了一个人,他比所有其他人更能体现出"生活只顺应美的要求"的思想:他的名字是奥斯卡·王尔德。王尔德穿着气派,几近挑逗,喜爱鲜花和宝石,住在一幢设计得像艺术品一样的豪宅里,爱与社会名流和光彩夺目的女人交朋友,对艺术家推崇备至(当萨拉·倍恩哈蒂特[Sarah Bernhardt]到伦敦时,年轻的他把一张白色百合花地毯铺在她脚下)。他写了不少华丽诗篇,一部地狱般的小说,几部精彩的戏剧,他的戏每天晚上都赢得痴迷观众的满堂掌声。在同时代人的眼里,王尔德就是"美的使徒"①,对他们来说,王尔德就是一个新宗教的狂热信徒,以"美"排斥"善"的信奉者,唯美主义的倡导者,也就是说,一种理想的完美存在的倡导者。一

---

① 艾尔玛恩(R. Ellmann),《奥斯卡·王尔德》,伽利玛出版社,1994年,第229页。

个美好生命不再为上帝和伦理服务,也不再为它们的现代集体替身——"民族"、"共和国",甚至"启蒙派"服务;一个美好生命知道如何成为"美",王尔德言行一致的生涯说明了这一点。他既是其学说的光辉代言人,又身体力行地作出了榜样。

然而,今天对于我们来说,王尔德似乎就像是特立独行者的标志:作为他那个时代偏见的牺牲品,艺术家因为同性恋遭到诉讼,事业生涯被突然中断。

1895年,他疯狂迷恋上了年青爵士阿尔弗雷德·道格拉斯(lord Alfred Douglas),又称波西(Bosie)。道格拉斯的父亲德·昆斯伯里侯爵(le marquis de Queensberry)不惜一切代价要中断他们之间的关系,毫不犹豫地公开斥骂王尔德。王尔德提出诉讼,告侯爵诽谤,却遭到反诉,侯爵成功地证明他的指控是正确的。那时候在英国,同性恋是一种罪行。王尔德被判服两年劳役,在英国多个监狱服刑;他出狱时身心疲惫不堪,三年半之后去世,时年46岁。

关于这个把其一生置于美的旗帜下的计划,他人生的悲剧结局是否告诉我们一些什么东西?我们是否可以说:今天我们阐述王尔德的一生时首先是用它来说明左右着维多利亚时代的偏见和虚伪——这个社会允许同性恋,只要它不张扬;这是个能够严厉地惩罚同性恋以自我证明其本身道德的社会。然而,我们很难坚持仅作这样的宣告。在王尔德一生中,一个令人羞辱的诉讼并不是唯一的悲剧事件,另外一次严重打击不比它轻:出狱之后,他发现自己不能再写作了。如果关注一下王尔德从出狱后直至去世(1900年11月)之间的生活,难免产生这样一种印象:他在这段时间里正缓慢却又不可避免地一天天衰颓下去。这种情况不是从1895年发生诉讼、王尔德入狱时候开始的,而是在两年以后,此时他已重获自由。剩下的有生之年里他一直情绪低落在走下坡路,之前的判刑似乎并不是唯一原因。一切就好像他出了那些英国监狱,却仍然被禁锢在一座内心监狱里,从此再也无法逃脱。

王尔德的人生中包含着一个谜:为什么监狱的考验对他的打击如此致命?最后终了的悲剧在他之前的成就上罩上了阴影,而占据中心的谜语又引起了一个关于他的美好生活观念的新问题。王尔德曾以他自身生活来阐明他的哲学观念,于是令人顺理成章地会想到在他这种哲学中是否有某些东西没有为后来的失望做好准备。

为了尝试揭示这个谜,我们得学着更好地了解王尔德,抓住他在其计划中所赋予的意义——成为"美的使徒"。

"美"的旗帜下的生活:初步认识

从学生时代起,王尔德就非常钦佩波德莱尔,他把波德莱尔的诗句抄在本子上,他甚至喜欢在伦敦大街上大声地朗读波德莱尔的诗句。他也知道波德莱尔为希望终身为美服务的人们划出的两条路:花花公子之路和诗人之路。他以自己的见解来区分这两条路。照他看来,世上有两种主要艺术:"生活和文学,生活及其完美的表述。"文学,因其是最高尚完美的艺术;生活,因其将会提升到与艺术相称的高度,两条路展现在每个向往自身完美的个人面前:"必须或者成为一件艺术作品,或者承载一件艺术作品。"在王尔德看来,这两条道路并不是相等的:虽然他本人是艺术家,相比把生活用以生产作品,他更喜欢把生活变成艺术作品。《道林·格雷》(*Dorian Gray*)剧中的人物亨利勋爵(Lord Henry),道明了其中理由:艺术家的生活是很可怜的,艺术家的生活无功利可言,因为他把一切都倾注于他的作品之中了。"优秀艺术家们只是因他们所从事的工作而存在,因而在他们的为人方面完全不令人感兴趣。"如果诗人的生活秀丽别致,他的诗句肯定很糟糕:"(因为)他生活在他无法描写的诗歌之中。"王尔德赞同这样的观点:"生活的目的就是成为一件艺术作品。"他写道,他身体力行自己的箴言,他当着一位朋友的面大声疾呼:"要让生活成为一件艺术作品。①"这样一种生活又像什么呢?

起初,王尔德似乎很容易就找到了回答这个问题的答案。过上一种美好生活,就是有气派和被美丽的物件所包围。这种俗气的警句在那个时代很风行:"我觉得一天比一天更难以生活得与我的青瓷器相配。"②(当时王尔德20岁)。纨绔子弟的生

---

① 《批评家》(*Le Critique*),《作品集》,第838页;《公式和箴言》(*Formules et Maximes*),《作品集》,第970页;《道林·格雷的画像》(*Le Portrait de Dorian Gray*),《作品集》,第402页;《奥斯卡·王尔德》,第342和382页。

② 《奥斯卡·王尔德》,第63页。

活——这种称呼用在此处比较适宜——符合既定传统；他的贵族式的通信恰恰是由波德莱尔介绍出去的。在人与人的关系上，它导致倾向于身体美，因而，倾向于青年一代。

然而，这个最初的阐释很快受到了质疑。王尔德把他的驳斥作为好几个故事的主题。在《青年国王》(*Le Jeune Roi*)中，一个亲王沉湎于"对美的奇异激情"之中，他周围放满了艺术品和"昂贵的稀世珍品"，好像他正在施行对"某个新上帝的崇拜"。但是他渐渐地发现这些美丽东西是要付出代价的，制作它们要付出痛苦，最后，相对于富裕，他将更愿意贫困：乞丐的褴褛衣衫更能满足他新的内在审美观，这种新审美观是由推崇痛苦而来。《公主的生日》(*L'Anniversaire de l'infante*)讲述了一个奇丑无比却胸怀宽阔的厚道侏儒和一个美丽却自私的冷面公主之间的故事。在《星孩》(*L'Enfant de l'étoile*)里，人们看到一个捡来的孩子以其奇美无比惊倒了村民们，这个孩子"骄傲、残忍又自私"①，而他的柔弱的母亲是一个衣衫褴褛的丑陋女丐；孩子后来也变丑了，却学会了善良。

在他的小说《道林·格雷的画像》中，王尔德充分发展了他的美好生活观。他在小说中叙述了一个特别漂亮、特别有风度的青年男子——道林·格雷。这个青年男子和魔鬼有个约定：他的身体将不会变老，他的肖像将带上内心变化的痕迹。道林·格雷听从被他奉为良师益友的亨利勋爵的原则，并不担心

---

① 《青年国王》，《作品集》，第264和265页；《星孩》，《作品集》，第333页。

会受亨利勋爵的外表蒙蔽,道林·格雷过着一种完全堕落的生活。他眼睁睁地看着他的情人西比尔(Sibyl)自杀,毫不犹豫地去杀害奇妙肖像的作者巴西尔·哈尔瓦德(Basil Hallward),巴西尔·哈尔瓦德深爱着他,想把他带回到正道上。然而,当道林把他的刀插入肖像,想要毁掉画像留给他的他自己的可怕形象时,他其实刺入的是他自己的心;第二天,仆人们在地上发现一具老人的尸体。

小说的诠释向读者提出了一个问题,因为读者不知道是否应该从字面上去采取书中阐述的有关按照美的要求去生活的必要性的论断;如果是,那么书中人物的悲剧命运意味着什么? 读者在探求解决这个问题的同时,发现王尔德在其小说中提出了两个而不是一个美好生活的版本。

第一个版本是有其偏向的,但它用非常一般性的用词来陈述(王尔德的)理论。它首先肯定了简单地把生活当作某种美术一样对待的可能性。"因为,和诗歌或者雕塑,或者绘画一样,大写的生活有其精致的杰作。"王尔德学生时代的思想导师瓦尔特·帕特(Walter Pater)就但丁(Dante)说过的一句话,在此可以作为一种标识:这句话赞扬"以崇拜美来寻求自我完美"的人们。生活不仅仅是各门艺术中的一种,它是"各种艺术之首,又是最伟大的艺术,对于它来说,所有其他艺术似乎只是一种准备而已"。①

---

① 《道林·格雷的画像》,第403和473页。

亨利勋爵在和道林首次会面时陈述了这个理论的主要原则。其中基本公设如下:"生活的目的是自我绽放。完美地实现我们的本性,这就是我们在这尘世间生活的理由。"这是一个我们可以称作个性自由者(individualiste)的公设(王尔德本人遵奉此公设),因为它一开始就没有给除自我以外的存在留有位子——既不给天上(的神灵),也不给身边(的人们)。因而每个人从出生起就具有安静地呆在他内心、等待着绽放的一个自我和一个本性;一切都是为了不要压抑它们而要让它们自由自在。该受到谴责的正是对我们本有的东西进行谴责的行为;一切排斥,一切遭受到的影响应该受到禁止,因为它剥夺了我们的存在。道林从中得出结论:"他从不接受任何理论,任何要求牺牲某种激情经验的任何形式的体制。"只要它是很强烈的,一切经验,以其得以实现的事实而言,它就是好的。一切已经存在的就是好的,除了让我们去改变或者压制经验的运动。拒绝一切外界的干涉——以他处或者过去的,或者将来的名义,对此地和现时作判断——人要学习"集中关注生活的每个时刻,生活本身只是某个时刻"。①

王尔德在此疏离了他最初的波德莱尔式的出发点。对美的追求再不是其他,而只是自我绽放。由此,每个人都触手可及去追求美,而不只是最优秀者、选民们、贵族们。也许因为王尔德是爱尔兰人,又是同性恋者,他明白自己属于少数人群

---

① 《道林·格雷的画像》,第365、474和419页。

和边缘人物,他不认同波德莱尔的贵族主义;与波德莱尔不同,他赞同社会主义。通过和他一样是爱尔兰人的戏剧家萧伯纳(George Bernard Shaw)的介绍,他发现了1884年成立的费边社(Fabian Society)。这个社团维护一种变异的社会主义论调:它的成员赞同社会主义理想,但是反对一切革命和专政的观念;他们主张应该以和平的方式逐步实现社会改革。王尔德同样很关心爱尔兰争取政治自治甚至独立的斗争。1885年,查尔斯·斯特沃特·巴奈尔(Charles Stewart Parnell)创立了民族主义党,爱尔兰的问题在伦敦引发了激烈辩论。王尔德的唯美主义并不只面向某一个精英阶层;它面向所有的人,它和某个民主社团相容并存。

道德行为和个人举止一样,在人的生命存在中占有它们的位置,不管个人独处还是社会交往,只要它们符合每个人的本性:"所有经历都具有其价值",其中包括比如说结婚(不仅仅是大吃大喝)。这就是亨利勋爵所谓的"新享乐主义":一种主张每个人都是其唯一判官的生活哲学,在这种哲学中生活目的就是最大限度地积攒乐趣。几乎同时期(1888年),比王尔德大十岁的弗里德里希·尼采(Friedrich Nietzsche)在其自传中写道:"关于人的伟大之处,我的格言就是'爱的命运(amor fati)':不要企求既成事实以外的东西,既不贪求自己面前的,也不欲求自己背后的,也不想从千年历史积累中得到什么东西。"他在名为《权力意志》(*La Volonté de Puissance*)的书中所收录的片段中还说:"不要埋怨、责怪一切既成事实本身。"①尼采不怎么赞成王尔德民主式的各种选择。

在何种程度上,小说中各个人物的命运符合这个总纲呢?在这点上,我们遇到了他的理论的第二种说法,这种说法不能真正地满足第一种说法的种种要求。小说主人公道林·格雷提供了最明确的实例。他本人把两种不同层面的完美区分开来。一种是居高临下地傲视一切,符合纨绔子弟的理想的完美——知道怎么"戴首饰、系领带或者拿手杖"。另一种,是他所追求的,更为雄心勃勃:这正是新享乐主义,或者说"感觉的精神化"②,一个囊括整个经验的总纲。但是我们从他生活中知道的情况并不与此勃勃雄心相符,相对于感情的精神化来说,更是一种感觉崇拜。道林致力于开发香料,然后埋头于音乐世界,再然后又倾心于首饰,最后转向刺绣和壁毯,在这方面,他模仿于斯曼斯(Huysmans)的《逆反》(*À rebours*)中的主要人物德·爱塞因特(Des Esseintes)。他关于美的观念停留在装饰性上:他满足于满目的美丽饰品。

他奉为良师益友的亨利勋爵对美的观念也很狭窄:"当您的青春逝去时,您的美也随之而去。"③这句话成了情节的出发点:根据他的浮士德式的协定,道林获得了他的身体外表,也即他穿

---

① 《道林·格雷的画像》,第370页;《瞧!这个人,我为什么如此考虑周到》(*Ecce homo*, *pourquoi je suis si avisé*);《权力意志》,阿尔贝(Albers)译,袖珍本,1991年,第229—230页。
② 《道林·格雷的画像》,第473页。
③ 同上,第369页。

越岁月未受损害的美;他的肖像,也即他自己却变老了,而且还沾上了肖像模特儿带来的内心生活堕落的所有烙印。结果料想得到:犹如在他先前讲的故事里一样,王尔德指出身体美和思想美并不一定相合拍。

于是,我们知道亨利勋爵一切都完全搞错了。道林去世前不久,亨利勋爵还在说他的朋友代表了一件完美的艺术品,一种自我完善的榜样。但是之前,他当着他朋友的面已经接受:美的身躯不一定表现出美好的灵魂,他只是选择"情愿美而非善"。道林拜倒于这条箴言之下,并且把它推得更远一点:美不仅仅比善更令人喜欢,而且,它还让人原谅恶。"有的时候,恶在他眼里,只是一种让他实现美的观念的方法。"与尼采相类似的还可以继续追寻下去:在《权力意志》的片段中,尼采宣称:"艺术,只有艺术!只有艺术让我们能够生活下去,激励我们生活下去。"他在书中宣扬"把道德伦理转换到唯美主义"。尼采的一件生活轶事可以说明这种态度:1885年3月,尼斯发生地震,他想起两年前,印度尼西亚的克拉卡多阿(Krakatoa)火山爆发,这是历史上最大的火山爆发之一,遇难者无数。他心醉神迷地大声喊道:"二十万人一下子全都丧了生,真奇妙,瞧,人类多么应该毁灭呀!"①

无论是老师亨利勋爵还是学生道林的错误,他们到底错在哪里呢? 错在他们没有真正遵循起初计划的大纲。个性绽放意

---

① 《道林·格雷的画像》,第534和489页;《权力意志》,比昂基(Bianquis)译,伽利玛出版社,1948年,第三卷,第437页,哈勒维(D. Halevy)摘,《尼采》,格拉塞出版社(Grasset),1944年,第489页。

味着不得断章取义;然而,道林和亨利都忽略了人之为人的主要部分:人与人之间的关系,由此,他的意识,也由此他的思想道德生活。当道林问亨利"善"字意味着什么时,亨利回答:"善,就是自我和谐。……我们本身的生活,那是很重要的……,个性自由(individualisme,个人主义)①作为最崇高的目标被提了出来。"个性自由在此可以理解为自我中心主义(égocentrisme)和自我满足,于是它让我们不要顾及他人;但是,一个人成了孤家寡人是否还是他自己呢? 如果说一切经验都有其价值,那么为什么还要千方百计把同情或者分享快乐排除于生活之外呢? 推动道林的并不是追求整体绽放的欲求,而是损害他生命存在方方面面的"无节制地追求愉悦的渴望",在烦闷无聊面前的慌乱逃避。他的失败并不是由于最初的纲要不好,而是因为他不懂得理解它,全面地去贯彻它。"无论对其所答应了的抑制欲望的禁欲苦行主义,还是对消磨感觉的粗俗放荡,他都一无所知。"②然而,他只听从他自身命令的原始部分。

　　瓦尔特·帕特当然并不以为自己对道林的放纵行为负有责任(也许还包括他以前的学生王尔德的放纵行为),他后来马上觉察到这种对其理想的背叛。他在1891年11月为小说写的报

---

　　① individualisme,下文中经常会出现。该词法汉词典上译为个人主义,但是此译法很容易与中国读者通常以为的个人主义(égoïsme,利己主义)相混淆,译者以为在此文中该词(l'individualisme)偏重于个性的张扬,故译为个性自由。——译注
　　② 《道林·格雷的画像》,第423、493和474页。

告中解释了这一点:"真正的伊壁鸠鲁主义(L'épicurisme,这是他对亨利勋爵的"新享乐主义"和王尔德的"个性自由"的第一种说法的指称)旨在让整个人身机制完全和谐地绽放。因此,失去了道德伦理意识,比如罪恶感和道德感,就如王尔德先生笔下的人物,迫不及待地尽其可能彻底地做的那样,就是失去或者降低了整个(做人的)组织机制(organisation),这就变得简单了,从一个较高水平向一个较低水平发展。"对于"美"与"真"之间的关系来说也是如此:与其说美(就像道林的脸之美)透露了人的深藏不露的本性,还不如说美用来掩饰它(人的本性)。在小说世界里,杜撰真与美的巧合的浪漫雄心已被抛弃。"不想把'美'置于'真'之上的人到达不了艺术最隐秘的圣地。"于是,王尔德不惜损害真,选择了谎言,不自觉地符合于尼采的另一未曾发表过的箴言:"没有非真理,没有社会,没有文明。悲剧性的冲突。一切善的东西,一切美的东西,都取决于幻觉梦想——真实具有杀伤力。……撒谎的快感是具美学性的。"[1]

组成道林·格雷的故事情节的两个主要事件——西比尔·瓦尼的自杀和巴西尔·哈尔瓦德的被谋杀——说明了对某种太文学性的观念进行阐述会导致方向偏移。根据这种观念,我们

---

[1] 艾尔玛恩编,《奥斯卡·王尔德》,《批评文集》(*A Collection of Critical Essays*),新泽西,普伦蒂斯霍尔出版社(Prentice Hall),1969年,第36页;《谎言的衰朽》(*Le Déclin du mensonge*),《作品集》,第803页;《哲学家的书》(*Le Livre du philosophe*),奥比埃-弗拉玛里翁出版社(Aubier-Flammarion),1969年,第203和211页。

本性的实现和自我的绽放应该始终成为我们行为的唯一指南。西比尔自杀是因为道林抛弃了她;道林的反应是一个决定成为自己生活的观众的反应,他决定以一个外在见证者的身份不遗漏一丁点地欣赏自己的生活,他会想念西比尔的,但除了审美以外没有任何其他感动,"就像面对一张美妙的悲剧性的脸,这张脸被放在世界的舞台上来证明崇高真实的爱情"。她如此死去的同时,也把自己置于了莎士比亚笔下的女主人公朱丽叶的同一台座上。但是这种让活生生的人失去现实感,这种把他人变成戏剧人物,或者把自己变成观众,不正是人们在介入他人命运时有点太随便的做法吗?它不正是有意丧失某种主要经验,丧失痛苦和哀伤吗?道林得出结论:"成为自身生活的观众,就能摆脱生活的种种痛苦。"①否认痛苦很可能要付出高昂的代价。克制人际交往的社会性需求让人不得自我绽放。

　　道林杀死了巴西尔,因为这个人指责他生活放荡,因为巴西尔看到了发生变化的那幅画像,现在变得丑陋不堪的灵魂的忠实镜子。他杀了他,就像他将试图——用同一把刀子——自己毁掉成为其内心堕落的见证的画像一样。但是这个举动再也不能得到大家认可,除非它非常强横。道林决定取消他自己本身的整整一部分,必要时不惜使用暴力;因而,他还试图消灭所有看到这张隐藏的面孔的人。他为了摆脱自己的意识首先杀了巴西尔,然后再毁掉画像,也即他自己。但是,寻求消灭他自己的

---

① 《道林·格雷的画像》,第 450 和 455 页。

一部分是一回事,达到自我的完全绽放完全是另一回事:人的意识不是偶然的,它是组成人的存在不可缺少的一部分。帕特同情小说主人公是有道理的。

书中其他人物也同样说明该雄心勃勃的大纲不可能实现。亨利勋爵在书的结尾变成了一个忧伤的老头,他远没有达到充分绽放;他模仿那个无动于衷的观众的角色,使自己的存在贫乏化。巴西尔·哈尔瓦德因为对道林的崇敬和盲目爱恋毁掉了他自己的生活。西比尔也以决绝有限的举动签署了她的死刑判决:她的行为方式和道林的方式相对称又正相反,她决定为爱情牺牲艺术。道林只是把她作为艺术支撑来爱她。而她为了始终留在真实之中决定不再玩游戏了:她只愿意保持真感情,而不是装腔作势的感情。她的错误在于她把一部分的生命存在献给了另一个人,而不是去追求全部的绽放。

应该同时把《道林·格雷的画像》作为对某种生活理想的呼唤和对达不成此目的的一千零一种方式的描述来读——要警惕在这条道路上窥视着每个人的各种障碍、陷阱。

美的旗帜下的生活:《道林·格雷》之后

1890年,王尔德的小说一发表,他就重又草拟并且扩展了他曾经在其关于《社会主义下的人的灵魂》(*L'Âme de l'homme sous le socialisme*)的论文中特地画出轮廓的总纲。美的生活也是好的生活,它并不在于拥有美丽物件,也不在于拥有多大财富,即使这些东西可以让生活更愉快有趣;理想的现代生活各有不同:"到新世界的回力球场去,人们会写下:'做你自己。'"可能王尔德是从挪威戏剧家易卜生(Ibsen)那里借用来这句箴言的。那时候易卜生在欧洲舞台上享有很高声誉,他在1867年发表了《培尔·金特》(*Peer Gynt*),剧中主要人物制订了影响其生活的原则:"人应该成为什么样的人? 他自己。"易卜生在剧本中讨论了这个警句;王尔德毫无保留地以自己的方式又讨论了这个问题。对他来说,"我"的本性无关紧要,只要他能完全地成为他自己;对他来说,他的倾向爱好或职业并不重要。"他可以是一个大诗人或者一个大学者,或者一个青年大学生,或者荒原上的牧童,或者一个像莎士比亚那样的戏剧家,或者一个像斯宾诺莎(Spinoza)那样的神学家,或者一个在公园里玩耍的孩子,或者一个在大海上撒网的渔夫。一旦他实现了内心深处灵魂的完美,他是什么人不甚要紧。"①着重点再一次地落在这个经验可行性上:它面向所有的人,无论是老百姓还是贵族。任何经验就其本身都不是坏的,只要它顺应着生命存在的趋向。生活的目的就是自我完善。唯一的错误是搞错了灵魂和搞错了道路,模仿了与己各异的他人榜样。一个人并不是靠自己摸索,通过相遇和构成他命运的经历成长起来,而是表现出——或者不表现出——已经始终在他身上的某种一致性来形成他本人。

---

① 易卜生,《培尔·金特》,戏剧出版社(Éditions Théâtrales),1996年,第86页;《人的灵魂》,第938和941页。

王尔德认为,这种生活理想不仅他人更愿意接受,它还与人的特性相符——他说出了其他理想,其他有关美好生活的观念加以歪曲的大实话。要成为他自己的意思是,首先顺应生活的趋向,不要把他的为人和生存置于外界某种类别之下,而要在自己身上找到卓越的标准。"人始终在探寻的,实际上并不是痛苦,也不是乐趣,而只是生活。人总是寻求活得极度些,充实些,完美些。"任何价值观都高不过生活,极度地生活,就是成为他自己。感觉到自己在生活就是走向完美的第一步。唉,以下这句话并不是一种普及了的经验:"活着是世界上最稀罕的事,而大多数人(只)满足于生存。"也就是说他们压抑了自己的活力而不是让自己的活力绽放出来。王尔德又一次地说明了尼采的思想,虽然他并不认识尼采。"人类总是犯同样的错误,人类以一种得以生活的手段来掌握生活的尺度(mesure de la vie),而不是找到尽其所能地提高生活的尺度。"尼采在《权力意志》中如此写道;他还写道:"我们是否是对生活不屑一顾呢?正相反,我们本能地孜孜寻找一种高强度的生活,一种冒险生活。"①

成为他自己是每个人应该独自好好经营的活动,不用顾及他人,因为极度生活的标准是严格地个人的;社会对此无可厚非。所以王尔德用"个性自由"这个提法来指称这种选择。这个词变成完全充分肯定自我,生命的任何部分都不贡献于任何外部的责

---

① 易卜生,《培尔·金特》,第965和936页;《权力意志》,第208和388页。

任义务的同义词——为了完善自我,个人生命也不取决于某个异质部分。斯宾诺莎说过,一切事物都努力坚持在其生命存在之中;王尔德明确地说,一切人都应该将其生命存在作为其行为大准则。个性自由不应该和利己主义(égoïsme)混淆,就像《道林·格雷》中的人物所做的那样,因为肯定自我并不意味着损害他人。"当一朵红玫瑰希望成为一朵红玫瑰时并非自私自利",只有当它让白玫瑰们也变红时,它才是利己主义自私自利的……

利他主义(l'altruisme)也并不意味着为别人谋利,王尔德声称:"利他主义在于让别人过他们的生活,不掺和进去。"在此,王尔德重又和亨利勋爵的悖论相接了。一切都好像放弃了某种压制性的伦理之码就会把社会的一切相互作用置于括号之内。是的,在王尔德看来,同情的能力是每个人本性的组成部分(道林·格雷对此一无所知);一个绽放的生命存在,一旦成为它自己,它也会表现出对周围生命的同情友好——不仅仅是像基督教义宣扬的那样同情怜悯受苦的人,而且为他人的幸事而同乐。"不管谁都能和某位朋友分担痛苦,但是必须要有一种非常高尚的秉性——老实说,必须要有一种真正的个性自由的秉性——才会为某位朋友的成功而同喜。"①

两年之后,在所谓《深渊书简》(*De Profundis*)②的信中,王尔

---

① 《人的灵魂》,第 962、961 和 962 页。
② 《深渊书简》,又译为《自深深处》、《王尔德狱中记》。原本是王尔德写给道格拉斯的书信集,1905 年王尔德死后出版。——译注

德又回到了这个主题,并且对这个范围进行了反省。他声明自己是"从未有过的更加主张个性自由者"——就其不向他人要求什么,而完全转向自己的意义上的主张个性自由者而言。他没有改变方向,只是改变了行为方式:"我的本性是要寻求一种新的手段来成为它自己。"这种探寻自我,这种接受一切经验,这种屈居,并不是生命屈居于各种价值观之下,而是一切价值观屈居于生命之下。他应该会在没有伦理道德的、宗教的、理智的各种常见的支持情况下达到这点。个人只能依靠自己得到救助;应该将此新纲来替代旧纲。道德伦理帮不了他,因为王尔德不相信共同法则的公正性;宗教帮不了他,因为他属于那些"把他们的天空置于这个土地之上"的人们,但是也因为他不能屈居于一切身外事物之下,他只屈居于他在自己身上发现的东西之下。理智帮不了他,因为它会进行判断和排斥,而他愿意接受他所生活过的一切。"人们感悟到的一切都是正确的……,抛弃他自己的经验,就是停止他本身的发展。"①

这种生命理想和自我完善,正和艺术家这个"美的奴隶"的有意选择相吻合。这正是这种职业的一种定义:"真正的艺术家是一个绝对相信自己的人,因为他绝对是他自己。"因此,"真正的艺术家"不仅仅是完全致力于创作自己作品的人,而是以某种方式组织他本人生命的人,是能够生活在自己作品之中,让外部世界和他的自我相协调的人,艺术作品不用屈居于外在的标准

---

① 《深渊书简》,第 731、732 和 733 页。

之下,它在于和它本身的某种完美的巧合——在这个意义上说,艺术是生命的一种榜样。"艺术是世界从未认识到的最强烈的个性自由形式。"艺术作品唯有充分展现了它自己才是美的。所以,可以说作为艺术法则的美高于其他一切类别;在艺术最好地体现了美的情况下,将艺术置于人类种种活动之上是正确的。王尔德在《深渊书简》中强调了这种对等关系:"简而言之,艺术生命就是自我绽放。"①艺术生命如同行为方式:这就是王尔德所说的愿意将余生只贡献给的两个主题之一。

其实,另外一个主题与之并不太远,即使王尔德所选择的处理方式令人吃惊:那是关于对耶稣基督的赞扬,耶稣被当作王尔德想推动的那种理想的化身。这个人物出现在他的作品中已经好几年了,尤其出现在他的关于《人的灵魂》的评论中,(王尔德)选择这个人物的理由是耶稣不关心遵守规范,或习俗惯例,既不需要种种利益好处,也不需要财富;祂②希望每个人在自己本身发现天堂③。在这点上,王尔德认为,耶稣宣告了个性自由的信条,做他自己。基督启示(le message christique)是这样说的:"不要以为您的完美在于积累或者拥有身外之物。您的完美在您本身……。耶稣所要说的是,人要达到自身完美,不靠他所拥有

---

① 《W. H. 先生的肖像》,《作品集》,第 207 页;《人的灵魂》,第 949 和 946 页;《深渊书简》,第 740 页。
② "祂",教会中对耶稣、上帝作为第三人称时中译文的神性指称。——译注
③ le royaume,原意王国,据此处上下文看来译为"天堂"为妥。——译注

的,也不靠他所做的,而仅仅只是靠他之所是。"要模仿耶稣,只须完全又绝对地成为他自己。东西多不胜多,物质拥有无济于事:"人的充实完善在于自身。"这句话不应该被理解为拒绝承认其他人的存在,"人天生就是社会性的"①,然而(虽然如此),它指出了其中某种等级观念。这就是为什么在王尔德这篇评论草拟的乌托邦中,个性自由是放在社会主义范围里的:社会主义保证了社会的运转,在这样的社会里,人可以随心所欲地生活。

在《深渊书简》里,王尔德用更长的篇幅论述他心目中的耶稣的作用。这仍旧是吸引住他的、被理解为拒绝规范和认可个性差异的他的个性自由。"对于他来说,没有法则;只存在例外。……他不愿意把生命贡献给随便哪个思想或伦理道德体制。"这种思想和他本人的吻合,这种对外援的拒绝也引导着耶稣重视现时:天堂就在此时此刻。"他宣扬全身心地生活在当下的巨大重要性。"由此可见,"基督是最崇高的个性自由者"。②必须说一下,即使王尔德的说法是悖论,说到底,他的直觉含有某些正确的东西:现代个性自由论正是来源于基督教义。

逻辑上说,耶稣和艺术家混淆在一起了——两者都体现了这个目标:成为自己。但是耶稣从艺术家的范例中得到了启发,如果可以这么说的话,祂再也不用创造艺术作品了,祂把这种生存方式转换成整个生命。人们应该不是在生产作品的同时,而

---

① 《人的灵魂》,第 939—939、939 和 963 页。
② 《深渊书简》,第 751 和 744 页。

是要在使他们的生命更美好的同时模仿艺术家们。恰恰在这点上也可以观察到艺术家和耶稣不同之处:前者将生命贡献于创造作品,后者将其生命本身成就一个作品(就王尔德的意思而言)。"他(艺术家)以一种宽广和神奇的想象,这种强加于人的想象,几乎达到令人恐惧的程度,把模糊不清的整个世界、无声的痛苦世界当成天堂,他以这个世界的永恒代言人自居。"①耶稣没有创造占据某个剧场舞台或者某部小说篇幅的人物,而是自己充当了人类共同的对话者。因而,艺术作品的产生只是这个全身心被置于美的旗帜下的生命的小小誓言。基督教本身想象出了神意计划的人形化身——正如平常的种种艺术作品就是艺术家计划的化身。在这方面,耶稣并不是与艺术家相像,而是与作品本身相像。在狭义上说,艺术家——诗人、画家、雕塑家——只有在创作中实现了他深沉的生命存在才会有艺术生命(伟大的作品就是这样诞生的)。由王尔德区分开的两条道路——"或者成为一个艺术作品,或者承载一个艺术作品"——能够交接在一起了,只要创作过程是引导个人走向自我完善的道路的话。

在《深渊书简》中,他总是以自己的生活为例来阐明个性自由计划,他并不把他的生活仅仅局限于创作艺术作品,而是从生活所有的方方面面来考察。他并不自责有过这样或那样的经历,更多的是自责曾经撇开了某些经验,曾经低估了丰富的生命

---

① 《深渊书简》,第746页。

内容。他曾经要把他的人生置于某个预想的价值体系之下,也就是说置于除人生本身之外的其他东西之下(他已经隐约地同样指责了他笔下的人物:亨利勋爵和道林·格雷;就如经常发生的那样,小说总是比它的作者更明智)。如果说王尔德在监狱里学到了一些东西的话,那就是:必须从整体上来接受生命。自他在牛津大学的学生时代起,他就决定要向所有的生命乐趣敞开,对此,他并不后悔。但是,他不该把痛苦和乐趣隔开。"我唯一的错误是只关注花园中那些我觉得是处于阳光角落的树木,因为其阴暗和悲伤,而撇开了另外的角落。"一切模仿都是有害的。出狱前夕,有人劝他忘却刚刚尝受到的痛苦经历,但是,他后来再也没有重复自己的错误:"否认自身经历,那就是在他本身的生命之唇上加上谎言。"①

在尝试让其生命套上外界强加的规范准则的枷锁的那一天,他就犯下了生命中唯一真正有罪的行动:这就是试图让人们去谴责德·昆斯伯里侯爵。我们回想一下当时的情况:昆斯伯里侯爵为了阻止儿子波西当王尔德的情人而公开攻击王尔德。波西很恨父亲,鼓动王尔德以诽谤罪起诉他的父亲。在反诉过程中,昆斯伯里侯爵最终证明他声称王尔德搞同性恋并非空穴来风。于是他被宣告无罪,王尔德被捕,并因"严重有伤风化行为"被追究。经过两次新诉讼之后,他被判服两年劳役。他并没有承认自己是同性恋,他要当着众人的面否认同性恋;为此,他

---

① 《深渊书简》,第 739 和 733 页。

遭到了惩罚。从个性自由的观点看来,这样向社会呼吁来赞同个人的行为已经是个错误;而且,为了让法律站在他这边,王尔德不得不撒谎,以道德典范出现,遮掩和压抑了他的一部分存在——这是对个性自由所要求的一次背叛。因而,从某种角度看,他受到的惩罚是罪有应得——他因为没有相当认真地遵循自己的箴言而受到惩罚。

似乎王尔德在此已经很接近后来造成其悲剧的症结。美的观念可有两种方式来阐明。根据第一种观念,美是外部世界的一种属性:有些东西、有些行为很美,其他的不美。根据第二种观念,美是审美主体对于这个世界所采取的一种态度;如果坚持这点,就不会事先放弃任何细情末节:既不会放弃被某些人判定为丑陋的东西,也不会放弃被某些人指为愚蠢的东西。这种全面的审美态度和明智相混淆。王尔德在这两种阐述之间摇摆:他想以第二种为依据,但是他发现自己难以抛弃第一种。一会儿,他接受既成的世界,一会儿他埋怨"谎言的堕落"。而两种选择的意义影响各不相同。每个人都喜欢愉悦和成功;唯一的问题是知道当生活敌视你时,你是否仍懂得热爱生命。

王尔德的悲剧

王尔德在心里致波西的信,即《深渊书简》,写于1897年头几个月(王尔德5月出狱),信中透露他将重新实施他的生命计划,还要加强它和扩大它:自我完善,将生命作为一件艺术作品来设计完成,他将以致力于产生新作品来达到此理想。他在《深渊书简》中写道:"我需要表达,就像那些需要从监狱围墙伸出去、被风摇曳的黑色树枝上的树叶和花朵。在我的艺术和世界之间,现在有一个宽阔的深渊,但是在艺术和我本人之间并不存在。至少,我希望如此。"其实,如果以他的通信来作判断,王尔德并不认为判刑或入狱把他击垮了。是的,他在1896年7月2日给内务部长写的信上说,他明白"他的戏剧家和作家生涯已经结束"——但是他可能是想把他的情况说得特别地阴暗些,因为他是在恳求宽恕,难道他的入狱经历不能让他从中获一点益吗?1895年6月第一位到他牢房里来探监的人是哈尔达尼(R. B. Haldane),哈氏试图让他精神振作起来,鼓励他思考未来的作品。"我对他说,他还没有充分发挥出他伟大的文学天赋,因为过着寻欢作乐的生活,他不知道怎样将某个宏伟主题作为自己思考的主题。目前的不幸对他的生涯来说,说不定会是某种幸运好事,因为从此他有了一个宏伟的主题。"王尔德本人在写《深渊书简》时也想到了这点:"摆在我面前有那么多事要干,如果(我)在死之前没能完成至少其中一部分的话,我会认为那是一个可怕的悲剧。"他身上似乎发生了本质性的变化,他找到了自己的道路,这点被记录在他给波西的这封信中:"我终于看到了我的灵魂心向往之的真正目标,一个简单、自然、正确的目标。"①

---

① 《深渊书简》,第756页,《通信全集》,第658页;《奥斯卡·王尔德》,第519页;《深渊书简》,第736页;致阿代(à M. Adey),1897年2月18日,第678页。

出狱时,他仍然是欣快的;在朋友的描述中,他还是热情洋溢,充满活力,计划频出。

然而,"可怕的悲剧"还是发生了。具体事实如下:王尔德出狱后只写了一部作品,即长诗《里丁监狱之歌》(*Ballade de la geôle de Reading*),1897年8月完成;发表了关于忏悔的条件的两封公开信,一封是1897年5月写的,另一封是1898年3月写的。他的其他创作努力都没有成功。

老实说,当王尔德还在监狱时,就谈到了他对余生的认真思索。在一封没有注明日期的信中,可能是1896年5月写的一封信,他写道:"即使我走出了这个可恨的地方,我知道我再没有其他生活可言,只能过着被人看不起的生活——遭受污辱、贫困和轻视"[①]——这是对等待着他的生活的一种较确切的描述。该信仍然没有谈到以他自身为源泉的写作所遇到的障碍——而正是在那里隐藏着他沉默的深层原因,就如王尔德后来逐渐明白的那样。

他一获释,就去了法国,在诺曼底海岸的倍尔尼瓦尔(Berneval)安顿下来。他需要什么呢?需要大海:他已面对大海。可能,与其说他需要一个旅馆,不如说他更需要一幢小房子:"如果我能在自己的私人花园里建一幢漂亮的小木屋,在自己家里生活,成为我被损伤了的生命的主人,我就能创作出美好的作品,一边弹着我感觉已经增加了琴弦的乐器,一边仍和世界交

---

① 致罗斯(À R. Ross),第655页。

谈。"于是,他租了一个住处。创作的欣喜并没有马上到来,但他并不太着急:"两年漫长的寂静锁住了我的灵魂,灵感会来的,我确信无疑。"他在那里写了《里丁监狱之歌》。但也是在那里,他发现其实创作所需要的条件并不都具备。1897年8月,他(在信中)告诉一位朋友:"我希望不久能重新集中意志,艺术取决于它,受制于它,从而产生出一部有价值的作品。"他向另一位朋友透露道:"我没有处于我所要的工作状态,我担心再也不会有这种状态了。我的旺盛的创作力已经一去不返。"①这次失败出乎意料:在王尔德的生命观念中,无论如何他都想象不到这一点。对他来说,这是一种措手不及的突然打击。

发生什么事了?王尔德写下这些话以后没几天,作出了一个令人可怕的决定:重新开始和那个在《深渊书简》中倍受诋毁的波西一起同居生活。为了自我辩解,他当着另一位朋友的面承认:"我在倍尔尼瓦尔的最后两星期的日子很阴暗可怕,简直要让人去自杀。我从没有如此难受过。"这并不是王尔德第一次抱怨孤独,在倍尔尼瓦尔的孤独感比他在监狱中所能想象到的更为严重;而且现在还要加上不能写作的苦恼。为了补救这种双重缺失,他重又和波西生活在一起。他给波西写信解释他的决定:"你真的可以在我身上重新激起这种旺盛精力,这种艺术所依赖的快乐活力感。……只有在你身边,我才能写出随便什

---

① 致扬(À D. Young),1897年6月5日,第882页;致勃莱克(à C. Blacker),1897年7月12日,第912页;致达利(à A. Daly),1897年8月22日,第929页;致罗申斯坦因(à W. Rothenstein),1897年8月24日,第931页。

么东西,我感觉得到这一点。"①在此,他者的存在承受了之前它在王尔德的理论中所没有的位子。

在倍尔尼瓦尔,他当然拥有大海,但是他还缺少两种其他成分:人的情感和阳光;这两种成分可能会在那不勒斯(Naples)一起获得,他和波西去了那里。这个计划至少在表面上还是原来那样。"我是为了完善我的艺术家气质和我的心灵(灵魂)气质才来到此地。"然而,这两点他都没有达到。波西没有给他带来期待中的帮助,阳光也没有。1897年11月初,即出狱后五个月,王尔德作出了醒悟过来的总结:回归写作和公共生活比预料的还要艰难。该怎么做才能走出这个困境?"我必须重新审视我的处境,因为我不能像现在这样生活下去,尽管我知道改变生活是一句空话,因为江山易改,本性难移。"到月底,面对另一位通信者,他痛苦地下结论说:"我是一个没有答案的问题。"他对第三位通信者说:"我不能马马虎虎地对付我的生活,厄运注定压在它之上。无论对我自己,还是对其他人,我都不再是一种快乐。"②

是的,在那不勒斯,他和他所有其他朋友疏远了,也疏远了一直给予他刺激的艺术界和知识界的生活。被迫和波西分手之

---

① 致勃莱克,1897年9月6日,第935页;致道格拉斯(à A. Douglas),1897年8月,第933页。
② 致勃莱克,1897年9月22日,第947页;致罗斯,1897年9月8日,第978页;致阿代,1897年11月27日,第995页;致斯密斯(à L. Smithers),1897年12月11日,第1006页。

后,他决定移居巴黎。"下星期日,我到巴黎去。这是我唯一的工作机会。我必须要有一种知识分子氛围,我厌倦了那些希腊青铜器。在这里,我的生活只会崩溃,我再动不出脑筋,也再没有精力了。我希望在巴黎能再作一次努力。"到了那里,起初,他相信,有了起色。"巴黎知识圈的氛围让我感觉很好,现在我有了想法,不仅仅是激情。那不勒斯对我来说太糟糕了。"然而,几个星期之后,为了解释他为何写不出一部新剧,他做了一个苦涩的小结:"关于(写)一部戏,我失去了艺术和生活的本质机制:**快乐的生活**。这太糟糕了。我还能感受到乐趣、激情,但是快乐的生活已经离开了我。"几天后,在给另一位通信者的信中,他写道:"当您来看我的时候,您会看到我变成了废墟,我以前拥有的美妙的、灿烂的和极其个异的东西都倒塌了。……我想我再也不会埋头写作:快乐的生活已经消失,意愿也随之消失了,那是艺术的基础。"他向知心朋友罗斯(Ross)承认:"我的文章疲软了——就像我自己。我只是一个混混……? 受着地狱般痛苦煎熬的半醒的混蛋。"①

尝试一直在继续,总是成效甚微。"明年,我还要工作;但是要想恢复艺术家的精神气质,摆脱日常生活的俗气很不容易。"困难层出不穷。"对于我自己来说,显然,生活的目的是实现自身的人格,现在和从前一样,通过艺术,我可以实现我身上固有的东

---

① 致斯密斯,1898年2月9日,第1013页;致阿代,1898年2月21日,第1023页;致哈里斯(à F. Harris),1898年2月,第1025页;致勃莱克,1898年3月9日,第1035页;致罗斯,1898年3月17日,第1039页。

西。我希望不久就开始另一部戏剧;但是贫穷和可耻的缺钱烦恼,众多朋友的离去,被最不公正的法律、最不公正的法官夺去了我的孩子,两年的沉默孤独和恶劣待遇的可怕后果,的确很大程度地扼杀了我以前洋溢着的巨大的生活快乐,这种快乐也许一去不复返了。"有些日子,这种疑惑转变成了固化的信念:"我想我不会再写作了。我身上的某些东西死了。我不再有写作的欲望,我甚至感到再没有能力写作。"① 他还惦记着起初的计划,但是由于种种条件,它被悬置起来了——而这些条件没有汇聚在一起。

不能写作不仅仅因为缺乏物质条件。1898 年 12 月,一个朋友把他带到了蓝色海岸(la Côte d'Azur),让他能在安静的环境下写作。出发之前,他迫不及待地向所有与之通信者宣布他要去工作了。"我将到那里去一个月,一个月之后,我必须写出一部艺术作品来。我希望能够写出些东西来。""实际上,对我来说,把我带到那里去是要我写一部杰作出来。"但是,与此同时,他在致罗斯的信上写道:"当我们到达拉纳普尔(La Napoule)时,我将会让他发现一个目前来说已经是波利希奈尔(Polichinelle)式的秘密②,也就是说我已经大脑软化,智力衰退,再也不是一个天才了。"到了地方上,他甚至不尝试着去工作。这段日子之后,王尔德再不抱幻想,他不再投入到新的尝试中去。

---

① 致罗斯,1898 年 5 月 14 日,第 1068 页;致韦尔登(à G. Weldon),1898 年 5 月 31 日,第 1080 页;致罗斯,1898 年 8 月 16 日,第 1095 页。

② 波利希奈尔,意大利假面喜剧中的驼背小丑。波利希奈尔式秘密即公开的秘密。——译注

"我所做的一切都是错的,因为我的生活没有建立在一个良好的基础上。"他只是生活在无尽的焦虑之中并沉溺于日常烦恼,他断言道:"我始终处于穷困潦倒的状态之中,这是我的常态。"①

王尔德现在发现他先前的文学观念不再适用。其中,他曾经坚持这样一个原则:作家不应该在其作品中借用自己的生平,作家的作品应该纯粹是想象的产物。艺术家要创造出一个他不在其中的世界。"以莎士比亚写出了《李尔王》为借口而说他是疯子是愚蠢的",而相信这点"也是愚蠢的"。在《道林·格雷》的前言中,他还强调了福楼拜原则:"透露艺术,遮掩艺术家,这就是艺术的目的。"然而,"我"在他出狱后写的唯一作品——《里丁监狱之歌》首页上出现;这个时期仅有的其他公开发表的文字,他关于狱中生活的公开信件,也从他本身经验中吸取了营养。他知道这一点,表现出一种苦恼:"以多种方式从个人经验中提取诗意是对我自己的艺术哲学的否认。……我害怕自我否认。"对他来说,这是他的《里丁监狱之歌》的缺陷:"当然啰,我认为《里丁监狱之歌》的自传性太强了,与我们决不应该让自己的生活经历来影响我们的原则正相反。"然而,读这首诗歌时可以让人感到先前的理论羁绊了新的实践:相对于他本人的狱中生活经历,《里丁监狱之歌》更多地见证了王尔德和英国诗歌的亲缘关系。他很快又回到了他的老信念:在和纪德最后一次会面时,

---

① 致霍斯曼(à L. Housman),1898年12月14日,第1111页;致斯密斯,1898年12月14日,第1010页;致罗斯,1898年12月14日,第1110页;致罗斯,1899年4月,第1142页;致哈里斯,1900年9月2日,第1195页。

他劝告纪德:"亲爱的,请听我说,从现在起再不要用'我'。在艺术上,您瞧,没有第一人称。"①

出狱后,王尔德在两种相矛盾的呼唤中受着煎熬。一方面,为了忠实于他刚刚生活过的经历,他应该采用一种不同的写作:放弃矫揉造作的修饰,用其名指称各种事物,实践一种直接明了的风格,用他本人的生活经验来滋养他的作品。这也是他的朋友们和公众期待于他的。"毫无疑问,如果我为不知所措的人们写些祈祷文,或者,如果我收回快乐生命的福音学说,把它变成只值一便士的一个约定的话,人们都会说我好的。"但是,王尔德不甘心走上这条道路。他要让他的监狱经历增强和加深他始终如一的生命选择,而不是取消和排斥他的生命选择。然而,从另一方面说,他再也不能像以前那样写作了:他的戏剧,他作品中最成功的部分出自于他的精神、秉性、才干和一种对待他再也承受不起的世界的态度。在他最后的岁月中,当他只得为了感觉来酝酿剧本时,他不能不看到把他和戏剧之间隔开的深渊,那些戏剧写于"我和老虎,即和生活戏耍的时期"。从此,"我很难像从前那样笑对生活"②。于是,作品不能完全与艺术家生活无关。在过去,作品和艺术家生活相一致,即使王尔德更愿意不知

---

① 《人的灵魂》,第951页;《道林·格雷的画像》,第347页;致霍斯曼,1897年8月22日,第928页;致哈里斯,1898年2月末,第1025页;《奥斯卡·王尔德》,第576页。

② 致哈里斯,1899年2月18日,第1124页;致威尔克逊(à L. Wilkinson),1899年2月3日,第1123页;致斯密斯,1899年6月3日,第1150页。

道这一点;现在,他的生活不同了,但是他写不出与他相符合的作品了。只抓住人生的"阳光面",这是一种残缺的生命观。他旺盛的创造力受到了使其无法写作的双重禁止的打击。

他的朋友弗兰克·哈里斯(Frank Harris)一直催促他写作,而王尔德在他面前总是为自己的无奈辩解。哈里斯说,当理屈词穷时,王尔德会对他说:"我内心进行着激烈的斗争。我生来就为生活的快乐、骄傲,生命的愉悦,在万千世界最美之中一切美的东西面前感受到的欣喜而歌唱,他们抓住我,折磨着我,直至我学会悲伤和怜悯。现在,我再也唱不出快乐了,弗兰克,因为我经受了痛苦,我天生不会歌唱痛苦。"入狱前,王尔德想象他作为艺术家——创作者的生命同时也是一种艺术生命——绽放的、完美的艺术生命。获释第二天,他回顾以往岁月,对这些岁月作了反省:作为要献身于创作美好的艺术作品的生命,他的艺术家生命没有获得成功。他现在说,他的一生是"肆意寻欢作乐、低俗的物质主义的一生——和艺术家不相称的一生"。"我所有的放纵行为,我的挥霍无度,我游手好闲的频繁社交生活对于一个艺术家来说是有害的。"他把自己设想为个性自由者是对的,但是他屈从于某种"无节制的和矫揉造作的物质主义"是错的。而"生活中的一切物质主义都使心灵(灵魂)变得冷酷无情,身体的饥渴和肉欲的旺盛总是糟蹋人的,常常会毁灭人"。①

---

① 《当代肖像》(Contemporary Portraits),伦敦,1915年,《奥斯卡·王尔德》,《访谈录》(Interviews and Recollection),第二卷,第423页,致大卫(à Davitt),1897年5—6月,第870页;致依梅杰(à S. Image),1897年6月3日,第879页;致罗丝(à E. Rose),1897年5月29日,第864页;致勃莱克,1897年7月12日,第917页。

在其最后三年中,王尔德生活得困苦又孤独,他从城市到城市、从旅馆到旅馆游荡,周围有几个不得志的伙伴。这首先因为他只能与某种类型的人交往。司法和他的妻子联合起来禁止他和他的孩子们有任何来往,这让他痛苦得要命,他的熟人们偶然碰见他都扭头装作没看见。"有些文人碰到我对我还比较客气,不过我们很少见面。我也交上了几个伙伴,当然我为此种友谊也得付出些什么,我还得说这样的要求既不苛刻也不昂贵。"他的信中叙述了在巴黎的酒吧里度过的漫长的无快活可言的夜晚。要留住他在那里遇到的男孩们,这些年王尔德主要的伙伴,最终也得花费很多钱,还得加上他其他失控的开销,尤其是酒:苦艾酒、白兰地、香槟酒等。王尔德这些年的信件中翻来覆去就是要钱(这让人想起波德莱尔在这个问题上的同样情况)。他的经济情况其实不是真的不可收拾,但是他总是入不敷出,而经常处于捉襟见肘的窘境,这情况对创作很不利。"痛苦是可能有的,也许还是必要的,但是贫穷、困苦——那是令人可怕的。这会玷污了人的灵魂。"①

监狱生活没有给王尔德带来哈尔达尼所期待的、他自己也希望有的变化。如果将他的命运和陀斯妥耶夫斯基(Dostoïevski)的命运相比较的话,反差是很惊人的。陀氏是19世纪另一位作家,他遭受过牢狱之灾,服过极度折磨人的劳役。

---

① 致罗斯,1898年5月14日,第1068页;致纪德(à A. Gide),1898年12月10日,第1109页。

王尔德了解并且很欣赏陀斯妥耶夫斯基的作品(他写过一篇关于《被侮辱和被损害的人》[*Les Humiliés et les Offensés*]的读书笔记),他把此书首先阐述成一种重识痛苦的尊严的方式。王尔德出狱后,在一次和纪德的会面中,纪德向王尔德谈起了《亡者之屋的记忆》(*Les Souvenirs de la maison des morts*),就像谈论一个该效仿的榜样。对于两位作家(陀斯妥耶夫斯基和王尔德)来说,在他们与监狱的关系上,有某些共同点:他们一向都不是以反抗监狱面目出现的,他们赞赏社会秩序的化身,那边是沙皇,这边是女王。然而,最后结局的反差是很强烈的:两位都是以天才大作家的身份入狱,陀斯妥耶夫斯基以天才出狱,王尔德却受到无声的打击。就如曾经透露了其中相似性的斯蒂芬·茨威格所看到的,"王尔德像是被置于一个研钵中遭受捣碎;而这种考验成就了陀斯妥耶夫斯基,他的形象,就像一块金属被置于滚烫的坩埚里经受了熔炼。"①

老实说,把他们俩相提并论并不恰如其分。陀斯妥耶夫斯基因为他的政治观念被判刑,王尔德由于行为有伤风化而入狱;前者承认他的"罪行",后者则予以否认。出狱以后,陀斯妥耶夫斯基放弃了他以前的信念,王尔德则重又回到他原来的信念。于是前者留在了自己的国家,后者一出狱就离开故土不想再见到它。茨威格记下了另一个很有意思的对比:王尔德因为沦落为一个劳役犯而倍感羞辱,陀斯妥耶夫斯基则因为流放犯们的

---

① 《三位大师》(*Trois Maîtres*),《评论集》(*Essais*),袖珍本,1996年,第128页。

接纳而重获新生;前者因为失去社会地位而精神崩溃,后者在最困苦的人们中间认识了自己。他们的文字中透露出的某种差异让我们瞥见另外一种解释:其中一个人的作品是小说家的作品,而另一个的作品则不是。陀斯妥耶夫斯基的小说中充满了互相冲突各色各样的众多人物。而王尔德,他,首先让人听到一个声音,就是由他选择来担当重任的声音:一个有头脑的人的声音,他通过诗歌或故事,学问研究或警句名言来作冷静的表述;他的剧作中的人物也和他们的作者一样是精神至上的。

好名声

为了理解这种无奈的缘由和评判王尔德以其本身经验为依据的理论,我们就从公共生活在他心目中的地位出发来看问题吧。我们看到,他相信社会主义可以解决超越个人能力的一切问题——这是不去思考这个广阔领域的一种方式方法。固然,社会是存在着,但是对王尔德来说,它只是相类似的个人的总和。他们不一定真的是那么相互需要。基督爱人如己令人钦佩,也是所有人企望的,但是它的存在实在不是人的属性的组成部分。当王尔德在《深渊书简》中思考他的理想的性质时,他以一种毫不含糊的"个性自由"的思想声明:"除了出于自我本身的东西以外,我觉得没有任何东西有一丁点价值。"[①]这句话是参

[①] 《通信全集》,第731页。

照了来自外界的惩罚或奖励与内心深处形成的判断之间的反差而说的；但是有意思的是，在这句话中看不出个人和其他人之间的关系占有任何特殊的地位。

在同一封信中，王尔德想象他出狱后的生活，以及他很可能遭到的抛弃；他没有想到这会破坏他的舒适安逸。"我单身独处时可以非常开心。有自由、鲜花、书籍和月亮，谁不会开开心心？"老实说，许多人光有鲜花月亮作伴但得不到承认，没有人说话，没有爱情，很可能就不开心了。王尔德自己刚在倍尔尼瓦尔住下来就感到他在那里缺少人际交往。老实说，如果观察一下王尔德入狱前的生活，就可以看到他对自己在他人眼中的形象敏感到何种程度——也就是说，他单身独处时从未能感到很开心，也从未能满足于提取自身所有的价值。相反，他给人留下了一种不可遏制地需要社会承认的印象。王尔德在与人交谈时个人状态发挥得最好——根据所有在场的人见证，他的慷慨陈词比他的文章更光彩照人。纪德重提王尔德的这句话："我在生活中发挥我的一切天赋，而在我的作品中，只是发挥我的才干。"①这也意味着他是在社会中而不是在孤独中绽放。他需要大家都谈论他，需要他的名字家喻户晓如同需要必不可少的空气一样。来自于外界的惩罚和奖励对于他从来都不是无所谓，只要看看他如何回应所有关于《道林·格雷》的批评就知道；他要时刻保持警惕捍卫他的名

---

① 《通信全集》，第755页；《奥斯卡·王尔德回忆录》(*Oscar Wilde. In memoriam*)，法兰西信使出版社(Mercure de France)，1947年，第12—13页。

声。以诬告罪起诉昆斯伯里不是一种完全孤立的行为。

在监狱里,王尔德多次向内务部长提出上诉,他被败坏了名声是他首先要提及的主题之一。"没有任何公众生活等待着他,他再没有任何文学生涯,没有任何快乐,没有任何幸福生活可言。他失去了妻子、孩子、名声、荣誉、地位、财富;他只有面对贫困,他除了阴暗的生活不能再奢望其他。"他用第三人称来写自己的状况。出狱日期临近时,他恳求提前几天释放他——并不是想缩短他被拘禁的时间,而是想避开太露骨、太不知趣的目光。"显然,申诉人出狱的日子早就预先广而告之了,申诉人始终坚持要避开媒体广告和不识相的记者们就他的释放出狱作的描述和询问,他希望无声无息地去国外,不要引起公众的注意。"体貌被损,与过去的理想形象相去甚远,尤其使他感到压力沉重。所以出狱时他要避开记者们的关注,要极其仔细地安排离开英国的细节。"进入一个还有其他乘客的头等车厢对我来说太令人讨厌了。他们讨厌看到我,我会看出来的。"①他的申诉和之前其他几次申诉请求一样被搁在了一边——行政部门对他冷酷无情。

想到服刑期间,他给波西的情书会被公之于众,王尔德是难以忍受的。而服刑期间最使他深受伤害的,是他人投来的目光。从一个监狱转到另一个监狱时,他戴着手铐在车站月台上停留长达半小时之久,围观的人群向他拥来:"把我留在了那里,"他

---

① 1896年11月10日,第668页;致内务部长,1897年4月22日,第803页;致透纳(à R. Turner),1897年5月17日,第832页。

写道,"把我留在众目睽睽之下。……随着每趟列车到站,围观人群有增无减。"他意识到自己在他人眼中的不堪形象,这让他整整一年中,每天到同一时刻就流泪哭泣。他在叙述中提及了这些情况。一出狱,王尔德继续留意他的名声,即使他离开了英国。在倍尔尼瓦尔一安顿下来,他就对当时在巴黎的波西发出呼唤:"我现在想要的就是作为一个艺术家亮相,以艺术的手段在巴黎亮相,而不是在伦敦。"次日:"请把巴黎有关我的报道都给我寄来——不管是好的还是坏的,尤其是坏的。了解公众对我的态度,对我来说具有生命攸关的重要性。……关于我的哪怕一点点微词对我来说也是意味深长。"①

对于公众承认的需求,也就是来自外界的惩罚内心化,让人明了王尔德生活中另一个大谜:在诉讼前夜拒绝出逃的原由。其实,从某个时候开始,对他判刑已经是非常可能的了,然而,他当时还是自由的。他的朋友们催促他快去法国,那里对同性恋不以同样方式惩处,在法国他有很多朋友,他的作品广为人知,受到尊重。不久以后,在相类似的情况下,左拉发表《我控诉》②

---

① 《深渊书简》,第757页;1897年6月2日,第873页;1897年6月3日,第876页。
② 1894年,法国一位官员发现一封透露国家机密的信件,便把这封信交给情报处,情报处里的一位官员发现是自己朋友的笔迹,如果事情暴露便会连累自己,便与人合谋找一个笔迹与此相似的人,德累福斯恰是这样一位合适的人选。于是,德累福斯被逮捕。后来,有人发现了事情的真相,要求重审这个案件。左拉由于主张重审德累福斯案件而坐牢,但是,他即使入狱,仍然不放弃自己的观点,与统治阶级斗争到底。左拉在狱中奋笔疾书写下了《我控诉》,发表于1898年。——译注

的檄文之后,为了逃避一年的监禁,很快就去了伦敦。但是王尔德却拒绝逃往巴黎。为什么?在《深渊书简》中,他试图怪罪于波西,他解释说因为波西欠下了旅馆的债务而致使他不能成行:"没有旅馆的这张账单,我星期四早上就去巴黎了。"但是,这个解释的真实性令人生疑。在事件发生时,王尔德似乎比较贴近真正原因。"我决定留下来,这样更高尚,更漂亮。我们没有能一起出走,我不愿意被当成懦夫或逃兵。借用他人名字,乔装改扮,东躲西藏地生活,这一切都不是我的所为。"①有人说王尔德母亲曾经告诉他,她情愿他呆在监狱里也不愿意他逃亡在外;但是甚至在没有遭到这样的干涉之前她儿子就已经作出了选择:逃跑意味着和公开被接受的价值体系断绝关系,这是非他所愿——或者更确切地说,非他所能。因而他更愿意坐牢而不愿意流亡或受人抛弃——他当时并不立即明白他将会有如此遭遇,在被监禁和流亡中遭人抛弃。左拉以他的傲骨得救:社会徒劳地对他作出宣判,他确信他有理,即使他是以一敌众。王尔德因为他的虚荣心而输了:他需要自己讨人喜欢的形象,而公众却把此形象扔回给了他。

所以,一入狱,王尔德很快得出结论,对他的惩罚是正确的。他并不去追究同性恋是否有罪;只要法律和公众舆论上认为有罪,就够了。在这个问题上,他一点不是今天人们所喜欢想象成的那样,是为争取同性恋者的权益得到公众承认的斗士。也许

---

① 《通信全集》,第703页;致道格拉斯,1895年5月20日,第652页。

他并没有确切地犯下被指控的罪行,但是他犯下了其他罪行,他自己很明白它们触犯了法律受到了法律的制裁,他热衷于此的大部分原因是这样的冒险生活是被禁止的:"这是与豹共舞;危险构成了一半的乐趣。"一旦获释,王尔德并不更想去反抗合法的社会价值体系。谈起过去,他就用诸如"我的镀了金的无耻行径——我的尼禄式①的日子,富有,下流,无耻,物质至上"②等词。换句话说,在这问题上,他再次把别人看他的目光内心化了。

从这个观点看,王尔德对他本身为人和他的生活所抱有的自我形象并不完全正确。在他的这个自我形象中,可以找到他采取致命举动的原因之一,这个举动加速了他滑向沦落:起诉昆斯伯里。因为这个举动具有某种不合寻常的东西。王尔德不断发生同性恋行为,昆斯伯里指控他"鸡奸"——换言之,他说的是事实。而王尔德自己要公开地表明这是诬蔑。他沉醉于他那能言善辩的口才,最终把虚构和真实混淆了。他相信自己是自身价值的来源,他决定向公共舆论发起挑战——决定表现得好像公共舆论会听从他似的。公共舆论因为受到如此贬低而被激怒,它报复了,狠狠地惩罚了他。他受到的教训总的来说是:你将会知道何为公共舆论!他从来没有造过公共舆论,闭目不见公共舆论对他的重要性。

---

① 尼禄(Néron),公元 1 世纪罗马帝国暴君。——译注
② 《深渊书简》,第 758 页;致罗斯,1897 年 5 月 28 日,第 858 页。

他的戏剧比他的个人声明更好地道出了这种对他人目光的依赖。一切戏剧都是在表现存在与显现之间的距离,在应该显现的必要性上玩游戏。温太太(Lady Windermere)怀疑她丈夫因为担心泄露他的过去而拜倒在欧琳夫人(Mrs. Erlynne)脚下。"我想他是怕出丑。男人们是那么怯懦。他们嘲弄世界上一切法则,却倍感人言可畏。"在《无足轻重的女人》(*Une Femme sans importance*)里,伊林沃思(Illingworth)勋爵道出了"上流社会"(la bonne société)所有男人的需求:不是因为它(上流社会)好玩,而是因为它奠定了社会存在的基础。"'上流社会'是必需的。"这不就是王尔德出狱后付出代价所悟到的吗?他的戏剧的情节经常围绕着要挟,即通过威胁的手段对影响其名声的人进行有效打击而展开。欧琳夫人吓唬温德梅尔勋爵(Lord Windermere)要揭露他的隐私,就像在《理想丈夫》(*Un mari idéal*)中,切芙莱夫人(Mrs. Cheveley)要罗伯特·切尔登(Robert Chiltern)唱歌——这一位准备让步了:"我是否会因为一个可怕的丑闻而失去一切?"[①]在《道林·格雷》中,敲诈已经起着中心作用,它让道林得以强迫一个帮凶来帮他掩藏巴西尔·哈尔瓦德的尸体,这个主题经常不断地出现在王尔德的作品中,这显然不是偶然:他本人经常成为那些敲诈老手们的猎物,那些敲诈老手以勒索金钱为条件来答应为他保守同性恋秘密。不,个人不能对公众舆论视而不见听而不闻。

---

① 《通信全集》,第1200、1303和1368页。

他的忠诚朋友罗比·罗斯(Robbie Ross)自告奋勇告诉了他关于他自己的实话。王尔德获释后,罗斯给他写信道:"您要记住,您犯下的不可饶恕又粗俗的错误就是让人发现了您的错误。错误不在于搞同性恋,而在于让这件事公开,变得家喻户晓。"后来,王尔德在一封回信中承认了这一点:"我曾经持续地相信我的人格,现在我看到它实际上是建立在我的地位的虚幻性上。我失去了地位,我看到我的人格一钱不值。"老实说,这里所提到的人格和地位,内心和外表之间的区分是不会持久的:一个会不知不觉地向另一个转化。王尔德去世不久,罗斯总结王尔德的处境说:"对他来说绝对必需的两件事是根据帕特的方式保持各种生活乐趣和拥有一种高尚的社会地位。"尽管外表种种不堪,出狱后,他还是能重新找到生活的乐趣。"但是,五个月之后,他明白他得不到社会地位了。"然而,就像奥登(Auden)在一篇关于他的评论中所说的,"对于王尔德来说,社会认可对于他的自我认同来说是必不可少的"。① 所以,他最后三年的生活是一个悲剧:他再也不能左右公众舆论,而没有公众舆论支持,他又无法生活。

在入狱之前好几年,王尔德就对"犯罪"问题很感兴趣。在《羽笔、铅笔和毒药》(*La plume*, *le crayon*, *le poison*)中,他在审视一个凶犯作家的案例的同时,希望审美判断丝毫不要受法律上或伦理道德上考虑的影响干扰:"在犯罪和文化之间没有根本

---

① 王尔德摘录;致斯密斯,1897 年 12 月 10 日,第 1004 页;致罗斯,1899 年 3 月 29 日,第 1138 页;致舒斯特(à A. Schuster),1900 年 12 月 23 日,第 1229 页;《漂泊一生》(An Improbable Life),收入《作品集》(*Collection*),第 127 页。

上的不兼容性。"他甚至提出如果作者犯一点罪,可以给予他的作品更多的力量:"可以想象某种坚强的人格产生于罪孽之中。"但是如果每个人都不得不服从于公共法律和顾及公众舆论的话,还能要求艺术家得到豁免吗?王尔德也想得到豁免,正如他在提到那位既是伟大的艺术家又是法律眼中的罪犯本夫诺多·塞里尼(Benvenuto Cellini)的案例时所说:"公共法律和公共权威不是为像他那样的人设立的。"然而,当他在相类似的处境下,我们看到王尔德并不遵循他本身的信条:他不认为公共法律不适用于像他那样的艺术家们。他在德累福斯(Dreyfus)事件中,也以同样的方式作出反应。1894 年德累福斯上尉被以间谍罪判刑,流放圭亚那(Guyane)的魔鬼岛(île de Diable);他的巴黎同情者掀起声援他的运动,全国分裂成民族主义者和普世主义者("德累福斯分子"[Dreyfusards])两大派,可能是真正罪犯的爱斯特哈茨(Esterhazy)上校 1898 年反而被宣告无罪释放。在这个案件上,王尔德更希望作出一个审美意义上的判断而不是法律上或伦理道德上的判决。"爱斯特哈茨比真正无辜者德累福斯更有意思。错的总是无辜者。为了当一个罪犯,必须具有想象力和勇气。"他对一个朋友说道;再说,后来他经常去看爱斯特哈茨,爱斯特哈茨使他着迷。甚至,他很忠于尼采的思想:"一个快乐的妖魔比一个有感情的令人讨厌的人更有价值。"①

---

① 《通信全集》,第 826 和 825 页;《人的灵魂》,第 959 页;《奥斯卡·王尔德》,第 599 页;《权力意志》,阿尔贝译,第 54 页。

1891年，王尔德写道:"一个人即使在监狱中，也可以完全是自由的。他的灵魂可以是自由的。他的人格仍可以保持圣洁。他可以是平静的。"他的经历向他证明恰恰相反。但是必须说王尔德喜欢摆出一些姿态，玩弄悖论。追求"美"是否真正足以引导整个人生呢？出狱以后，王尔德再也不相信这点了。他现在承认，某些困难要求一种完全另样的处理方式。"于是金钱问题只能用金钱方式来解决。当争端成了一个数字问题，天才、艺术、小说、激情或者其他一概无用，不管审美品位如何高超，也都解答不了一个代数难题。"①

王尔德在入狱前就懂得这个道理，但是他更愿意把它搁置一边，除了例外情况，就像他在评论文《作为艺术家的批评家》(*Le Critique comme artiste*)的结语中说:"审美实际上是属于伦理上的问题，在意识的文明的范畴里，性的选择是属于物质世界范畴里的自然选择的问题。就自然选择而言，伦理使得生命存在成为可能。就性的选择而言，审美新形式给生命带来了进步、多样和变化。"②在这种受达尔文词汇启发的说法中，审美不再替代伦理学，也不再处于伦理学之外，而是处于按伦理学建立起来的一个框架里。然而，它不是多余的:它并不让生命符合于规范标准，而是"美好和美妙"。在此，王尔德并不满足于把所有的经验都放在同一层面上，不满足于肯定所有经验都可以达到完美；

---

① 《人的灵魂》，第940页；致斯密斯，1897年11月19日，第983页。
② 《作品集》，第900页。

他也想有必要把这些经验置于某个框架之内,大家公共生活的框架之内。

爱情的位子

王尔德年青时,特别欣赏两幅画,热那亚博物馆收藏的圭多·雷尼(Guido Reni)的《圣塞巴斯蒂安》(*Saint Sébastien*)和乔治·瓦茨(George Watts)的《爱情和死神》(*L'Amour et la Mort*)(现收藏于布里斯托尔[Bristol]博物馆)。两幅画都表现了一个纤瘦的、肌肉紧绷的裸体年青男孩(圣塞巴斯蒂安那幅画上几乎是全裸的)。但是,这两幅画还有一个共同特征,王尔德在他的画论中强调了这一点:圣塞巴斯蒂安被多枝箭刺穿,痛苦至极,为了他钟爱的东西,为了他的信仰,为了永恒的爱,为了上天而死去;瓦茨的画从背后表现了死神,那是一个巨大的人物,带天使翅膀的男孩徒劳地想去阻止他。爱情每次都是和死神不可分割。爱情和死神在王尔德后来的文学作品中紧紧相随,以相辅相成的两种形象表现出来:爱情,或者给施爱的人,或者给被爱的人带来死神;它最终导致自杀或谋杀。

(王尔德的)故事作品最先作了各种特别的发掘探讨。《快乐王子》(*Le Prince heureux*)①把这个形象一分为二:王子雕像为

---

① 《快乐王子》,王尔德著名童话集,举世闻名,脍炙人口,被文学界推崇为童话经典。——译注

了他所爱的人——病人们,饥饿的人们,穷人们——作出了牺牲,把他身上所有的饰品都献给了他们,之后雕像被拆卸熔化。从雕像的角度,冬天来临时,雨燕留在了王子身边为王子献身:它太爱他了,舍不得离开他。《夜莺和玫瑰》(*Le Rossignol et la rose*)在构思上有些许不同:夜莺因对大学生的爱情而献身,让大学生可以将一朵红玫瑰献给他所爱的人。它让带刺的玫瑰刺入自己的心,让血滴进玫瑰。但是,大学生并不为他的爱人而献身;当她回绝他时,他扔掉玫瑰,决定毫无诗意地投入到他的职业生涯中去。在此,唯有夜莺相信"爱情比生命更值得",唯有它歌唱"爱情在死亡中找到完美"。① 在《自私的巨人》(*Le Géant égoïste*)中,巨人发现了一个孩子的爱,这个孩子不是别人,正是耶稣基督,是导致献身的爱的化身,巨人后悔至死。《忠实的朋友》(*L'Ami dévoué*)中的汉斯(Hans)因为对他自以为已经成为其朋友的那个富裕又难缠的磨坊主太仁厚,爱之太深而死。在另一个故事《公主的生日》(*L'Anniversaire de l'Infante*)中,妖怪似的矮子心碎至极死了,死之前,他终于明白他对公主的爱情永远不会得到回应。死亡似乎就是相爱之人不可避免的命运。

其他数量并不少的作品以相反的形象对这一纲要作了补充:爱人的人要杀掉他爱的对象。王尔德在他第一部戏剧《薇拉》(*Véra*)中,叙述了薇拉的故事。薇拉是一个"虚无主义者",她要刺杀沙皇,但却爱上了沙皇。他们刚刚拥抱,沙皇就宣告:

---

① 《作品集》,第157和159页。

"现在,我可以死了。"他自圆其说道:"也许生命的酒杯里盛了太多的愉悦令人难以承受。"尽管如此,死的并不是沙皇,薇拉把匕首插进了她自己的胸膛,她放弃杀死沙皇,她就得死。另一部青春剧,《帕都瓦公爵夫人》(*La Duchesse de Padoue*)把爱情和死亡错综复杂地纠结在一起:基多(Guido)要杀死公爵,最后是公爵夫人为了对基多的爱杀死了公爵,然后为了救他而自杀;而他看到她死去也自杀了。"我们相爱,我们一起死。"在《莎乐美》(*Salomé*)中,同样的意向和血腥层出不穷地出现。年青的公主莎乐美爱上了先知伊奥迦南(Iokanaan),即施洗者圣·约翰(Saint Jean-Baptiste)。"你是我唯一爱过的人。"但是约翰不响应她的爱情,于是,莎乐美请求继父希律王下令将他斩首。面对被砍下的头颅,她反复重申她的爱恋,其实她这种爱恋与一种吞并的欲望混淆在一起了:"我只爱你,你的美,你的肉体让我饥渴难忍。"她拥抱约翰,同时拼命吞啃约翰的嘴:"我吻你的嘴。你的嘴上有种刺激的滋味。是鲜血的滋味吗?⋯⋯但也许是爱情的滋味。"[①]她一边这样做,一边签署了自己的斩首令,士兵们把她打倒,人头落地。爱情给施爱的人,也给被爱的人带来了死亡。

王尔德有时以较少夸张的方式来展现同样的母题。《亚瑟·萨维尔勋爵的罪行》(*Le Crime de lord Arthur Saville*)以一种

---

① 《薇拉》,《作品集》,第 1038 页;《公爵夫人》,第 1159 页;《莎乐美》,第 1258—1259 页。

嘲弄、戏谑的语调叙述一个年青男子因爱情杀人的故事——只是他杀的不是他爱恋的对象,而是向他预言他会犯杀人罪的看相人!在寓言故事《渔夫和他的灵魂》(*Le Pêcheur et son âme*)中,年青的渔夫爱上了一条小美人鱼;他为了顺应一下他的灵魂暂时抛弃了她,结果造成了她的死亡。他发现了她的尸体:像莎乐美一样,他扑到了尸体上。"那双唇冰凉冰凉的,但是他还是吻了它们。她甜蜜的头发变咸了,但是这个滋味让他感到了一种苦涩的快乐。"然后,他就让自己也死去:"现在你死了,我要和你一起死。"①这个主题也出现在王尔德的诗歌中:他在《潘狄娅》(*Panthea*)中写道,我们"和我们成为其猎物的人在一起,和我们要杀死的人在一起"。无论对谋杀者还是对牺牲者而言,爱情导致死亡。大家都很熟悉的《里丁监狱之歌》中著名的迭句:"所有的人都会杀了他们所爱的人",一个出于妒忌心杀了妻子的男子的个例普及化了——这个男子因此举动必须死。

在《道林·格雷的画像》中,热烈地爱一个人导致了恋爱之人的死亡。西比尔爱上了道林;被他抛弃后,她自杀了。巴西尔也爱道林,尽管是以另一种方式去爱,结果也走向了毁灭:因受到他的指责,道林谋杀了巴西尔。王尔德的戏剧较少去发掘这个主题。因为,在他的剧作中,大部分时间爱只是发展情节的一种母题;但并非没有爱情和死亡的连结。对于温夫人来说,生活"是一种圣事。她的理想是爱。她的净礼就是牺牲自我"。但

---

① 《渔夫和他的灵魂》,《作品集》,第326—327页。

是,爱情是否应该总是以牺牲而告终?在《无足轻重的女人》中对于阿尔布诺特夫人(Mrs. Arbuthnot)来说,"爱是可怕的,爱是一出悲剧"——爱结束了,人就死了,或者,爱在燃烧,让人去杀人。两部剧的情节体现了以下理论:欧琳夫人为了爱女儿作了自我牺牲,阿尔布诺特夫人为了爱儿子作了自我牺牲。

这种爱的观念首先以它的偏心令人震惊。王尔德在他的作品中,从来不描述两个相遇之后互不相融又在交往中相爱的人之间的真正关系。对他来说,爱应该是从二到一的:另一个人的消失从一开始就在意料之中。爱是要吃人的。两人之中谁将消失是无关紧要的;然而,要紧的是两人之一隐匿而去。这种激情的理想并不是爱着另一个人的同时又让此人成为他自己,努力促使他绽放,而是占有他或者为他牺牲,或者让他消失,或者附着在他身上而消失。仅此定义令人想到"每个人都会杀死他所爱的生命"或者"爱在死亡中达到完美"或者"一切爱情都是一部悲剧"。①

王尔德本人能够瞥见其他爱情形式的存在,但是他对它们并不感兴趣,这让我们想起《理想的丈夫》中的人物罗伯特·丘尔顿(Robert Chiltern),他爱他的妻子,想要和她一起幸福地生活,又不想为她作出牺牲。"爱是主要的,只有爱,其他都不在话下,我爱她。"此外,这个人物认为人应该以他们本身的为人而被

---

① 《温夫人的扇子》(*L'Éventail*),第1165页;《无足轻重的女人》,第1332页。

爱,而不应该被爱改变成理想的形象:"并不是完美的人们,而是不完美的人们需要爱。"①爱在死亡中触及到了"绝对";谁接受了不完美,谁就接受了生活。

同时,很难将这种爱情观和我们现在所知道的王尔德的生活哲学调和在一起。如果理想的人生就是接受它本身的多样性,向往完美,拒绝作任何牺牲的话,那么既然爱情以消灭另一个,或者以放弃自我来定义,如何为爱情找到一个位子呢? 或者,设想王尔德在他的总纲中略微谈到的爱情只是一种次要的从属于"成为自己"的崇高计划的激情。但是我们通过道林·格雷的灾难性的例子,已经知道这种撇开一部分存在的方式会导致失败。如果在爱的旗帜下的生命(造成牺牲)和在美的旗帜下的生命(拒绝牺牲)互相矛盾的话,我们该选择两者中哪一个才是对的呢? 我们回想一下:在《道林·格雷》开头,巴西尔·哈尔瓦德以为恰恰在画道林的肖像的同时成功地把爱情和美结合在一起了。但是,之后,他发现在他认为应该以艺术的名义蔑视爱情的模特儿身上两者分开了;于是巴西尔提醒他:"爱情比艺术更令人赞赏。"②但是,既然爱情至上,为什么在王尔德的理论中找不到它的位子? 尤其,如果人们同时想要爱和被爱,"成为其自己"能否成为生活的目的呢? 必须有所选择:如果最高的价值是求真(自我),那就贬低了爱情(另一个);反之亦然。自我崇

---

① 《理想的丈夫》,第 1403 和 1391 页。
② 《道林·格雷的画像》,第 429 页。

拜,既作为理想(欲求成为另一个,而不是自我),又作为现实(自我本身在和他人的关系中得到锤炼),遭到了质疑。

的确,王尔德是把这公式套在了小说中一个人物身上。但是巴西尔并不是一个随便什么人。在一封通信中,王尔德对《道林·格雷》中的主要人物作了评论:"我自以为是巴西尔·哈尔瓦德,亨利爵士是别人眼中的我;道林·格雷是我想成为的人——也许在别的时代。"① 换句话说,道林并不与他相像,但是与他欲求的目标相像;亨利爵士是戴给公众看的面具,他把王尔德和厚颜无耻的悖论的作者合在了一起;相反,巴西尔是三个人中唯一真正的艺术家,王尔德正是在他身上作了自我认同。

男人之间的爱情

王尔德曾经和一些女人有过恋爱关系,但是他逐渐地发现了自己的同性恋倾向。他以这种恋爱方式生活了最后十年。出狱后,他明确地放弃了异性恋。"一个因为爱国而被投入监狱的爱国者热爱他的国家——一个因为喜爱年青人而被监禁的诗人热爱年青人。改变生活方式会被认为承认同性恋(l'amour uranien)是卑鄙下流的:我坚持认为它是高尚的——比其他的爱更高尚。"

王尔德不想公开承认他的同性恋,他在付印的作品及给非

---

① 致佩恩(À R. Payne),1894年2月12日,第585页。

同性恋者的信件中,几乎都不提这个问题。他在一封致罗伯特·舍拉尔(Robert Sherard)的信中用泛泛的抽象的语辞赞美友情。他的理想是"具有被同样高尚的艺术和歌唱作品感动的能力"。如果默契达成,那么我们能够"在美的家园里会合并携起手来"。"在一切事物上对美的欲求中,我们众心一致。"①这些矫揉造作的话和王尔德总的哲学观是一致的——生活在对美的崇拜之中——但是他没有向我们道明男人之间恋爱的特殊形式。

《道林·格雷》同样仍旧是在影射这个主题,熟悉内情的人一眼就看出小说中描绘的圈子正是男同性恋的圈子。在西比尔身上,道林欣赏的是女艺术家而不是女人;亨利爵士的妻子是不存在的,最后,巴西尔声明他爱道林,即使这种爱也还是柏拉图式的,和他对于美的钟爱混淆在一起。"对于我来说,你成了这个不加言明的理想的可见化身,对于这个理想的记忆就像是一场令人着迷的梦缠绕着我们这些艺术家,我喜欢你,只要你和谁说些什么,我就变得非常妒忌。我要你完全为我,只有你和我相伴,我才觉得幸福。"即使能激起这种爱令道林很自豪,他仍克制着自己对这种占有性的爱情不作回应。他选择以一种能让当时社会更易接受的方式把它阐释为一种大家都体验到的对美和智慧的钟爱。巴西尔的爱情"在他身上并无一点高尚的精神性的

---

① 致罗斯,1898 年 2 月 18 日,第 1019 页;1883 年 5 月 17 日的信中,第 210 页。

东西。这并不是那种纯粹从感觉产生的对身体美的赞赏,一旦感觉迟钝了,这种赞赏也就死亡了。这是米开朗基罗、蒙田、温克尔曼(Winckelmann)和莎士比亚本人经历过的爱"。① 这四位被认为是在最值得赞赏的形式下体现了同性恋。

书中描写的伦敦生活同样也提到了同性恋的环境氛围,即使没有明说。一方面遮遮掩掩过着双重生活,手头经常拮据还面临敲诈勒索,另一方面,对于美好物件不能无动于衷,对于生活其中的圈子,对于性以外的种种感官上的愉悦,对于有损生物意义上健康的宝石都非常敏感。一个历经岁月磨损始终保持青春身体的幻影本身与跟母体相关的联想正相反:给予生命,终有一死。在小说中,相对于人际关系,王尔德更关注洞察社会,犹如属于同一性别的个人是处于平行的互不相干的而不是互补的地位,因而他们并不相见。其中是否会具有同性恋对子的一种特异性呢? 奥登在他关于王尔德的评论文章中提出了这个问题。"一切性的欲求都预先设定被爱者在某种角度上说是情人的'另一个':同性恋也许永远无法解决的问题,是要找到从解剖学和心理学意义上一个男人和一个女人之间自然差异的对等物。"②

在《W.H.先生的肖像》(*Le Portrait de Mr. W. H.*)中,王尔德更接近了一点同性恋的主题。这篇文章介于小说和文学研究

---

① 《道林·格雷的画像》,第458和463页。
② 《前言和后记》(*Forewords and afterwords*),纽约,凡太奇出版社(Vintage),1989年,第451页。

之间,它试图把莎士比亚的许多十四行诗的收件人和其剧团中专扮演女角的一位演员等同起来。在此,再一次地把关系理想化了,它不涉及到肉感——太庸俗了!——而是美感的产生:莎士比亚需要这个男人来创作他的作品。"莎士比亚对他的爱犹如一位音乐家对他喜爱弹奏的精致乐器的钟爱,犹如一位雕塑家对某种稀有的完美材料的钟爱,这种材料引发他产生一种新的美的造型,一种艺术表达的新方式。"这种爱情属于柏拉图在他的对话中描述过的种种爱情中的一类,对话中这种爱和对美及智慧的崇拜混淆在了一起。米开朗基罗在他的宗教狂热中,在穿透"血肉的面纱"寻求幽闭于其中的神来之意的同时实践着这种爱,柏拉图的译者菲奇诺(Marsile Ficin)赞扬这种爱,把这种"激情的友谊"定义为"美之爱和爱之美"。①

王尔德在他本人的诉讼中,面对他写给某个男子的情书时提出了同样的理由。这次,他不否认这种情爱的存在,但是他重又提及柏拉图、米开朗基罗、莎士比亚,提出了同样的将此种情爱拔高的解释,这种情爱"是美好的,它是纯洁的,是最崇高的情感形式。它没有一点反常的东西。它是理性的,当长者是个智者,幼者在长者面前充满了生命的快乐、希望和辉煌的时候,它会在一个成年男子和一个少男之间不断涌现出来"。②

无论法官们还是公众舆论都不会被这种理由说服,原因就

---

① 《W. H. 先生的肖像》,第 221、225 和 251 页。
② 《奥斯卡·王尔德》,第 497 页。

不必说了。那是因为王尔德——他在这个问题上和众多异性恋并无两样——实际上有两种类型的性爱关系。有些关系多少有点与此理想相似:那是和一些痴情于文学的年青人长久保持的关系,罗比·罗斯、约翰·格雷(John Gray)以及从1892年5月开始的与波西保持的关系。其他一些人,他没有透露一个字,是一些社会低层的年青男妓,他付钱让他们提供服务,而他们就尽力给他欢愉。如果说与前一种人的关系可以被列入"美举"一栏中,那么与后一种人的关系只属于性的欲求,冒险的感觉更激增了此种性欲("和豹子一起吃大餐"),伴侣的身份是无关紧要的。出狱后,王尔德毫不犹豫地接受了这种观点。"从前,我完全不在乎身边有无年青人存在;我习惯于将一个年青人置于我的庇护之下,热烈地爱他,然后,厌烦了他,而且常常会对他失去兴趣。"① 在此,爱情和欲望完全分离了——由此,也造成了在性交易中全无一种对忠诚的要求。

是波西把王尔德带进男妓的圈子。他们之间的关系也起源于此。1891年7月,波西首次和王尔德相遇,但是在1892年春天,波西向王尔德发出紧急的求助。他曾经是一个勒索者的顾客,这个勒索者向波西逼债,波西向王尔德要钱,王尔德为波西筹钱,同时爱上了他。在他们共同生活期间,1892—1893年,1894—1895年,以及1897年,相同的那些伙伴,一会儿被欲求,一会儿又颇具威胁性,但总归是花销的源头,他们继续混在他俩

---

① 致透纳,1897年6月21日,第905页。

的关系中。从1892年秋天起,王尔德频繁出入阿尔弗雷德·泰洛(Alfred Taylor)的同性恋会所(La maison de rendez-vous)(阿尔弗雷德·泰洛后来是王尔德诉讼案中的同案犯),王尔德在会所中为他的宝贝们开了几个房间。他的信件零星地作了见证。在1894年夏天,他和波西一起去度假,还带了波西的众多朋友:欧内斯托(Ernesto)、贝西(Percy)、阿方索(Alphonso)、斯蒂芬(Stephen)和其他一些人,他们所有人都急着要钱。1895年1月,王尔德和波西在阿尔及利亚;1月25日左右,王尔德给罗斯写信:"我们在卡比利亚(Kabylie)山上散步,山里满是土著人的村庄,几个牧童为我们吹芦笛。可爱的棕栗色人跟着我们从森林走到森林,此地要饭的人比比皆是,于是贫穷问题就这样轻而易举地解决了。"①

出狱后,上流社会对王尔德关上了大门。人们可以看到,这样就更让他频繁与那些作性钱交易的年青人交往。这就是他在巴黎的生活("在爱情面具下的激情,是我唯一的安慰,"他给罗斯写道),但他在外出过程中也是如此。他在拉纳普尔时,弗兰克·哈里斯(Frank Harris)负担他的花费,后者希望他重新投入写作,可他的注意力却很快投向了与男孩们的艳遇中去。起初,他觉得自己注定要过规规矩矩的日子了。"在拉纳普尔的松林中,看到缺少土著人很令人伤心";但是不久,他发现了一个更甚于他的嗜好的环境。到尼斯去时,他找到了

---

① 《通信全集》,第629页。

"一个我在巴黎认识的迷人男孩,是高贵的布尔瓦尔(Boulevard)部队中的一员"。在当地,他碰到了"一个很热情的英国人",由一个"非常漂亮又纤细的金发小意大利人陪伴着"。他同时又差不多和一个当地渔民有了约;他就这样享受着"两个特殊朋友的陪伴,其中一个叫拉斐尔(Raphaël),另一个叫福尔丢尼(Fortuné),两个都几乎完美无缺,除了他们不能读写以外"。王尔德和英国朋友重访了尼斯:"我认识了一个有着一双漂亮眼睛的美妙的安德烈和一个小意大利人,他叫彼埃特罗(Pietro)。"几个星期之后:"我在尼斯认识了三个古铜色皮肤的漂亮小伙子,绝对完美。"①

这些信件中提及的王尔德孤独游荡,与他入狱前的作品中所描绘的计划相距甚远。但是在他先前生活中已经如此了。依他在《深渊书简》中所描述的:"厌倦了高高在上,我毫不犹豫地投身社会底层之中寻找新的感觉。性欲倒错在情欲范畴里对于我的意义,也就是悖论在思想范畴里对于我的意义。欲望最终是一种病态,或者是一种狂热,或者两者兼而有之。我变得不关心他人的存在,哪里讨我喜欢,我在哪里取乐,或者走得更远。"②这些艳遇一点都不会滋养艺术创作,对美的崇拜一无是

---

① 1898年12月3日,第1105页;致斯密斯,1898年12月28日;致罗斯,1898年12月28日,第114页;致哈里斯,1898年12月29日,第1115页;致罗斯,1899年1月2日,第1116页;致霍斯曼,1898年12月28日,第1113页;致罗斯,1899年1月12日,第1118页;致阿代,1899年3月,第1129页。

② 《深渊书简》,第730页。

处。必须转向被理想化了的同性恋关系来看看它们是否更符合王尔德另外发展的情爱具有牺牲性和杀伤性的观念。在他的晚年,主要是对波西的爱。

我们来回想一下他的一些主要波折。

致命的激情

王尔德和阿尔弗雷德·道格拉斯爵士(也即波西)之间的情爱关系,从1892年5月保持至1897年12月;它已经多次被详尽地叙述和分析,观点种种,颇具戏剧性,促使我将它当作一部戏剧用几大幕来介绍它。

第一幕:诱惑(1892年5月—1893年12月)

两个男子已经相互认识了,但是他们之间建立起关系还是在波西的一个情人对他进行敲诈的时候,我上文中提起过此事。年青男子的俊美使王尔德着迷,波西也因为受到他崇拜的著名人物的关注而受宠若惊。王尔德在致罗斯的一封信中把波西描绘得像一朵鲜花——一枝水仙花,一枝风信子——插在沙发上。给波西的那些信件中谈到他的玫瑰花瓣似的双唇和永恒的爱情,波西正是王尔德长久寻觅的美的化身:"你正是我需要的神的创造物,一种上帝恩宠和美的创造物。"画一幅肖像、用象牙作一个雕像是不够的,人们印象中王尔德注视波西比听他说话更多:从来都只谈他的外表。但是很快就出现了一些阴影。波西并没有离开他身边的那群男妓们,他还把王尔德带进了他们的圈子;此外,波西还无节制地嗜好豪华宾馆和酒店,就像嗜好香槟酒一样。这一切使得王尔德耗费巨大,引起了他们之间的争吵。后来波西回忆道:"我记得很清楚,向奥斯卡要钱是何等的乐事。对于我们俩来说,这是一种滋味美妙的羞辱和一种极好的愉悦。"①羞辱和愉悦成了频频发生争吵的源头。另外,波西经常无所事事,难以忍受王尔德埋头于他的文学创作之中。王尔德建议波西将他的作品《莎乐美》由法文译成英文,但是结果非常糟糕;总而言之,此项工作没有坚持多久。波西的母亲看到儿子如此走歪道很不安,就向王尔德求助。王尔德建议她让儿子出国去,他同时也希望结束这段关系,他开始感到它的沉重压力了。1893 年 12 月,波西出发去了埃及,他在埃及呆了三个月。这场艳遇的第一阶段结束。

第二幕:打击(1894 年 4 月—1895 年 5 月)

对波西的要求王尔德抵御了几个月,但是 1894 年 3 月末,他同意会面,两人的关系进入第二阶段。爱情又强烈地发展起来。波西是个"快乐、优美、金子般的男孩",每当他不在身边,王尔德都要"无尽地想念"他,他赏识波西的美,同样也赏识他的聪明。"我整天都在想念你,你不在我身边,见不着你的青春美,没有你的恩宠,你的如辉煌击剑般的敏捷思想,你天才的异想天

---

① 1893 年 3 月,第 560 页;《奥斯卡·王尔德》,第 419—420 页。

开、奇思妙想,我苦苦地等着你。"王尔德说只希望一件事:"但愿你在可爱的生命进程中始终和我手拉着手。"波西不仅仅是一种美的化身,他使得整个生活都变得美好起来。对于王尔德来说,幸亏有了他,情爱和美汇合在一起。两个男子不断地相见,又各自会悄悄地偷闲一下,在阿尔及利亚就是如此,他们在那里品尝了印度大麻的快乐(《和平与爱情》[Paix et amour])。然而,狂热兴奋的时刻和争吵交织在一起,《深渊书简》中对此有详尽叙述,例如有关王尔德一次生病造成的争吵。在这次争吵中,波西拒绝照料王尔德,他在回应他的朋友的指责的信中写道:"当你不在你的雕像底座上时,你并不令人感兴趣。下次你再生病时,我马上就走。"①

然而,危险浮出水面。王尔德和波西的行为越来越不审慎了;而且,当时同性恋仍是一种罪行,即使它传播得很广泛。为了得到认可,它应该避人耳目,王尔德和波西并不这么做。威胁体现在波西的父亲,即昆斯伯里侯爵身上,侯爵公开地责骂王尔德,尽他所能挑起争端。王尔德对昆斯伯里众多指控之一作出反应(针对《扭捏作态的鸡奸者》[Poser au sodomite],他曾写过《禽兽》[Somdomite])②,把侯爵告到法庭,说他诽谤中伤。他刚起诉,就预感到了灾难来临:"好像这个男人为破坏我的一生而来。我的象牙塔被一伙下流坯攻占了。"尽管有此预感,王尔德

---

① 1894年4月16日,第588页;1894年7月,第594页;《深渊书简》,第700页。

② "Somdomite"一词为"Sodomite"(鸡奸者)的错误拼写。——译注

和波西还是到蒙特卡罗(摩纳哥)呆了一星期,在那儿的赌场赌博。回来时,事情急转直下:昆斯伯里收集了许多证据,确定了王尔德结交的性质,于是,侯爵被宣告无罪,同时王尔德受到了指控。王尔德并未试图逃跑,他后来遭到逮捕和判决。王尔德并没有想方设法为自己辩护,他继续作为剧作者我行我素,他要博得公众的掌声,而不是陪审团的仁慈。"真实完全是风格的问题,"他曾经在一篇赞扬谎言——艺术的模子——的文章中写道。①然而,对于司法来说,谎言远不是一种美术,谎言是被认作为罪行的。5月,王尔德被判了刑。

王尔德被囚禁,他对于波西的情爱也就终结了。他感到自己被大家抛弃,遭到了所有人的蔑视,他紧紧抓住对他来说最珍贵的东西:希望波西时常去探望他。"波西是那么美妙,以至于我不再想其他了。""唯有阿尔弗雷德·道格拉斯的日常探望能使我重新恢复活力。""我不再希图其他。"读那些保存下来的情书时,人们会因为被引入具有一种如此强烈激情的隐私之中而感到局促不安。王尔德在信中讲述他的永恒和不死的爱情,讲他梦想着和波西一起生活在希腊某个岛上的一幢小房子里。"你的爱情是照亮我所有时日的光芒。……我们的爱情始终是崇高和美好的。……呵,但愿我能活着抚摸你的头发和双手。""我一生中从来未有人像你这样对于我如此珍贵,从未有哪种爱情更加伟大,更加神圣,更加辉煌。""从你那丝一般柔软光滑的

---

① 致罗斯,1895年2月28日,第634页;《谎言的衰朽》,第789页。

头发到你那精致的双脚,你对我来说就是完美,……你是至高无上的,完美的生命之爱,再不会是其他的了。"①

第三幕:决裂(1895年6月—1897年5月)

在入狱前夕,王尔德声明他很后悔自己曾有与波西分手的念头:如果真的分了手,那么分手就会毁了他的艺术(爱情总是服务于产生美);他期待着监禁期间能看到他感情的绽放。但是事情发展并非如此。首先,监狱生活比王尔德所能想象的艰难得多;另一方面,波西去了国外,一次也没有来探望他。1895年8月,王尔德得知他的情人准备在法国发表一篇为同性恋及他们的关系辩护的文章,包括波西最后收到的他的几封信件。这种无视他的处境和发表文章将不可避免地产生的后果惹恼了王尔德,他开始重新以另一种方式来阐释过去的生活。他要求波西归还他的信件,但是波西没有答应;不过波西还是答应不发表这些信件,并且不把他的诗题献给王尔德。王尔德越来越认识到:波西对其父亲的敌对态度是把他送进监狱的罪魁祸首,波西放荡的生活搅乱了他自己和王尔德的生活。"他搅乱了我的生活,这点他应该知足了。"他给罗斯写道。他对自己也这么说:"我日日夜夜诅咒自己的疯狂,竟然允许他来主宰我的人

---

① 致阿代和罗斯,1895年4月9日,第642页;致舍拉尔(à R. H. Sherard),1895年4月16日,第644页;致勒凡尔松(à A. Leverson),1895年4月23日,第645页;致道格拉斯,1895年4月29日,第647页;1895年5月,第650页;1895年5月20日,第651—652页。

生。……我深深地为我对他的友情而惭愧,因为正是由于和他的友情,人们才给一个男子判罪。"①正是在这些情况下,1897年初,王尔德终于得到了写作的许可。之前,他写作的要求,总是遭到拒绝。他决定给波西写一封长长的信,扼要回顾他的一生和他的思想;这就是《深渊书简》。王尔德去世后,从1905年始,《深渊书简》陆续分批发表,1962年首次全部发表。这封信首先是一份针对收件人的控诉书,王尔德指责波西嗜好"堕落"或者说嗜好"污垢之辈"(也就是说男妓们),说他挥霍无度,时不时地大发脾气,造成了两个人之间可怕的紧张关系,还说他自私自利,令人发指(例如:在王尔德生病时出走——波西说的话,典型性地说明他缺乏爱)。这些详尽的文字最终说服了读者:波西似乎是一个很不可爱的人物。

然而,王尔德在这场关系中的立场并不完全清晰。他在信的开头声明他首先要批评自己;他唯一真正自责的事情是让波西在这点上影响了自己。王尔德把矛头转向他的情人的同时,首先指责波西没有恰如其分地评价他的天才,并且没有支持他作为创造者的工作。"我责备自己竟然允许结交一个知识分子以外的朋友,一种并非旨在创作和欣赏美好作品的友谊竟然左右了我的生活……我们在一起的整个期间,我连一行字都没有写下。"他痛切地后悔自己疏离了其他作家和艺术家,只和波西及其朋友们频频交往。"你在我身边是对我的艺术的绝对摧

---

① 1896年5月23—30日,第655页;致罗斯,1896年11月,第670页。

残。"我们由此明白,王尔德写下这些文字的时候,在这点上很像巴西尔·哈尔瓦德,他珍爱艺术家的生命更甚于波西有点轻浮的唯美的"艺术式"生命(就像道林·格雷那样)。但是,这种反差用现在的说法,犹如"我从前在其中称王的非真实的美好的艺术世界"和"没有区分的欲望,没有节制的欲求,没有定式的垂涎和激情不完美的粗俗世界"①之间的反差。

这个指控首先告诉我们波西既非美的纯粹化身,亦非产生美好作品的有效助力。毋庸强调像司汤达那样讲述"结晶"效应,它让我们自动地将爱的对象理想化;人们同时了解到在爱和美之间,在生活中的美和艺术中的美之间的和谐远不如王尔德从前所说的那么容易达到。正相反,此者似乎完全阻止了彼者!此外,波西单方面地显得意志坚强,王尔德作为波西手中的玩具,驯服的牺牲品,他非同寻常的消极令人惊讶。"我瞎了眼,我像一头被拉上屠宰场的牛踉踉跄跄。……在决定性的时刻,我完全失去了意志力。"②

在任何时刻,王尔德都没有对他自己的个异行为作出某种解释。为什么他在不断的争吵中让人以这种方式侮辱自己,为什么他认为有必要买下波西以及围着他转的那帮勒索者们的荒唐账单,为什么他牺牲了自己的艺术创作,为什么他像一只被牵入屠宰场的牛任人摆布?只有一个答案来回应这些奇异行为:

---

① 《深渊书简》,第685、687和726页。
② 同上,第690页。

因为他爱波西爱得发狂,情爱压倒了谨慎和理智、艺术和美。唯有爱情,特别是似乎成了他的命运的牺牲性爱情,能够解释是什么让王尔德的人生形成一个巨大的谜,使他急速滑向自身的毁灭,使他原有的安逸生活被猛然打破。否则,为什么一个如此精到地了解维多利亚时代的种种机制的人能够让人主宰,并且被他们摧毁?在某个时候,王尔德在信中接近于解释这个疑问,但只是为了更巧妙地规避它:"我知道,那是回应我对你说的一切的答案:那就是你爱我。"然而,波西的爱远不如王尔德的爱那么明了。然而,尽管王尔德不由自主地表现出爱情至上,这种爱情至上的力量阻挡不了他同时又写道:"半小时从事艺术对我来说总是比和你一起呆一个世纪更重要。与艺术相比,我一生中任何一个时期,对我来说都微不足道。"即使在一切过去之后,王尔德仍喜欢对自己说,他的艺术是"我一生最崇高的激情,是爱情,相比之下,所有其他的爱情就像是一种让人受不了的带咸味的水和红酒"。[①]

王尔德在此信中不愿意道明的是他已经准备好接受任何东西,只要波西爱他。他也不敢承认这场爱情没有完全死亡而只是受了伤——尤其自王尔德入狱以来,(波西)没有任何感情表示(波西更喜欢有钱、有名望、健康的他!)。其他朋友来探望他,给他写信,为他张罗筹钱;而波西却什么都没有做。在最后的篇章里,藏于内心深处的要求爆发了:"我要从你那里知道为什么

---

① 《深渊书简》,第 706、687 和 709 页。

自从两年前的 8 月份以来,从你知道了你让我遭受多大痛苦,以及我对此了解到何种程度的时候起,你从不作一下努力给我写点什么。"①这封长信突然问世就好像是针对王尔德和波西共同生活中发生激烈争吵的一种报复性的反驳:它表面上说"你卑鄙无耻",但言下之意是"爱我吧"。王尔德在写《深渊书简》的时候,他总以为和波西已经结束:他们爱情的第二阶段如此落幕了。

第四幕:结局(1897 年 6 月—12 月)

刚刚出狱时,王尔德避居在法国。最初日子里,他仍在讲波西"令人愤慨"或者说"令人厌恶"的信,他说希望永远不见到他。但是,当他一接到波西声称对他忠贞不渝的信,他马上就给他回了信——起初,他真的保持了一定距离。几天之后,他还是津津乐道起"新的快乐",能够天天给他写信的快乐来了;用词越来越亲切,即使王尔德在和别人谈话时对波西的缺点错误并非视而不见。如果说他们互不相见的话,那并不是不愿意,而是因为波西的父母和王尔德的妻子都极力反对他们相见,以取消他们的生活供给相威胁。然而,王尔德没有更多其他的亲情来源:大家都抛弃了他,只有波西请求他再去相见。他们的约会定在 8 月 28 日:会面令人非常兴奋,他们决定重新一起生活,为此他们决定去那不勒斯。王尔德对他说,希望重新将艺术创作和爱情结

---

① 《深渊书简》,第 778 页。

合起来,希望不要重复过去。但是在和罗斯交谈时,王尔德表现得很理智:"没有爱情的气氛,我不能生活。无论付出什么代价,我都必须爱人和被爱。"他结合他的爱情—牺牲的理论又补充道:"当然,我会经常很不开心,但是我还爱他:单凭他毁了我一生的事实就使得我去爱他。"他对另一个朋友解释道:"他击碎了我的一生,但恰恰因为这个理由,我看到自己不得不更爱他。……我的一生始终是一部**浪漫传奇**小说,波西就是我的小说。我的小说肯定是一部悲剧,但是它一点不比小说差。"①

人们看到在那不勒斯俩人生活得似乎并不像王尔德所希望的那样开心。尤其因为波西按他的习惯要让朋友来养他,丝毫不承担共同的开支,而现在王尔德的支配能力很有限。波西却只顾他自己:他是个既让人人迷又让人毁灭的人,"金玉其外,败絮其中"。当这对情侣都受到各自亲人的威胁,如果他们继续一起生活下去的话,将失去最后的生活来源时,波西走了,把王尔德扔在了那不勒斯。几个月之后,王尔德在给罗斯的一封信中对这第三轮,也是最后一轮他和波西的爱情作了一个小结:只要他们分开着,波西许诺他高峰美景;一旦聚合,他就只是让王尔德来养活他。"当要他支付他那一部分的时刻来临时,这是很自然的事,他就变得很可怕,使坏,吝啬小气,贪图小利,除非与他的愉悦有关,当我的资助停止时,他就走了。"王尔德下结论道:

---

① 1897年8月,第932—933页;1897年9月4日,第934页;致透纳,1897年9月23日,第948页。

"这是一个尝尽苦涩的人一生中最苦涩的经历了。"①

这就是王尔德伟大的爱情史。必须承认,它符合于可以在他作品中找到的一般描写:爱情是悲剧性的,它包含着谋杀和牺牲。当然,并非所有人都要杀害他所爱的人,固然,有些人杀了人,因为他们爱,但另一些人爱杀他们的人。只要灾难还没有降临,爱情就没有完成,王尔德似乎在说:"所有伟大的爱情都包含着一场悲剧,现在轮到了我们。"②他在被监禁时给波西写道。两种角色非常分明,至于如何称呼它们无关紧要,受虐色情狂和性虐待狂,或者如奥登所说的,"过分被爱",或者"缺少爱"。可以回想一下,在这种背景下两个男子的家庭概貌特征:王尔德受他母亲敬重,波西被他父亲抛弃。我们也可以注意到这场爱情的同性恋性质并没有固定形式,它似乎为有关王尔德的纯粹性冒险而定义:波西对王尔德来说是一个"致命的男人",就像对其他男人来说某个女子是致其命的(或者对一个女人来说,某个男子是致其命的)一样。也就是说,一个明知道会给你带来痛苦和毁灭,然而你却不能停止爱他的人。最后请注意,对于王尔德的读者和追捧者来说,波西的出现犹如一个不吉利的人物。然而,在这背景下,从思想道德角度的判断有点不合时宜,个人意志的作用从来不会完全丧失,是王尔德选择和波西呆在一起——因

---

① 致斯密斯,1897年12月10日,第1004页;1898年3月2日,第1029页。
② 1895年5月,第650页。

为他需要他。不管他经受了多大痛苦,似乎满足感对他来说显得更为重要。总之,正如奥登也注意到的,波西是王尔德的缪斯,正是在他和波西一起激情地生活的时候,不管这种生活有多么痛苦,他终究写出了成熟的作品,从《一个无足轻重的女人》到《里丁监狱之歌》。从这点上也可以看出,《深渊书简》没有全部说真话。

  从中可想而知,和波西的关系一直有利于王尔德的创作,尽管如此,其中总还有一步之遥。除了沉浸于赞扬爱情的时候,王尔德的信息是说些相反的话,由此透露出艺术家在协调爱情和寻求美两件事上的困难,透露出王尔德没能身体力行地使两者一致起来的困难。实际上,王尔德的爱情经历双重地与他总的理论背道而驰。首先,王尔德所经历的爱情并不是圣洁地接受整个生命,而是暴力或者抛弃,他执着于给他带来痛苦的人。此外,在一边是爱情另一边是创作和探求美之间,王尔德没有找到灵巧的和谐,最终只能接受他人的劝诫和波西的任性而再写不出优美的艺术作品。人们甚至可以问他的艺术观念是否并不与他的爱情观念,如牺牲自我相衔接,他在开始作家生涯之初时说过:"能成为其感情的主人是完美的,被其感情所左右更完美。我有时候想艺术家的一生是一种漫长又令人兴奋的自杀——艺术家做到这样并不令我遗憾。"①一遇见波西,王尔德再也不能在美的标志下度过他的一生了,而是在悲剧性的爱情和自我毁

---

  ① 致马里利耶(À H. C. Marillier),1885 年 12 月 12 日,第 272 页。

灭的标识下了却他的一生。

生活,一部小说

王尔德真诚地想寻求美,尽其一生贡献于美,这一点是无可置疑的。如果尽可能宽泛地来理解美这个词,这种尝试是有诱惑力的。面对王尔德命运所到达的灾难性结局,不能不让人扪心自问:这种生命计划难道不该负一点责任吗?因为王尔德的生命存在不仅仅和所有人的一样,被置于其种种野心和初始希望之下,还因其悲剧性的结局,似乎对他本人最初的意图提出了质疑。我们现在可以证实的是失败不在于他的总计划本身,而在于实行计划的方式。原则上,王尔德要求人们接受世界是多种多样的,人可以成为完美的这样一种观念,可是他却从人类被贫乏化的奇特形象出发。他把人的主体想象成始终具有一种稳定的身份,具有让其绽放的天赋;"成为自己"对他来说似乎成了一种必需的和足够的生活目标。然而,正如他在最后的岁月以其切身代价所体会到的那样,主体的自我满足是一种错觉。这样的形象忽略了整个生命存在中的一个重要维度,尤其忽略了其本身的生命存在。每个人都需要他人,不可能以声称唯美来规避,这指的是狭义上的美,和感观上的愉悦混淆在了一起。

这种需要首先以要求公众承认表现出来,在王尔德身上表现得尤其强烈。他获释后大为惊讶地发现,没有了公众的亲切关注,他写不出东西了。他可以成为或者"诗人"或者"被社会唾弃的人",但不可能两者兼是！还有一个更迫切的需要,爱和被爱的需要,这种需要压倒所有其他对爱和对和谐的关心。对波西的爱使得王尔德越来越危险地在虚伪的维多利亚社会当众公开他的同性恋关系,对波西的爱推动着王尔德起诉昆斯伯里侯爵,导致他被这个社会排斥在外,而这个社会对他的写作来说是必不可少的。一切进行得就好像两条道路被王尔德视而为一:"或者成为一件艺术作品,或者承载了一件艺术作品。"他梦想着这两条道路能汇合在一起,而这两条道路却显得互不相容。他并不是有意地作出选择,他选择了生命道路而损害了创作道路。然而,其实他的生活远没有遵循唯美原则,他的艺术家生涯成了爱情祭台上而不是美的祭台上的牺牲品。爱情并不都像王尔德所经历的那样具有如此的毁灭性。但是,正是这一次,意志力没有起多大作用。每个人的恋爱方式是根据一系列当事人无法估量的具体情况非此不可的。意志力只是起着一种很有限的作用:它让人接受或者拒绝,而不会臆造。

人们知道,对于王尔德来说,艺术诠释世界,给无形以有形,以至于一旦受到艺术教育,我们就会发现周围人和事物身上未知的各个方面。透纳(Turner)并没有发明伦敦的雾,但他是第一个看见之所以为雾的雾,并在他的画作中把它表现出来——从此时刻起,大家都能看见雾了。文学也是同样情况:与其说巴尔扎克笔下的人物是模写出来的,不如说他"创作"出了他的人物,但是他在创作出这些人物的同时,也把它们引入了生活,从此,我们不停地接触到它们。这就是王尔德以一种名言警句的形式表达出来的东西:"生活模仿艺术更甚于艺术模仿生活。"生活本身是"极其不具形的",它"不知晓在形式和唯一能满足艺术家和批评家的精神气质之间的微妙呼应"。艺术的作用从这种形式的缺失中而来:"文学的功能在于从真实存在的原始材料出发创作出一个崭新的世界,这个世界将比凡夫俗子的眼睛看到的世界更美妙,更持久,更真实。"①王尔德的传记作家对此法则作了说明。王尔德的作品中,从故事到戏剧,还有《道林·格雷》,都包含有许多我们今天看来很有预见性的段落,这并不奇怪。总之,波西及其周围奉承他的年青人们读了这些作品,都试图模仿它们。波西想当这个奥斯卡-巴西尔式的道林,而奥斯卡-巴西尔隐蔽在亨利勋爵的面具背后。

然而,生活和艺术的相近在王尔德传记中获取了另一种意义。他的人生正如他自己所注意到的那样,变得越来越小说化了,而这部小说最终赢得了一个读者群,这个读者群的规模至少和他所写的作品的读者群相当。正如他所计划的那样,他成功地让他的人生成为一部艺术作品,但是并不是他所想象的:悲剧替代了伊甸园。诉讼前的王尔德人生没有多大意思:寻欢作乐时刻和写作时刻交替进行。他后来的命运剧烈动荡:王尔德再也写不出一本新的小说,因为他成了小说的主人公。他的信件是这部作品的片段,它们让人们能够重新建构整部作品,它们是一部巨作的小说性对话的复制品。这部小说中的谜比那些被搬

---

① 《谎言的衰朽》,第791页;《批评家》,第865、871和853页。

上舞台的他的作品中的秘密更让人着迷,可以更喜欢奥斯卡·王尔德的肖像,就像他为《道林·格雷的画像》私下写的笔记中所浮现出来的那样;但是成为一件社会新闻中的主角,或者甚至是一部小说的主角,这样的命运却并不一定令人羡慕。

王尔德很好地认同了命运为他安排的角色。与他同时代的尼采是他精神上的朋友,在沉陷于痛苦和疯狂之前,把自己想象成希腊酒神狄俄尼索斯(Dionysos)。而王尔德,喜欢把自己设想为追逐某个鲜嫩的风信子的阿波罗(Apollon)。然而,一旦入狱,他就把自己看成是另一个古老的人物:农牧神马西亚斯(le faune Marsyas)——阿波罗不幸的敌手,他以为在音乐艺术中达到了"绝对"的境地,他用芦苇吹奏曲子,向神挑战。作为惩罚,他被活剥了皮。他被击败以后,再也没有歌声了。王尔德也同样,然而对这两者的叙述留了下来。不只是爱的方式,人们不能自由选择自身的命运,即使情愿委曲求全也不行。"我很遗憾地,"王尔德在去世前不久给一位朋友写道①,"在一声痛苦的喊叫中——马西亚斯的一支歌,而不是阿波罗的一支歌——走了;而我那么热爱的——太爱了的——生活像一只老虎那样把我撕碎了。"

---

① 致勃莱克,1898 年 3 月 9 日,第 1035 页。

里尔克

说　明

里尔克的作品收入在法兰克福因塞尔出版社(Insel)1955—1956年版的六卷本《全集》(*Sämtliche Werke*);法文版《散文作品集》(*Œuvres en prose*),伽利玛出版社,"七星丛书"(Bibliothèque de la Pléiade),1993年。我的参考书目,主要包括《布里格手记》(*Les Cahiers de Malte Laurids Brigge*)、《罗丹》(*Rodin*)、《葡萄牙女教徒的五封信》(*Les Cinq Lettres de la religieuse portugaise*)、《论上帝爱人》(*De l'amour de Dieu pour les hommes*)、《孤独者们》(*Solitaires*)、《一个痴恋女人的书》(*Les Livres d'une amoureuse*)以及《致卡普斯(青年诗人)的信》(*Lettres à Kappus* [le jeune poète])、《关于塞尚致克拉拉的信》(*Lettres à Clara sur Cézanne*)。通信全集:《书信集》(*Briefe*),1897—1926年,两卷本,威斯巴登出版社(Wiesbaden),1950年;法文版《通信集》(*Correspondance*)收入《作品集》(第三卷)(*Œuvres*, t. III),瑟伊出版社(Le Seuil),1983年。

1900年夏季,奥斯卡·王尔德在他去世前几个月去看了一件人们赞赏有加的艺术作品,罗丹的《地狱之门》(*La porte de l'enfer*)。王尔德可能对此作品注视良久,然后和罗丹作过交谈,向他提出一些问题,并不是就他的作品提出问题,而是就他的生活选择提出问题,好像这座杰出的雕塑使他对自己本身的历程重又进行追问:作为曾经想把自己的生命置于美的旗帜下的他,他到底错在了哪里? 作家可能问过雕塑家:"您生活得怎样?"雕塑家可能作了回答:

"很好。"

"您有过敌人吗?"

"他们阻止不了我工作。"

"那么荣誉呢?"

"它迫使我工作。"

"那么朋友呢?"

"他们要求我工作下去。"

"那么女人呢?"

"我在工作中学会欣赏她们。"

王尔德曾经力图使他的生活像一件艺术作品那样美好。罗丹可能反驳过他:当艺术家完全投入到创作美好的艺术作品中去时,艺术家的生活才是美好的。总之,这是1907年里尔克笔下两位艺术家的会见。①

今天大家都心悦诚服地说赖纳·马利亚·里尔克(Rainer Maria Rilke)是20世纪最伟大的德语诗人;有的人甚至还漏掉了限制形容词"德语的"。和王尔德一样,他认为对"绝对"的探寻值得成为人类生活的理想;但是,与他的前驱者不同,他并不相信生活本身一定会变得美好。他走的完全是另一条道路,完全献身于艺术作品的创作。他很年轻的时候遇见了罗丹(1902年,他27岁),他决定接受他的教导,以此来组织他自己的生活。

几个月的经历就足以让里尔克认识到这个计划——从此他从未放弃过这个计划——也是有缺陷的:对该计划的追求不会给他带来满足感,甚至谈不上某种平静。可以说,正相反,这个计划让他逐渐陷入一种抑郁状态,里尔克只有在短暂的陶醉于狂热恋爱的时刻,或者稀少的沉浸于紧张写作的时段里才能摆脱这种抑郁状态。这种状态一直延续到1926年他去世。他在这漫长的二十五年中所感受到的,尤其是一种万

---

① 《罗丹》,第906页。

分疲惫,一种软弱无力,一种瘫痪意志的麻木迟钝,一种"无休止的心不在焉",一种把他引向万般无奈的筋疲力尽,还伴随着使人窒息的焦虑,很像他幼时曾经验过的那种焦虑不安。就是这种持久的衰弱使得他远在致命的疾病发作之前就频繁出入疗养院和休养所。

这种精神心理状态马上就以身体上的痛苦表现出来。里尔克倍受头痛、颈痛、舌头痛、由血液流动传送的痉挛、抽搐、前额和眼睛充血的折磨。病体对精神进行报复。里尔克相信自己能"洞察到身体最细微的变化波动以至于对这些变化波动不在意了"。或者,更糟糕,受到了这些变化波动的制约,"肉体某种乱七八糟的东西,强加于我的意识,整个地占据了我的意识,让它整个地染上了其本身的绝望无助的颜色,只是为了能在第一时间遇到另一种颜色才隐退下去,以此和另一种颜色一起倒涌回来,而这另一种色彩并不见得就少了一点阴暗"。一种焦虑只有被另一种焦虑赶走了才会离他而去!"现在日子一天天过去,就好像我只是由一种病痛来替代另一种病痛,总之,我一点不享受我的世界。"他觉得他的病痛不断地再生,在所有他寄予希望能让自己隐蔽起来的地方蔓延开来,躲也无处可躲。肉体和精神之间的连续性对于里尔克来说,尤其体现在血液的形象之中,血液的流通是无意识冲动的表现,正是这种液体物质让他在其中看到了自己的痛苦之源。他坚持认为一些反常情况扰乱了他的血液流动,他感到"世界每时每刻都会在他的血液中完全崩溃"。① 于是,当他后来患上了一种致命的血液病——白血病时,他在精神和肉体的连续性中看不到其中的断裂:因疾病引起的口腔囊肿,使他想起了二十年前或更久远岁月中的老病痛。此外,他对他的症状的直觉描述从医学角度来说非常具体精确。

里尔克在去世前一年,写了一封伤心欲绝的信给他最知心的好朋友露·安德烈亚斯-莎乐美(Lou Andreas-Salomé)。他写这封信时痛苦至极,以至于都不敢把它寄出,而在自己手中搁了一个多月。它表明他为一种真正的幻觉所折磨,如果不说他是胡言乱语的话:他谈及一种"魔鬼附身","在我以为战胜了诱惑的时候,这种魔鬼附身发作到了极点",这让他感到自己犹如被关在一种"勃鲁盖尔式(breughélien)的地狱"里,"落在那些偏狭的魔鬼手中"。他感受到的疼痛(实际上,他的症状和白血病有关)是无法忍受的,他绝望地呼救:"我看不到在这种情况下该如何活下去。"②

他选择的道路并没有给他带来平静安详,他的创作不足

---

① 致露·安德烈亚斯-莎乐美(À Lou Andreas-Salomé),收入里尔克与安德烈亚斯-莎乐美,《通信集》(*Briefwechsel*),法兰克福,1975 年,法译本《通信集》,伽利玛出版社,1985 年 3 月 1 日;同版,1914 年 7 月 4 日;致玛丽·塔克西斯(à M. Taxis),收入里尔克与玛丽·塔克西斯,《书信集》,两卷本,法兰克福,1986 年,法译本《与玛丽·塔克西斯通信》(*Correspondance avec Marie de La Tour et Taxis*),阿尔班·米歇尔出版社(Albin Michel),1960(摘录),1913 年 8 月;同版,1912 年 12 月 17 日。

② 1925 年 10 月 31 日—12 月 8 日。

以让他相信他的选择是好的。无论他艺术上如何有成就,他仍旧苦恼万分,不管是完成了《罗丹》之后,还是完成了《布里格手记》之后,不管是完成了1900年代的诗集之后,还是他的十四行诗和哀歌集最后获得极大成功之后,他都始终痛苦异常。1926年,当他完成了他的作品之时,他向安德烈·纪德坦言:"长久以来,我一直在剪不清理还乱不知所措的死巷子里停滞不前。"

娜妮·温德里(Nanny Wunderly)是他生命中最后一年的知心女友,他给她的信中几乎不间断地诉说——主题不仅仅是疾病的发展。"大部分时间都是糟糕的时刻。""最近这段时间,我无法给你写信。我单人独处,太压抑了,太焦虑不安了。""我在何等神秘莫测的不幸中苟延残喘呀!在死亡的圈子里转圈!"他向当时是他最好的女友发出这种呼救:"亲爱的,您无法想象,我过的是什么生活,多少年以来,我始终在何种不见天日的圈子里转悠呀。"[①]直至去世,里尔克始终焦虑不安,倍受煎熬。

里尔克曾经设计了一种生命计划,他一直忠于他的计划,那就是把他的一生贡献给艺术创造。我们发现了他的绝望,我们禁不住要问:"这是否只是某种简单的巧合,或者说这个计划在其中是为了什么事情而设计的?(里尔克)所经受的痛苦是否是计划取得成功必须付出的代价?

---

① 1926年7月10日,见里尔克通信;纪德(A. Gide),《通信集》(*Correspondance*),科雷亚出版社(Corréa),1952年;1925年11月30日;1925年12月21日;1926年5月11日;1926年9月17日。

为艺术服务

1902年8月末里尔克到巴黎时,已经写了许多文学评论,他和露·安德烈亚斯-莎乐美经历了一段炽热的恋爱,又娶了年轻的雕塑艺术家克拉拉·韦斯特霍夫(Clara Westhoff)为妻。但是他觉得还没有找到他自己的道路,他准备发奋努力去寻找这条道路。"我已成熟,可以作出我内心的选择。"好久以后,他如此写道。他只知道要学着去"和超越我们之上的一切建立起关系"①;但是他还不知道以何种方式去建立。到巴黎两天之后,1902年9月1日,他上门拜访罗丹。他要写一篇关于罗丹的评论,这次会面让他眼前一亮:法国雕塑家体现了他想要走的道路。因为他在罗丹身上所发现的东西并不只是艺术的某种观念,而是一种生活模式;他决定自己也采纳这种生活模式。

其实,在拜访这位著名雕塑家的时候,青年里尔克并不满足于就他的作品提问。几天以后,他给罗丹写信道:"我上门来拜访您是要问您:应该怎样生活?您回答我:在工作中生活。"于是,王尔德本该得到的答案不是别的,正是里尔克本人得到的。"必须不停地工作——不停地",这可能是罗丹当时回答青年诗人所有问题的不变回答——当然得设想这位青年诗人想要成为

---

① 致邦斯(À H. Pongs),1924年10月21日;致罗丹,《给罗丹的信》(Lettres à Rodin),拉巴尔塔凡尔出版社(La Bartavelle),1998年,1908年12月29日。

一个向往"绝对"的真正艺术家。或者正如里尔克在首次会面时对罗丹说的话中所表达的:"我感觉到工作就是生气勃勃地活着,而不是死气沉沉。艺术家把创造性工作放在首位,却不可避免地忽视了人生的其他方面:他的物质生活,他和其他人的关系。这正是罗丹所要的人选。艺术家必须作出抉择:如果他的生命之河必得分置于两张河床上,生存之床和创造之床,它是不会强劲有力的。里尔克得出了结论,他在信中说道:"露,我想情况应该是这样的;这是一种生活,那也是一种生活,我们不能两者兼而有之。"①

一切生活都是相对和绝对的混合,是在尘世生活下去的必要性和积极向上提升的不可推却的必须性的混合。里尔克这才明白,决定艺术家生活特性的,就是要抓住最初的滑坡,把它视作平庸,一丝不苟地把它压到最低。在此,最大的牺牲就是种种人际关系:它们的地位应该有所限制,创作者注定是孤独的。其实,这就是罗丹的情况:他是有一个女伴——但是这个女伴的角色是次要的。对于他,女人"对男人来说是一种养料,一种时不时地在他身上散布的饮料,一种酒"。罗丹实际没有朋友。

在创作者眼里,有生之物将同化于无生命的物质之中:唯一留存下来的人是创作者,其他人对他来说变成了类似东西的物。这就是他为了创作成功而必须付出的代价:为了通达"绝对",必

---

① 致罗丹,1902年9月11日;致露,1903年8月10日;致罗丹,1902年9月1日;致露,1903年8月8日。

须放弃"相对"。这是另外一位天才贝多芬所认识到的,里尔克向罗丹坦陈:"我没有朋友,我只能独自一人生活;但是我知道,在我的艺术中,我比其他人更贴近上帝。"①艺术家以其创作的艺术美贴近上帝,这是当他满足于和同类一起生活时永远完成不了的。他面临的代价是昂贵的,但是里尔克感到自己已经准备好付出了:他终于在一个人身上看到了伟大的体现,罗丹的生活在他心中激起了一种毫无保留的崇敬,他要走的路已经划出。

五年之后,里尔克给他的妻子克拉拉写了另一札信件,信中内容大部分很相似:这次谈的是塞尚(Cézanne)的生活榜样。塞尚某一天发现了工作的嗜好——和毕沙罗(Pissarro)会面之后,就像里尔克与罗丹会面之后——从那时刻起,"在他后来生活着的三十年中,他只是工作"。与罗丹不同,塞尚内心并没有狂喜,他更多的是以福楼拜(Flaubert)的方式工作,"没有快乐,只有持续的疯狂";但是他一直持续地工作。里尔克举出他鲜见的公开言论,它们都是与罗丹的话语同一指向:"忘我地无所顾忌地工作,成为强者。"要取得力量必须不顾他人的目光;或者更有甚者:"我相信没有比工作更好的了。"②

这个选择引起了其他的放弃:塞尚独自一人,无人说话,进食很少。他爱他的母亲,但在她下葬时他都没有停止绘画,没有去,为了不浪费一刻工作时间(里尔克自己也没有去看他临终的

---

① 致克拉拉,1908 年 9 月 3 日。
② 致克拉拉,1907 年 10 月 9 日;同版,1907 年 10 月 21 日。

父亲,尽管这是一位可亲可爱的父亲)。对塞尚而言,"唯一要紧的事"——一件真正触及要害、触及"绝对"的事,就像对巴尔扎克在《无名杰作》(*Le chef-d'œuvre inconnu*)中所想象的画家而言那样——就是他正在画的那幅画必须成功。这表面上把世界拒之于外其实并不是一种拒绝,因为,幸亏这种苦行,画家得以通达一个更高的境界:"仅仅为了在这条激情迷恋的路上走上几步,塞尚不得不转过身去,背对一切,这不是以蔑视,而是以一个出于对生命的热爱而选择表面死亡的人的英勇精神,义无反顾地转过身去。"①同一时期,里尔克在他的为纪念波拉·蓓克(Paula Becker)——一位无法协调母爱和艺术创作的画家女友——所作的《安魂曲》的题辞中忧伤地下结论道:

> 因为,生活和作品之间,
> 历来存在着某种敌意。②

如果,一般来说,艺术家——尤其是里尔克——应该更喜欢河流的"创作"之臂而非它的"生命"之臂,那么也可以说其他人是主要的刺激之源,而他相信在作品上付出的劳动能让人在神意的范畴内得到提升。所以苛求孤独不应该仅仅从每个创作者都必需的安静和安宁的平庸意义上来理解,而是要

---

① 致梅琳(À Merline),1921年2月20日。
② 《作品集》(*Œuvres*),瑟伊出版社,1972年,第二卷,第307页。

从一种更深沉的意义上来理解,那就是放弃(做)人的快乐和烦恼。里尔克在一封给露的信中把对他来说两个很本质性的文本联系在一起,约伯记和波德莱尔的散文诗;后来他在《布里格手记》中又把这两个文本联系在一起。约伯谈了那些嘲笑你,践踏你,损害你的人们,他描述了人类的苦难;但是受苦之人仍保留了他的竖琴和笛子,即使它们发不出其他声响,而都只能发出呻吟和哭泣。波德莱尔在《凌晨一点》(À une heure du matin)中,要求上帝帮助他写出美丽的诗句。诗人的成功赎回了做人的失败;艺术活动和上帝相连,或者更确切地说,在现时,只有上帝才是达到这个新理想的中间媒介,这个新理想就是美。里尔克就是在波德莱尔的身上认出了自己:"于是,一种奇异的一致使我们接近起来,一种完全的分享,同样的贫穷,也许同样的焦虑不安。"①

写诗不应该成为一种消遣或者在读者中哗众取宠的手段,只应该在一种生命需要的驱使下不得不发时才能埋首作诗;但在这样的情况下,必须屈居其下,因为这样才能达到一种至高的生命境界——从而,使得世界和人类更加美好。在给艺术家们或者给比他年轻的诗人们的所有劝告中,里尔克又回到了原先的要求上:只写你迫切感到需要抒发的东西;但是,如果真处在此种情况下,就要准备牺牲一切来很好地完成这个任务。"那么,请你们按照这个必要性来构建你们的生活,你的生活直至最

---

① 致露,1903 年 7 月 18 日。

无关紧要的瞬间,最细微的地方都应该成为体现这种需要的标志和见证。"这种使命感和上帝的召唤一样迫在眉睫。"它要求于艺术家之迫切并不亚于穆罕默德",但是它具有同样的性质:写作的行为具有"激起安琪儿,使它妒性大发的秉性"。其实,这是不请自来的比较:以艺术手段使世界改观,里尔克沉浸于这种崇拜,这种崇拜恰恰取代了上帝崇拜的位子,应该以同样的狂热来付诸实践。这始终是有关神圣的问题,即使其中实体改变了。任何代价,任何牺牲都不足挂齿,里尔克很赞同追循其使命感直至疯狂的荷尔德林(Hölderlin),他本人在其中看到了自己的命运:"听从生命存在的授意到底。"①

为什么情愿过一种为艺术而献身的生活而不是过一种人性的日常生活是合情合理的呢? 里尔克试图来回答这个问题,他仍从波德莱尔出发,他借用了波德莱尔关于罗丹的首篇论文中阐明的意见。更确切地说,那是他在波德莱尔那里找到的美国思想家、诗人爱默生(Ralph Waldo Emerson)的一句语录——他抓住了波德莱尔所作的阐释,波德莱尔写道:"'英雄就是专心致志坚定不移的人。'这位美国先验论泰斗运用于指导生活和事务领域的箴言也适用于诗歌和艺术的领域。"②生活中和艺术上的价值观之源是同一的,只是艺术以更直接的方式做到这一点:那就是专心致志,高密度和高强度。里尔克所认为的工作并不仅

---

① 致卡普斯(À F. X. Kappus),1903 年 2 月 17 日;致玛丽·塔克西斯,1911 年 5 月 31 日;致埃德曼(à I. Erdmann),1913 年 12 月 21 日。
② 《作品全集》(*Œuvres complètes*),第二卷,第 754—755 页。

仅是雕塑家忙于和黏土打交道,或者画家在画架前的劳作;那是让艺术家更好地接收到他自己心声的工作。

里尔克确立了这个观念,把它作为他的艺术观和作品价值观的基础。如果说罗丹是一个伟大的艺术家的话,那是因为他的作品从左右着日常人生存在的"偶然和时间"中提炼出了它们所要表现的对象,透露了各对象所具有的必要性和永恒性的特征;艺术保持在生活只是在特有的情况下才能认识到的某种强度上。歌德曾经写道:"必须要有1000朵玫瑰花投入到火焰中才能生产出布布尔(Boulboul)献给他宠爱的人的那一小瓶香水。"里尔克把这个形象作了改变:"在创作者一闪念中,千百个被遗忘的爱情之夜重又复活,这些夜晚为他对高尚和高贵作了比较和对照。"艺术的目的不在于抓住世界的表象,这种表象可能会很漂亮("美"这个词在里尔克那里并没有大受青睐),而是要找到"最深层最内在的缘由,找到激起这种表象的、隐匿于深处的原因"[①]。艺术家应该不图名利,不仅仅因为追求名利会让来自外界的回报性的愉悦替代内心的创作需要,而且还因为它导致分心,完全与专心致志相反,专心致志是艺术创作必不可少的出发点。

这种作品密度对应于其活动的广度:其作品的形式越集中,其作品越具普遍性;诗人表达越简洁,他的读者群就越广泛。

---

① 《罗丹》,第857页;致卡普斯,1903年7月16日;致玛丽·塔克西斯,1912年11月17日。

"艺术家"里尔克写到罗丹时说:"从许多事物出发,又把它们综合为一,又从一件事物的一丁点出发,延展成一个世界。"所有的艺术都具有同样的逻辑。里尔克发现罗丹的雕塑二十年之后,参与了比托埃夫(Pitoëff)兄弟的戏剧工作,从中也得到了类似的感受:看到眼前那位专心致志于某一点,又尽可能地发挥想象力全力以赴地工作,从而流露出内心迫切需求的人时的欣喜,"以出人意料的方式去拥有世界,从他的创作中心出发,让这个世界成为取之不竭(的源泉)"。① 这种能力是真正艺术家所特有的,因而是天才所特有的,是世上最宝贵的,这就赋予一个生命存在以意义和价值,这就抵消了人生中的一切苦难和不幸。这就是为什么艺术家的生活即使痛苦万分,也比其他的生活方式更值得:它让创作者,也让其整个世界和"绝对"挂上了钩;而这种关系对于人来说是必不可少的。

在所有事物上和所有行为中发现它们内在的必要性是艺术工作的唯一目的;对艺术家来说,并不存在不好的审美客体或没有意义的经验,而只有艺术家抓住不了其本质的客体或经验。他的工作开始于对世界的热爱,艺术家的工作能成功更在于对任何对象或经验不加以排斥。普通人喜怒形于色。艺术家不允许自己让分分秒秒随意流失:"来者不拒,无尽的兼容并包",即使最负面的经验也有助于艺术家的完美,艺术家不能让自己错过。"正如一切筛选都应该被摒弃,创作者不能转头背对任何存

---

① 《罗丹》,第867页;致玛丽·塔克西斯,1920年8月19日。

在的形式。"艺术不是世界的反映,也不是对它的最美片段的选择,它是"灿烂世界的整体变形"①。只要艺术家不让自己对此规则有任何例外,他就经受得了最苦涩的考验,发现最丑陋的客体具有的美:他将会在天使的范畴里得到发展。

这就是波德莱尔在写《腐尸》(*La Charogne*)时加以发展的。后来,里尔克找到了一个文学形象来指称这种对世界的整体接受,这个文学形象成了他的最爱:这就是福楼拜在他的故事中所描写的好客者圣·于连(saint Julien l'Hospitalier)的形象。里尔克在他(圣·于连)身上看到了艺术家生存境遇的一种完整抛物线。"躺在一个麻疯病人身边,让病人分享他的热量,直至爱情夜晚的热量,这种情况必须在艺术家人生的某天发生,战胜自我,将他导向某种新型的真福。"②艺术创作的条件是整体意义上的热爱生命,热爱美与丑,热爱好与坏。还记得,王尔德认为耶稣就具有这种爱,耶稣知道如何在麻疯病人和盲人的命运中认识自我的存在。

面对大写的历史

里尔克的世界观使得他为自己的人生保留了一个很独特的位子:它近似于某种辅助性、工具性的角色,对其本身无所求。

---

① 致勃德朗台(À R. Bodländer),1922年3月13日;致克拉拉,1907年10月19日;致乌埃克斯库尔(à J. Uexküll),1909年8月19日。
② 致克拉拉,1907年10月19日。

他所要求于它的是不要太占据他作为艺术家的头脑,驯服地服务于创造性工作。一旦这个观念预先设定,里尔克就能对作为一种目标而不是一种手段的外部世界采取一种凝视沉思的态度;从而表明他拒绝参与公众事务的态度。"在政治方面,我不发一声,不发一声——我禁止自己介入其中,有所偏好。"1923年,他如是写道。① 只要公众事务让他得以安宁,里尔克对于政治或历史不愿意了解丝毫,拒绝加以评判。既然诗人的天赋在于倾听世界,他就难以同时去改变它:在热爱和拒绝他周围的一切之间,他必须作出选择。

在1924年写给语文学家海尔曼·邦斯(Hermann Pongs)(后来在1930年代,邦斯痛斥他的通信者里尔克缺乏爱国精神)的长信中,里尔克对于这种寂静主义选择的意义作了自我解释。他一上来就声明,除非自我否认或者分裂为二,他是不会有政治行动的,甚至连社会行动也不会有:对于其责任在于接受世界的人来说,一切要改良世界的尝试都得摈弃,他愿意承担他所谓的"不屑,或者厌恶变化的念头,或者如人们所说,改良眼前形势的想法"的责任。艺术家不可避免地是保守的——既然他必须接受和热爱原本的真实。这不仅仅因为各方提出解决社会问题的方案往往是虚幻的缘故,这些方案在于以另一种痛苦——不同的痛苦,但并非更轻的痛苦来替代一种已熟悉了的痛苦;或者只须更好地明白形势,哪怕最悲剧性的形势,可以在痛苦之中另外

---

① 1923年1月23日。

找到更好经受生活磨难的手段。在这里,不是一种无动于衷的选择的问题,而是艺术家的工作条件,也就是达到"绝对"境界的条件本身。"没有比把诗人面对各种痛苦时的快乐理解为遁入唯美主义以作逃避更肤浅的了。"[①]艺术家远不是自闭于他的象牙塔之中,他放弃行动,因为他与原本的世界混为一体了。他禁止自己评判形势,禁止自己站在被压迫者一边来反对压迫者,站在穷人一边反对富人,站在牺牲者一边反对刽子手,他满足于——这是更不容易的——赞扬天地宇宙的同时揭示其内在必然性。

所以里尔克提醒那些把他看作是主张和平的温和派,看成是一个人道主义者和正义捍卫者而与他通信的人们,其实,他并非如此。是的,他年轻时非常崇敬托尔斯泰(Tolstoï),他在俄罗斯旅行期间,和托尔斯泰见过两次面;但是他在托尔斯泰身上看重的是俄罗斯精神,如他所想象的俄罗斯精神,而不是思想上的狂热。然而,在1897年,托尔斯泰发表了他的评论文章《艺术是什么?》(*Qu'est-ce que l'art ?*)。在这篇文章中,可以读到以下声明:"对于今天的人们来说,只须抛弃伪美理论,它把娱乐当成了艺术目的,让宗教意识自然而然地成为当前艺术的指南。"托尔斯泰特别地抨击他的敌人之一:"像奥斯卡·王尔德那样的堕落者们和唯美主义者们选择否认伦理道德和颂扬放纵作为他们作品的主题。"1899年他最后一部小说《复活》(*Résurrection*)出版,

---

① 致邦斯,1924年10月21日。

该书表明叙述艺术要服从于作者的思想体系。同一时期,里尔克归依于"美的新福音"(nouvel évangile de la Beauté);然后,他把《艺术是什么》称为"毫无价值又愚蠢的小册子"。如果说他很尊重托尔斯泰,那是因为这个人已经成为他的艺术家天赋和预言家信念两种相反力量博弈的伟大战场,也因为他同时体现了这两种相反的要求:接受世界以能描绘它,放弃世界让它更宜居住。里尔克很看重冲突的尖锐苦涩,但是不愿意遵循这位俄罗斯作家的榜样。

在其他喜欢改良世界的当代艺术家身上,如罗宾德拉纳特·泰戈尔(Rabindranath Tagore),或者罗曼·罗兰(Romain Rolland)那里,里尔克并不更多地自我认同,因为他们弄错了文学创作本身的性质,以为文学创作应该服务于"善"。决定一部作品伟大与否,"不是一种仁慈宽厚的意愿,而是听从一种既不要恶也不要善的权威授意"。诗人应该放弃一切评判和一切期望,让"超越我们的至高秩序"①来凌驾其上。

应该说里尔克本人并没有遵循他所推崇的道路。好几次,面对一些日常事件,他选择与之脱开干系。在这些情况下,他停止根据生活所允许创作或者阻止的艺术作品去评判生活,以向生活索取一种称得上艺术作品的美和强度。不过,这些激昂亢

---

① 列夫·托尔斯泰,《艺术评论》(*Écrits sur l'art*),伽利玛出版社,1971年,《什么是艺术》,第十八章,第252和246页;致加拉拉蒂·斯科蒂(à A. Gallarati Scotti),《米兰信札》(*Lettres milanaises*),1921—1926年,普隆出版社(Plon),1956年,1926年1月17日。

奋的时刻还是很短暂的。

1914年宣布开战之后,他被一种兴奋感所裹挟。新形势让他觉得具有一种和平生活所不具备的宏伟感。于是,1914年8月他在发烧中写下了《五首歌/1914年8月》(*Cinq Chants / Août 1914*)。从这些歌的表达手法中,可以看到它们受到了里尔克当时正在读的荷尔德林的《颂歌集》(*les Hymnes*)的启发;他在诗中向直至那时还缺席着的某个神——"战神"——致敬。

> 我首次见到你崛起
> 道听途说得知战神似有似无远远而来。

战争优于和平之处在于美学层面:日常生活乏味平庸,战争揭示出了一些未知的力量——直至此时,唯有战争能庇护诗歌。

> 多么快乐呀!目睹群情激荡!

里尔克的第二首诗接着歌唱道。他同时给他的出版人,当时已应征入伍的安东·基彭贝格(Anton Kippenberg)写信,说他很羡慕他能在自己的国家服役。不过就在该月末之前,里尔克还是热情骤降,他又回到了他通常的平和的情感状态。

1917年末,十月革命的消息传到了德国,里尔克亲俄罗斯的感情苏醒了。在给卡塔琳娜·基彭贝格(Katharina Kippenberg)的信中,他声明"优美的俄罗斯的思想"①使他高兴。必须说明,在这个时期,里尔克不仅频繁出入惯常的他的女追捧者们如伯爵夫人们、公爵夫人们和她们的位居高位的熟人们的圈子,也经常出入一些反对战争的极左人物如他的情人克莱尔·戈尔(Claire Goll)或者卡尔·李卜克内西(Karl Liebknecht)的妻子索菲·李卜克内西(Sophie Liebknecht)(她站在罗莎·卢森堡[Rosa Luxemburg]一边,领导着斯巴达克运动)的圈子。里尔克同时又与昙花一现的巴伐利亚苏维埃共和国(La République des Conseils en Bavarière)的领导人交上了朋友,如柯尔特·艾斯奈(Kurt Eisner)或者爱恩斯坦·托勒(Ernst Toller),这个共和国是俄罗斯苏维埃共和国的回响。

对于他来说,这是个例外,他觉得那些公开大会很迷人,尽管弥漫着"令人窒息的酒气、烟气和人气",因为生命在那里达到了一种闻所未闻的强度:"那是一些奇迹性的时刻。"但是,在那种场合热情仍没持久,几个星期之后,他看到他想要有一个"纯粹和崭新的开端"的希望落空了。②

里尔克对某个符合艺术通常所要求的品质的政治行动迷恋得最久的与意大利法西斯领袖贝尼托·墨索里尼(Benito Mussolini)有关。1922年10月墨索里尼胜利进军罗马之后,国王任

---

① 《与卡塔琳娜·基彭贝格的通信》(Briefwechsel mit Katharina Kippenberg),威斯巴登,英塞尔出版社,1954年,1918年10月。
② 致克拉拉·里尔克(À Clara Rilke),1918年11月7日;致安妮·缪斯(à Anni Mewes),1918年12月19日。

命他组建政府,议会给了他完全的权力。1924年社会主义者贾科莫·马泰奥蒂(Giacomo Matteotti)被谋杀之后,其他政党被取缔,1925年12月,墨索里尼改变国家体制,实行专政。里尔克选择此时刻在给意大利女通信者奥雷利亚·加拉拉蒂·斯科蒂(Aurelia Gallarati Scotti)的信中表达他对领袖的崇敬。显然,这种赞扬是把政治掺和到了诗歌评论中。在提及几本他所欣赏的法国作品之后,里尔克继续道:"在意大利也如此,不仅在文学中,而且还在公众生活中发生了怎样的突飞猛进呀!墨索里尼给罗马总督的致辞多么美妙呀!在你们的美丽诗人中,在巴黎,人们让我非常欣赏巴里斯·恩加列蒂(Paris Ungaretti)。"①

那位里尔克的女通信者完全不赞同他对墨索里尼的欣赏,并且明白地告知了他。于是诗人在以后的日子里给她写了两封长信来为他的选择辩解。两封信的内容相当令人惊讶。为了论证他从美学角度对领袖行为的欣赏,里尔克觉得必须为两种论点作辩护,而他先前的著作中却是倾向于反驳这两种论点的。一种论点认为当前被看成与无政府主义相类似的个人自由是危险的事情,必须加以某种强权和某种严格的秩序,哪怕使用暴力,专制独裁比议会更讨人喜欢。另一种论点在于说明民族主义热情是不可缺少的,肯定比诸如"国际主义"和"人道主义"那些抽象概念更高尚。里尔克似乎完全陷入法西斯辞藻之中,他是从报刊和其他作家——德国作家、意大利作家或者法国作

---

① 1926年1月5日。

家——的声明中看到这些辞藻的。他同时也抛弃了以技术胜利为象征的现代世界来赞扬卑微的手工匠和严格的等级秩序。

在这些论据的那一边,出现了一种理由,这理由本身具有一种意愿的性质,把生活判断为似乎是一件艺术作品的意愿。墨索里尼的意大利是好的,因为它强大、紧张、有力、有生气。"不要把时间浪费在避免非正义上,"里尔克写道,"必须干脆地以行动来超越它。"行动的力量成了他的理由,活力压倒了其他一切价值。"不管怎样,1926年的意大利令人赞赏地生气勃勃蒸蒸日上。"里尔克在意大利政治中洞察到的"生机盎然的心满意足"比他思想体系上的微不足道的缺陷重要得多:"有什么要紧的,如果这样能让人们心绪激荡、精神舒畅的话(就行)!"因而,墨索里尼有理由和古罗马的征服思想接上轨,必须颂扬"这个意大利意志的建筑师,这个致力于在旧火焰上重新燃起火焰的新意识的铁匠"。①对于里尔克来说,墨索里尼以他本人赋予语言的方式或者罗丹捏揉黏土的同样方式来塑造意大利民族(一种不会惹恼墨索里尼的比较,他甚至更想自比于米开朗基罗);对于他来说,风格比内容更重要。两位通信者之间的分歧是全面的,关于主题的交流意见到此为止,尤其因为里尔克已经病得很严重(他年末就去世了)。

可以根据三大事例来判断——第一次世界大战,十月革命,意大利法西斯主义——里尔克直接把美学标准运用于政治行动

---

① 1926年1月17日,1926年2月14日。

并不成功。如果想到战争、革命和专政让人类付出的代价,即使把它们设想得很美好,很强烈,它们都不会变得可以让人接受。再说,为了支撑这些判断,里尔克不得不放弃他自己的原则:他没有寻求从内部去弄明白战争与和平、暴政与默契是怎么回事,反而选择了其中之一却又损害到另一个——这恰恰是他作为艺术家所要拒绝的;这正是他受到唯美主义责难的地方,也正是他在致邦斯的信中要撇开的地方。因为这个缘由,相比他的第二立场,人们可以更喜欢他的第一立场:当他放弃一切选择时,要作出一个较好的政治选择。

孤独,爱情

我们现在来谈谈私生活。独自生活是艺术创作的必要条件,但并不是取得成功必须要付出的代价。所以,当里尔克和一个向他请教生活中如何发挥其天赋的初入门作者交谈时,他并不满足于只是安慰他说孤独是诗人命中注定的,所有创作者都一样等等;他叮嘱他要孤独。孤独是宏伟壮丽的,如果说它是艰难的话,那是多产的标志。偏好孤独的理由是,一切来自于内心的东西是真的。而来自于他人的东西是借用的。"要注意发现你自身冒出的东西,把它置于你在周围所注意到的东西之上。"从我们自己身上产生的东西是唯一与我们的爱相称的东西,不要把时间浪费在"弄明白与人们之间的关系上"。里尔克补充说,独自观察人生真理时,能够更好地抓住它。"唯有独处的人才能像一件东西那样被置于生活的深沉法则之下。"① 大家现在明白提出这种要求的理由了;但是只能说,人到了被降到物的地位和被置于无可奈何的法则之下,人还能揭示他的生活真理。彻底孤独的人不再是人,任何深渊都不能真正隔断来自外界和个人在内心发现的东西:内心不是其他,而是某种先前的外界。

里尔克本人自巴黎生活初期直至去世,总是试图和他自己的格言保持一致。他的通信中充满了希望找到一种良好的独处状态和抱怨缺失这种状态的心理纠结。他向往"不动的外界,活跃的内心";接踵而至的追捧者们使他倍受妨碍,他情愿处于那种悖反的结果:希望追捧者们在欣赏他的诗歌的同时,讨厌起他这个人来!他的主要保护人、杜依诺城堡(Château de Duino)女主人塔克西斯亲王夫人(La Princesse Marie de Tour et Taxis)也得克制自己不去打断他的孤独,让他能够凝结他对世界的悟性,"梳理我的内心思绪境遇"。孤独让人集中精神,而集中精神是艺术创作的首要品质,孤独助人避免思想涣散,烦躁不安,无为聊天;为了工作,里尔克需要"中断同消耗我精力和注意力的他人的所有关系"。他在生命之末向往的是一种持久的孤独,"一种稳定的孤独,我再不图其他——手放在心口上(说)——我有生之年只图能享有这种孤独!"这也是一种"绝对严格的孤独"——尽管他对动物很有好感,或者更确切地说,因为这种好感,里尔克撇开了要拥有一条狗的想法:一切有生之物对他来说

---

① 致卡普斯,1903 年 12 月 23 日。

都代表一种索求,因而就会在他需要支配他全部生命存在之时缠住其中一部分。日常交谈中使用的词语变得苍白乏味,不适宜用于诗中;有人要问,无疑问得很有道理,日常生活中法语使用得越来越频繁是否促进了1922年的诗歌繁荣,德语就是这样自由地使用于诗歌中的。露看到里尔克那么频繁地使用法语很不安,里尔克本人可能对露说过:"你只要想想我省下了那么多数不胜数的词语,没有让它们在平淡无奇的日常生活中被糟踏!"①

不仅仅是艺术家的舒适生活要求某种孤独,孤独道出了人真实的生存处境。每个人,不只是艺术家,都应该试试去触及他真实的生存状况。"我们是孤独的。可以在这个主题上浮想联翩,可以做得好像这个问题没有什么大不了的。就这样。但是最好明白我们是孤独的,甚至让一切都从这点出发。"印象中和他人分享的东西,实际上是微不足道的,即使习惯上,人们会产生很多错觉,互相交流看似令人惬意,最终会很快激起反感。实质上,"一切无限的东西蕴藏在孤独的人的内心:在那里发生奇迹,达到完善,在那里克服考验"。所以,当克拉拉的弟弟失恋时,里尔克给他寄去了一封与克拉拉共同签名的长信教训他。里尔克在信中,给当时才20岁的年青人解释他不应该为此忧虑不安:他只是更贴近了一点人生的真谛。"在生活中,谁都帮不

---

① 致费什(À H. Fischer),1911年10月25日;致玛丽·塔克西斯,1920年1月4日;同版,1921年5月7日;致露,1921年12月29日;露·安德烈亚斯·莎乐美,《里尔克》(Rilke),马恩·塞尔出版社(Maren Sell),1989年,第77页。

了谁,每次冲突,每次新的慌乱,都会教会你这点:大家都是孤身一人!"但是丝毫不用后悔遗憾:"这同时也是生命中最正面的东西,但愿每个人在其本身拥有很多:他的命运,他的将来,他的空间,他的整个世界。"因而,从这个观点出发,创作者只是以"孤独者中最孤独的人"①区别于普通的凡人们。

选择孤独的人们享有一种特权:死亡对他们不起作用。已经逝去的诗人们和我们交谈犹如他们还活着:他们接受了他们的生存条件,他们因此从中得益。对于把孤独当作生活的真谛来拥抱的人来说,亲人们的死只是一种和其他人一样的分离。"如同我们应该接受总有一天我们要永久分开,在这个变化——所有变化中最显而易见——的某一时刻,我们应该完全地,时时刻刻地放弃彼此,不要互相抓住不放。"如果每个人的真谛是一人独处,那么他人的生与死就无足轻重了。

得知里尔克为爱情保留的崇高位子之后,又听到对孤独的热情赞扬,令人不由得提出问题,这个问题显然就是如何来调和两者(爱情和孤独)。只要超越通常的爱情观,里尔克并不认为两者不可调和。"爱情本身似乎尤其是一种共同利益,只有一人独处的情况下才能以某种至善至美的方式将爱情发展到底。"对于里尔克来说,这不仅仅因为性是个人一种纯粹感性的体验,在其中找不到任何与他人有关的痕迹——可"与一种美味的水果

---

① 致卡普斯,1904年8月12日;致玛丽·塔克西斯,1911年5月31日;致韦斯特霍夫(à F. Westhoff),1904年4月29日;《孤独者们》,第399页。

在舌头上产生的纯粹感觉"①相比的体验,他说道。这就可解释为何他有手淫的倾向;里尔克要说的是,完美爱情的结果应该是主体的某种延伸发展,主体空间的某种更大的开放,而执着于某个爱情对象就是剥夺自由,强加限制和约束。孤独的爱情是提升;两人的生活是堕落。

里尔克在《布里格手记》中发展了这种爱情观念。真正的女性爱人,"超越了被爱之人",因为"她以自身作赠送是无限的";她的失望来自于别人"要求她给这种献身强加上一些限制",也就是说,相对于爱情来说,她情愿要所爱的男人。这也是里尔克有意在他叙述的结尾放上浪荡子(l'Enfant prodigue)的故事的意义。爱情之伟大在于永无枯竭,无边无际;然而,如果爱情有一个明确的对象,它就已经缩减了。被爱意味着限制了另一个人的爱情;为了能够一直成为爱情的主体,必须不当爱情的对象——爱情不应该成为交互性的。被爱,是消失自我;爱,是延续。"孩子在家里受宠爱——于是,他就以出走来逃脱这种限制。"得知了真相,"他就计划再不去爱,为了不把任何人置于残忍的被爱的境地"。几番颠覆起伏之后,他回到家人中间,跪倒在亲人脚下,恳求他们"永远不要去爱"。②

这种爱的理想形式是人们奉献给上帝的感情,因为上帝不把任何限制强加给爱祂的人。"上帝只是爱的方向,而不是爱的

---

① 致施魏因斯贝格(À E. Schenk zu Schweinsberg),1909年11月4日;致卡普斯,1903年7月16日。

② 《布里格手记》,第569、598、600和604页。

对象。""这个虚幻的心爱者,"里尔克在一封当时给马尔特的信中补充道,"具有明智的谨慎,是的……,具有永不露面的高尚技巧。"人们对祂的爱因此而能够永无止境,可以听凭自便地培养这种爱,在孤独中扩展它,加深它。于是,即使他并不是信徒,里尔克仍旧为斯宾诺莎的一句话而着迷:"热爱上帝的人再努力也不能让上帝来爱他。"不能因为对上帝的热爱而期待得到上帝的感谢:上帝不欠我们什么。冉森主义者也会这样说的。这句话用于人世间,就是意味着必须情愿被爱之人的缺席也不要他在场。——相比被爱之人必须情愿要爱情。这就是相爱的人们互相疏远的原因。被爱对象只是引发爱情的诱饵,某种有点欺骗性的初始满足感——里尔克说,这有点像为了激励一匹正在受训的马,喂一块糖给它吃;但是一旦萌发爱情,就得摆脱掉爱情以求自我绽放。"我们所有的经验从那时起难道不正是趋向于表明,有了被爱对象,这固然是一种催化剂可促进爱情产生,但是爱情一旦发展壮大起来就会带来伤害吗?"孤单的恋爱之人经历的爱情远比因为爱的对象在场而失去自由、心满意足的爱恋之人经历的爱情更伟大;后者只是达到了相对的境地,而前者和"绝对"相通。被爱之人的消失在此变得令人想望:"据我看来,唯有死亡才能还公正于爱情。"①

在里尔克看来,中世纪"毫无畏惧,从无止境"的游吟诗人的

---

① 《布里格手记》,第597页;致施魏因斯贝格,1909年11月4日;斯宾诺莎,《伦理学》(*Éthique*),瑟伊出版社,1988年,第五卷,19;《论上帝爱人》,第1028页;致艾依斯(à L. Heise),1920年1月19日。

爱情,尤其和名媛们,和"爱恋中的贵妇们之间发生的爱情"就是这种生活在不完美中的理想爱情。因为,对里尔克来说,从这种观点看,女人比男人更好地体现了人的生存条件。在某段时间里,他一直计划着写一本书来描绘出她们的肖像。其中将会有萨福(Sappho),爱洛依丝(Héloïse),16世纪意大利女诗人加斯帕拉·斯坦帕(Gaspara Stampa),路易斯·拉贝(Louise Labé),贝蒂娜·冯·阿尼姆(Bettina von Arnim)——"如此的爱情用不着回报……,它自我满足,自得其乐"①——,还有爱奥诺拉·杜斯(Eleonora Duse),安娜·德·诺阿依伯爵夫人(La Comtesse Anna de Noailles)。后来,里尔克在其整个写作生涯中,评论、推荐、翻译了这些恋爱中的伟大女性的文字,并且经常引用它们作例子。

他举了一个特例,《葡萄牙女教徒信札》(*Lettres de la religieuse portugaise*)作者玛丽安娜·阿尔戈弗拉多(Mariana Alcoforado)(现在,人们倾向于认为这信札可能是一位男性作者虚构的通信)这五封信是一位女子写给抛弃她的平庸男子的。在里尔克看来,信中表述了爱情的本质,因为这位葡萄牙女人最终明白爱情对象对爱情来说并非必不可少:"爱情不再取决于你对待我的方式",从此刻起,爱情达到了它的伟大,"一种苦涩冰冷的伟大,从此没有什么可以战胜它"。孤独是完美爱情的必要条件,葡萄牙女人比一切其他人更好地说明了"爱情的本质不在共

---

① 《布里格手记》,第600和569页。

同体双方之中,而是在于各方迫使对方变成某个东西的事实之中,迫使对方成为某个无限大直至他的力量极限的东西"。①

生活中的爱情

当里尔克把他的理论运用到他本人身上时,他是用断裂而不是用延续这个词来阐明生活和创作之间的关系;他并不寻求集中和升华已有的存在,而是作某种排它性的选择,"或者这样,或者那样"。他在一封给露的信中这样说:"在一首让我成功的诗中,有着比我所经历过的一切关系或者倾慕爱恋更多的真实;在创作中我是真实的,我要在这个真实之上找到为我整个生活奠基的力量。我知道,除了完成我的作品之外,我不该再去寻找或者说奢望其他,诸如亲人们,我需要的女人们,日渐长大、日子还很长的孩子们,这就是我的问题所在。"②在此要紧的是"整个地":创作排斥生活。

读了里尔克的某些通信,可以相信他确实心甘情愿地把他在其著作中阐明的或者和别人谈到的信条运用到他本身的生活中去。他和一位年轻漂亮的威尼斯女人米米·罗马内利(Mimi Romanelli)的关系正是如此:1907年11月,他发现自己爱上了她,他给她写了好几封热情洋溢的信,但是一发现她会依恋上

---

① 《布里格手记》,第521页;《葡萄牙女教徒的五封信》,第972页。
② 1903年8月8日。

他,里尔克马上就离开威尼斯,让他们之间的关系染上了另一种色彩;让他们的关系消褪为不会有限制的普通友爱。"我应该对所有我爱的人抱有相当的爱,既然有一天我必须将对世界的全部的爱倾注于我的作品。"他向米米提出了该遵循的榜样,加斯帕拉·斯坦帕和玛丽安娜·阿尔戈弗拉多。年青女人难以理解,固执地要等他,要见到他,要求他的爱情回报。里尔克再次来到威尼斯逗留之际,觉得必须来个了结:"我们之间会犯下的唯一的致命错误就是我们互相依恋对方,哪怕一小会儿。……千万不要忘了我是在孤独之中,我不应该需要任何人,千万不要忘了我一切力量都出自于这种冷漠。"①

的确,孤独本身不是终极目的,它只是艺术创作的必要条件。里尔克重又捡起类似神意之爱和人间之爱之间的关系,就像冉森主义者所阐明的,他们满足于将对美和艺术的崇拜替代对上帝的崇拜。说到人际关系时,谈起他周围的人们,他会用帕斯卡的这句话来说明:"他们不该依恋着我,因为他们必须过他们的生活,想着如何讨上帝的喜欢或者寻求上帝的庇护。"②

和米米的关系后来就停留于此了。

然而,通信中反映出理论和实践之间,以艺术观、孤独观、爱情观为一方和以实际生活为另一方之间的和谐印象却并非真有

---

① 致米米·罗马内利(À Mimi Romanelli),收入里尔克,《致一位威尼斯女友的信》(Lettres à une amie vénitienne),伽利玛出版社,1985年,1907年12月3日;同版,1910年5月11日。

② 《沉思录》(Pensées),b.471,1.396。

其事。实际上,事情并不那么简单。里尔克的生活和人们可能想象得到的正相反,一点不像一个隐居者的生活。在他三十五年的生活中,很少没有女人作伴。他的女友中有几个只是作为他的红颜知己和保护人;但是其他好些女友,他都与之保持了肉体关系。里尔克是个讨女人喜欢的男人。他个子矮小,不特别漂亮,但是他的蓝眼睛令人难忘,他说话令人神魂颠倒。在他身上,有某种独特的天地合一很具诱惑力的东西。"他身上散发出既是僧侣般的又勾人魂魄的东西。"他的一位女友克莱尔·戈尔如是说,他给人一种"穿正装的大天使"[①]的印象。

当他在自己身上寻找真谛时,特别是在给露·安德烈亚斯-莎乐美的信中,里尔克不得不承认那不是一种有意识的自由选择,而是一种迫于无奈——不一定如其所愿。其实,他总是在与人们交往中小心提防,提防着平庸的交往会让他错失他想去做的事,错失到达"本质的、终极的、至高的"地方。但是,他并不以此而自豪。"这种囿于本质的东西在我那里一点不是明智的结果,而是我本性的一种弱点。"于是,他的日子过得沉闷、空泛:日常生活枯燥乏味,缺失本质性的东西。他不是拥有一切就是一无所有——而拥有一切又是例外的。"最终,这种心理缺陷,使我不能与人作任何交流",和他人的关系中总是误会重重,交不上真正的朋友,恋爱不得长久。[②]

然而,里尔克不能没有交往,这是决定性的。甚至,他不能

---

① 克莱尔·戈尔,《里克尔和女人们(附里克尔的信件)》(*R. et les femmes suivi de Lettres de R.*),法兰茨出版社(Falaize),1955年,第21和23页。
② 致露,1903年8月15日。

不梦想着一种高层次的交谈,他只能接受"我们生来不能拥有两种生活",就如1903年他给露的信上所说。与他的假定正相反,孤独对他来说并不总是有益。固然,孤独对于创作来说必不可少,但是它不足以激发出创作欲。而一种无果的孤独比漫无边际的闲聊更糟糕。里尔克注定要徘徊于等待灵感来临和希望与人相通之间,希望与人交流又产生于等待灵感来临的失败之中。"当我寄希望于人们,当我需要人们时,当我寻求人们时,就会走背运。"一旦他有求于他人时,失败是预定的了。因为,里尔克一旦求助于他人,情况只会更糟糕,因为这说明他在第一条道路上搁浅了:他们本身并不令他感兴趣。"有人存在对我来说始终是一种错误的解决办法,是让我变得麻木迟钝无可救药的事情。

像唐·璜(Don Juan)一样,里尔克感受到一种不可遏制的被一个女人爱的需要,但是,一旦他确证了自己的感情,他就躲避它。他时而自责没有能居于他自己所要求的高度,时而自责欺骗了他周围的人们,为自己面对"绝对"却又关注他们而泄气。既然对他而言和他人交往是被禁止的,那么他对于人际交往的思考又有何意义呢?"随着时间的推移,我越来越怀疑我这个妖魔,怀疑这个从来只以持续折磨人的方式关注自己而不顾及任何其他人的妖魔。这么可怕的一个妖魔有哪怕一丁点谈论人们之间关系,让他们之间发生冲突的权利吗?"[1]里尔克需要持续

---

[1] 致露,1911年12月28日;同版,1912年1月10日;致玛丽·塔克西斯,1911年12月24日。

地给别人写信——不是为了和他们交谈,而是为了向他们倾诉:他需要被人倾听。令他感兴趣的与其说是露·安德烈亚斯-莎乐美或者玛丽·塔克西斯,不如说是她们依顺的耳朵和她们会对他的话语表示出的赞同。

里尔克对孤独讲了那么多,那是因为他在意欲孤独的同时对孤独也很抱怀疑。在他最后的年月里,当他离开瑞士时,他仍一直如此:每时每刻,他都知道这一点。"多亏了单身独处,我干了那么多事,但是我住所中厚重的孤独却又有变得太过分之嫌,有可能变成了威胁。"直至最后,孤独既在意愿之中又给人一种恐惧感。只有他最后的信件中的一封信才无保留地让人看到有一个女友在他身边;那封信是写给后来在他弥留之时一直看护着他的娜妮·温德里:"地狱呀! 人们会认识到它的! 感谢您全身心地(我感觉得到的)陪伴我在这些无可名状的区域。"[①]里尔克需要一种女性的关心,但是,他同样也需要能够避开女性。遇见一个女人引诱她,爱她对他来说是很容易的;但是和她呆在一起,不可能。他的恋爱关系倍受诅咒:他体验到女性在身边的必要性,但是一旦介入这些恋爱关系,他只有断然采取行动:远远离开。对那些女人们之后的命运,他经常无动于衷,无论她们痛苦也好,病魔缠身也好,或者死亡——即使某个女人真的死了,

---

① 致帕斯捷尔纳克(À L. Pasternak),1926 年 3 月 14 日;致娜妮·温德里(à Nanny Wunderly),《致娜妮·温德里-福尔卡特的信》(Briefe an Nanny Wunderly-Volkart),法兰克福,英塞尔出版社,1977 年,两卷本,1926 年 12 月 8 日。

那还会激发出一首美丽诗篇。

同样,居无定所也是他和其所在地的关系特征。他没有真正自己的家;他经常逗留的地方是舒适的旅馆,他的贵族朋友们的城堡,或者借来的住宅。他从奥匈帝国境内的出生地波希米亚(Bohême)出走,但是他不愿意在某个其他国家定居下来。这就让他在俄罗斯、西班牙、瑞典、丹麦、阿尔及利亚、埃及等国相继逗留了几个月,不用说,他在法国、德国和意大利等国居住了稍长时间;但是,无论是巴黎还是慕尼黑或威尼斯,都不能成为他决定性的船籍港。如果说,在他生命的最后,他安居在瑞士的话,可以设想那是因为这个国家本身就是一个与其他多种语言多种传统的邻国交汇之地。

是否可能让一个诗人的活动和交织在人际关系网之中的某个人的活动相提并论呢?或者一条河流的两个支流是否应该分开,让其中某一支能够享有一些优先呢?1901年4月里尔克和克拉拉·韦斯特霍夫结婚以及同年12月他们的女儿露特(Ruth)出生时,这个问题第一次尖锐地摆在了里尔克面前。按照里尔克的理论,他希望两者结合起来,不要与创作过程中必需的孤独不相容。刚成为丈夫不久,他写信给一位朋友说,在婚姻中"一方应该守护另一方的孤独":他们夫妇俩都是艺术家,克拉拉是雕塑家,他是诗人,因而,他们俩都需要一人独处来完成伟大的艺术作品。妻子同意跟他走这条道路。1902年夏初,女儿出生六个月之后,里尔克离开家,再也没有回来与妻子真正地共同生活。几个月之后,克拉拉到巴黎来和他团聚,他们住在同一幢楼,但是不在同一套房里。据说这是他们俩自由作出的决定;在致克拉拉的兄弟的信中,里尔克肯定地说他们都明白:即使这样会带来某些痛苦,"一切共同生活都只会增强两个近在咫尺的人的孤独感。"①在后来的岁月中,里尔克很注意保持这种平衡:他没有和克拉拉断绝关系,而是在他们之间保持某种距离。

为了能够倾听到事物中的纯粹声音并将它记录下来,有此愿望或者仅身体上听从支配是不够的;它要求诗人作更沉重、更残酷的付出。爱情的风险并非来自于创作与爱情相异,而来自于创作与爱情的相似。如果说爱情和作诗不可能协调的话,那是因为诗歌已经是爱情了——一种比爱情更高的爱情。里尔克一直意识到两者的相近。"其实艺术经验和性经验及其痛苦和愉悦显得那么不可思议地相接近,"他给卡普斯(F. X. Kappus)写信道,"以至于老实说,这两种现象只是同一种欲望的两种不同形式,同一种欣喜的两种不同形式。""从女情人多情、炽烈的委身到诗人的抒情式的诗意放弃之间只有一步之遥,"②1907年,他如此肯定道。他经常将两者作比较:听人谈论他的工作对他来说跟听别人评判他所爱的女人一样无济于事。可以看到,被大家追捧的艺术家是在女性的"被动"性欲特征中,而不是在男性的性欲特征中自我认同的。

然而,在同时期,里尔克和露·安德烈亚斯-莎乐美的持续通

---

① 致冯·波特曼(À E. Von Bodman),1901年7月30日;致韦斯特霍夫,1904年4月29日。

② 致卡普斯,1903年4月23日;《一个痴恋女人的书》,第977页。

信中却透露出里尔克并不那么自信,那么满足。他很痛苦地意识到他的妻女需要他更多地在她们身边和得到他的照顾帮助,但是他感到自己无能力向她们提供她们所需要的。"我在任何地方都无法有点用处,一事无成。"与其说他作出了情愿孤独地工作而放弃爱情的决定,还不如说那是一种虚弱,一种爱的无能,一种禁止。从人性关系出发达到本质的东西是不可能的——然而总是引人跃跃欲试。由此,即使亲人们对他没有任何指责,他仍为自己什么都没有给她们而有负罪感。负罪感使得他反过来对她们非常凶狠,因为这种想法使他无法工作。他想要埋头躲进创作中来撇开作为丈夫和父亲的责任感所产生的日常烦恼。"我真想以某种方式或从我心中更深处以另一种方式抽身而出,从这个挂着大铃铛的我的内心禁区中抽身而出。我真想忘掉所有的人,我的妻子和我的孩子。"然而,这个愿望是实现不了的:人都逃避不了他之所是,"到处都有人说话"。不仅仅这种和一个女人及和一个孩子的关系没有让他更坚强,而且这种关系阻止他感觉到自己本身的存在,阻止他去达到他追求的目标,"成为真实的事物中一个真实的人"[①],也就是写诗的诗人……。里尔克在人性关系中得不到快乐,但是在工作中也得不到更多快乐。此外,工作对于他更像是一种悲惨的命中注定,而不是一种自愿选择的计划。与罗丹所告诉他的正相反,工作不足以使他开心;无疑,他的秉性不像罗丹那样"缜密、协调和简单"。

---

① 致露,1903年7月25日,1903年8月10日,1903年11月13日。

里尔克和他女儿露特的关系尤其僵。赖纳(即里尔克)和克拉拉俩都想继续完成他们的艺术作品,因而他们经常把小女孩托给其他亲友们。圣诞节时,全家团聚:里尔克在这样的场合看到了本应该给他带来快乐的东西——露特对他的亲热——变成了焦虑之源。"爱(他人)是极其困难的,要操这份心,花这种力气,这种慈爱,这种自我付出实在非常困难。"[1]后来,露特长大了,大部分时间远离她的父母。里尔克没有去参加女儿的婚礼,他没有给她寄去任何结婚礼物,他从未见过他的女婿,也没见过他们的第一个孩子。露特没有去向他临终告别,也没有参加他的葬礼;尽管如此,她后来还是花了毕生时间来整理出版他的作品。

1921年,露特婚礼前夕,里尔克给他未来的女婿写了一封信,他在信中以父亲的身份总结经验,站在彼岸,来总结他的尘世人生经验。他清楚地意识到他剥夺了露特什么东西——持续地和父亲保持关系——但是他想牺牲是不可避免的:"我负有实现内心生命的使命,这个使命是如此不可推卸,以至于一次短暂的试验之后,必须抛弃实现外表的工作。"工作压倒了亲情——此外,字面上理解为工作,其性质与之较不相称。这种使命感同样迫使他不断地更换住所,以至于无法将自己认同于任何地方:他"感觉自己居无定所,在外部世界无处扎根",这就导致他"在自己内心流亡"[2]。他没有告诉女儿的未婚夫,但是向其他亲友

---

[1] 致露,1905年1月7日。
[2] 致希伯(À C. Sieber),1921年11月10日。

承认这种流亡使他深深地不幸。

"倾心之作":本芙努塔[①]

1901年,里尔克结婚及女儿出生时,他还没有找到他的道路:他在犹豫。可以想象,如果他早先得到罗丹的教训或看到塞尚的榜样的话,他很可能就不会建立家庭,而是无怨无悔地投身于对他来说比一切更重要的事业中去:投身艺术创作,通往和"绝对"作交流的康庄大道。这段经历之后的岁月说明,里尔克其实一直是个避免介入持久的感情关系中的人。然而,第一次世界大战前夕——完成《布里格手记》之后,经过一场尖锐纠结的抑郁,他在杜依诺写了首批《杜依诺哀歌》(*Les élégies de Duino*)之后——似乎发生了某种变化。里尔克当时写的一首诗中记录下了这种变化,这首诗名为《转折》(*Die Wendung*,法语译为 *Le Tournant*),他在其中证实他已经跨越了某个阶段——发现事物世界的阶段——可能又会进入另一个阶段。

因为,瞧,相比之下,
眼前有一道界线。

[①] 本芙努塔(Benvenuta),意大利语,意为欢迎。里尔克用此词称其女友。法国电影《本芙努塔》演绎了此段经历,1983年上映。——译注

世界看得相当多了，

它要在爱中完成。

眼中的作品既成，

该着手倾心之作了。①

是否到了从洞察事物过渡到和生命存在互动的时候了呢？实际上，变化在几个月之前就发生了。我们设想，现在是1914年1月末，里尔克住在巴黎。某天，他收到一位女诗迷的信；他给她回了信。她名叫玛格达·冯·哈丁堡(Magda von Hattingberg)，是位钢琴家，布索尼(Busoni)的学生，住在柏林；里尔克在信中称她为"本芙努塔"，感情闪电式地升温，到2月初，他们的通信迅速地达到了顶峰；里尔克给本芙努塔的信中包含了几页其灵感得自他一直以来最想写的东西。月末，他再也坚持不住，就去了柏林。他们在一起呆了两星期，然后一起来到巴黎。一个月之后，他们又一起离开巴黎，去了的里亚斯特②附近的塔克西斯亲王夫人家里。然而，5月初，他们在威尼斯火车站作了最后告别。里尔克去世几年之后，本芙努塔对这段故事作了叙述，公开发表了有关资料。

里尔克给本芙努塔的信件再次表述了协调生活和创作的困难。诗人的天赋，同时还有诗人的使命，是检视(l'Einsehen③)、

---

① 致露，1914年6月20日。

② 的里亚斯特(Trieste)，意大利东北部靠近威尼斯和斯洛文尼亚边境的一个港口城市。——译注

③ Einsehen，德语，意为看见、查看、视图。——译注

理解世界,"看到内在"直至它最不起眼的表现。就如对待一条狗:诗人的目的不在于以一个学者的方式看透它,而更在于盯住它的内在,盯住它变成现在这样的机制,不是为了在它身上忘乎所以,当然啰!因为,否则的话,只是再多了一条狗而已……。成功地淹没在人群中,保持住话语痕迹,这就是里尔克所谓的"我的尘世真福"。他记起睡在麻疯病人身边的圣·于连的形象:作为诗人,就是要能够全身心地献身于世界,因而能将丑陋和苦恼转为美,一种没有逆向的美。"我以不居于事物之上,而深入事物之中为己任。"与之相反,失败,就是无法摒弃对世界的一切成见。"缺乏爱,我睡不到麻疯病人身边,我不会将麻疯病转换成其光辉灿烂的反面。"①

"然而,如果已经爱上了某个人,"他对自己说,"就不能把自己**完全**献予世界了,就如这个妒心很强的世界所要求的那样,就不能无克制地顺应他所洞察到的世界的这一丁点儿,眼前这条狗。""狗来了,一种无名的痛苦随之而来,因为失去了毫不考虑自身内心感情转移的自由。"现在有一个第三方——被爱者——诗人和狗都得向它要求允许他们无克制地保持一致;以及"要求某个人能够知情,允许这种情况有时候(包括这一次)足以能使得这个令人喜悦的时刻几乎成为永不可能"。爱上某个人的人再不能和世界混在一起,再不能实践主导这种真正诗歌诞生的认知,因为他不再完全拥有他自己;然而,这种实践要求完整地

---

① 致本芙努塔(À Benvenuta),1914年2月16—20日。

献身。所以,里尔克虔诚地铭记他的朋友鲁道夫·卡斯奈(Rudolf Kassner)的名言:"通往伟大的内心历程要经过牺牲"[1],他在其中看到了对他本人命运的描述。内向性的人很多,里尔克也是其中之一。但是他想为了达到真正伟大的诗意,必须作出某种牺牲:牺牲生活。

于是,里尔克在他给本芙努塔的信中说,他选择了艺术工作,损害了生活爱情。这倒并不是走上了圣洁和苦行道路,即使圣洁和苦行不时地引诱着他;里尔克很明白弃绝社会将是背叛他的计划:"我的艺术难道不是让我深深地扎根于人间吗?难道我应该疏远人间,对它一无所知吗?"这就是压抑着诗人的矛盾性的悲剧苛求:他应该为艺术而贡献生命,然而他是在生活中干艺术的。他既不应该全身心地投入生活也不应该与生活背道而驰;他应该始终向生活敞开,但不要参与进去,里尔克找到的解决办法是保持人性关系而不把它个人化——与其和一个个人对话,他宁可和人性对话,"只要不关系到我,我总会给人一种友好的理解"。[2]

这些主题现在对我们来说已经很熟悉了。然而,在里尔克和本芙努塔的通信中却是很新颖的,在艺术和生活之间建立起的这种疏离面前,里尔克表现出一种很强烈的不满足。里尔克是一个宽厚的人,他很会作自我牺牲,所有和他亲近的人都证实了这点。

---

[1] 致本芙努塔,1914年2月16—20日。

[2] 致本芙努塔,1914年2月7日。

他不知道该怎么做的事,就是接受——就好像去迎接别人威胁到了他本人的正身;然而同意接受,也就是同意听命于他人,这标志着更高级的宽厚的起始。对于本芙努塔,比对以往任何其他女人更甚,他要走另一条路:选择爱情,即使这意味着放弃艺术。从他给她的最初一些信件中就有所透露了。然而,疑惑还是很大。"由你来决定。"他一上来就这么说,他放下武器,以便马上后退:不,目前是不可能的。他一边走一边试图说服自己行动有理:说明我能够去爱的最好证明难道不正在于我很想跨出的这一步之中吗?生活中有这样一场爱情使得艺术一无所用:"呵!我的孩子,要是能够只是在你的双手给我造成的阴影和你的音乐放出的永恒光亮的空间之间振荡该有多好!"本芙努塔让他能够接受,不仅仅只是给予,于是他谈到了"这件我生活中最宽宏大量的事件"①;在坐火车去看望她的途中,他为她写下了以下的诗句:

你能想象吗,多少年以来
陌生的我在陌生人中度日?
而现在,你向我敞开了大门。②

里尔克并没有停止怀疑本芙努塔,尤其停止怀疑他自己。所有让他扑向她的冲动,无论是之前、当时或后来,都有许多保

---

① 致本芙努塔,1914年2月10日;1914年2月23日。
② 致本芙努塔,1914年2月26日。

留、惧怕、后退和戒备。他对自己说还是更应该学一下贝多芬的榜样,在尘世上变成一个聋子来倾听他内心的音乐和保持孤独。另一方面,本芙努塔差一点将他想象成一个自以为可以对她为所欲为而抽身退去的人。如果她这么想了,她不用担心:他完全理解。他知道他不再配得上她,再说,他已经得到比他所希望的多得多了。如果将来遇见她,他能否与她以礼相待呢?他的痊愈不是太快了点吗?他能适应外界的大环境吗?现实能否和梦想同一高度呢?直至最后一刻,他一直犹豫着是介入还是放弃写作的惬意,犹豫着是否离开。

他还是走了。他害怕因这次偶遇而来的一切可能性。或者是否因为突然来临的失望,身体上的厌恶感而致?不是的,从梦想过渡到现实似乎不用太多时间。在此该参照一下本芙努塔的回忆。据说,一切都很好。他本人在当时写给露·安德烈亚斯-莎乐美的信中说:"意料之外地好幸福。"在柏林,里尔克租了一间屋子。在巴黎,租房子这种事会由本芙努塔来做。他们一起散步、交谈,手牵着手,他为她朗读书籍,她带他发现音乐,只为他一人弹奏。"钢琴一停下,黑暗就降临了,小鸟不再鸣叫,长时间的寂静无声。于是我感到赖纳从背后悄无声息地凑近过来。我感到他的双手触到我的头发上,他泪流满面,火辣辣的脸贴在我的脸颊上。"①

---

① 致露,1914年3月9日;冯·哈丁堡,《里尔克和本芙努塔》(*R. et Benvenuta*)。《信件和记忆》(*Lettres et souvenirs*),达诺埃尔出版社(Dnoël),1947年,第59—60页。

初看,这场爱情关系是在杜依诺,在塔克西斯亲王夫人家里出的变故。并且,这不是一次偶然的变故:亲王夫人本人积极地促成了这场爱情的失败。本芙努塔发现了这点,与其说她在其中看到了一种肆意干涉,不如说是某种真实情况的曝光。实际上,亲王夫人召见了她,在谈话中,亲王夫人对她说她像茶花女那样放弃她的奢望。里尔克是爱她的,但是这场爱情剥夺了他的真正存在,因为他无法再工作下去。如果他们俩生活在一起的话,艺术就会遭殃:杰作被替代,只剩下一种人性的爱情,太人性了。而"他的任务是孤身一人,他的献身是痛苦的,痛苦将提升他去完成新的伟大的创作任务"。①

亲王夫人在她自己的回忆中表现得更敌视。她一看到那位女钢琴家到了她的城堡,她就已经作出了决定:里尔克应该放弃耳朵边听到的音乐,排他性地只倾听自己内心的音乐;他就是音乐,因而他不应该**拥有**音乐。据说,可能是里尔克本人请求过她帮助他疏远本芙努塔。但同时她又把里尔克描述成被其新激情遮住了眼睛,需要他亲近的人来擦亮他的眼睛。艺术和生活之间的等级已经建立得太牢固,令亲王夫人难以接受其发生变化;她使尽所有招数不让实践违背理论,她以其先前的生活准则猛烈斥责里尔克,好像这是一种永不颠覆的真理似的:"塞拉费库斯博士(Doc-

---

① 《本芙努塔》,第205页。

teur Seraphicus,启示者的名字,是她给他起的名字),属于您的未婚妻是孤独。"①当里尔克告诉她他要与人分享,哪怕就一次,男人们的生活——他们的痛苦,但也要分享他们的快乐——时,她会驳斥他:"塞拉费戈(Seraphico),您是为精神不朽的杰作而生的,唯有一种事情是必需的,这是您应该付出的代价,您不应该和他人一样地生活,爱和享乐。"

里尔克在未遇见本芙努塔之前,亲王夫人已经向他陈述了她为他设想的命运:"如果您没有如此灰心失望,您大概就不会以如此美妙的方式来写作。因而,失望吧!灰心失望吧,大失所望吧!"他们共同的朋友卡斯奈在里尔克和本芙努塔保持关系的时候可能还会加上一句:"他应该放弃有人相伴,不明白人在生活中是孤独的,那是很大的误解。越清高,越疏远。"②很清楚,亲王夫人本人也满心希望回到先前的状况:她可以继续扮演仁慈的女保护人的角色,帮助孤独的天才达到其创作顶峰的文学艺术的女友。据说,这就是亲王夫人的打算,她是里尔克所需要的理想女人:一个只知道给予而丝毫不图任何回报的人——换句话说,这个人可以解除里尔克一切相互性的义务。

然而,无疑地,有关里尔克和本芙努塔之间的爱情失败不能太怪罪于亲王夫人或其他朋友们,即使其中某一位或者其他人

---

① 《本芙努塔》,第14页。
② 致里尔克(À Rilke),1913年3月9日;玛丽·塔克西斯,《关于里尔克的回忆》(Souvenir sur RMR),劳勃西蒂安娜出版社(L'Obsidiane),1987年,第124和125页。

尽其所能地起了作用;这次分手更深沉的缘由在于他们双方本人的态度。本芙努塔眼前纵然有一个爱她,准备为她牺牲一切,不顾一切试图不再逃避爱情的男人,里尔克的著作,他的自述,或者别人的叙述,还是给她留下太深刻的印象,使得她在内心深处感受不到里尔克在爱她的同时,正对他本身的生命存在施行一种不可承受的暴力。他希望能像别的男人一样和她一起去尝受未知的快乐;她不能不让自己看到他身上与众不同的为人,这甚至是她爱上他的缘由。撰写回忆录的时候,就是在这一点上,在无法把里尔克想象成普通人的情况下,她找到了这场爱情最终的失败之源。以下是她的第一印象:"我心想:'这不是一个男人,这是在我们尘世间显现的一个奇迹。'我不怀疑正是这种想法后来会让我们遭到无法形容的痛苦。"这个第一印象后来真的兑现了,在巴黎时,她对自己提出了一个非常实际的问题:她真的愿意嫁给他吗?在给其妹妹的信中,她承认:"我的回答是不。他对我来说是上帝的声音,不死的灵魂,安琪儿(Fra Angelico,意大利语),是尘世之上一切好的、崇高的、神圣的,但是,他不是一个男人。我有一种无法形容的恐惧感,害怕看到我对他的深沉的绝无仅有的感情会被人性化,害怕看到他沉浸在日常琐事和恋恋红尘之中,如果不能无限制地自我否认就不能坚持下去。"① 里尔克决定过人性化生活的同时,设想自己如果爱上了一个女人,安心地过上日常生活,那并不是自我否认,那个女人

---

① 《本芙努塔》,第52和124页。

颠倒了爱洛伊丝给阿贝拉尔(Abélard)①写信的举动,拥抱了他想要摆脱的他本人的形象,把该形象作为他无可抗拒的命运返回给了他:她不让他走下神坛到普通的凡人中间!

本芙努塔与里尔克的其他朋友一样决定帮助他,甚至决定要强迫他仍旧当他的天才艺术家,哪怕陷于不幸之中。这不幸是以内疚开始的。"当我得知里尔克不工作了,我感到莫名的不安,"她在日记中写道,"他这个把孤独看成生命的最高义务,把孤独置于一切之上的人,如今只生活在音乐和旅行计划之中了。"但是,也许他不再想要孤独了?不,他的亲友们对此很有信心。当本芙努塔在杜依诺听到他诵念首批哀歌时,她的信心更坚定了。"要我承认他完成不了这些诗篇是不可能的。我只能理解为这部痛苦中孕育的作品很可能以决定性的方式来放弃一切能与人性庇护相提并论的生活。""我,我要阻止你缩回去,安琪儿,我要阻止我自己为此加把火。如果要把你带往遥远的孤独大海的船只已经装备就绪,我要请你出发。在那里,工作对你的生活拥有更古老、更永久的权利,比我可能拥有的更甚。"②可以明白,在这样的情况下,亲王夫人并不需要花多少力气来劝告本芙努塔离开里尔克。

还得问一下里尔克本人的态度。并不是说他在想要摆脱他

---

① 阿贝拉尔与爱洛伊丝是法国中世纪的著名知识分子,在12世纪基督教禁欲主义思想与情爱自由的人性主义思潮的斗争中,他们深陷于禁欲主义的桎梏和人性本能的纠葛中难以自拔。——译注

② 《本芙努塔》,第116、179和201页。

的光荣命运这一点上缺乏真诚,也不是说他私下里曾很想要重拾献身艺术的生命信念,尽管这种信念会令人很遗憾。不,里尔克真的受到一种他一直未曾知晓的冲动的裹挟,他尝受到一种闻所未闻的幸福,并且已经准备承担他的举动的后果,但是如他所梦想的爱情实际上能否单独地经历,像他所经历过的爱情那样,能否被分享?当本芙努塔设想他是一个安琪儿,而不是一个男人时,她也许搞错了,但是他本人是否看到了一个真实的本芙努塔呢?他从来不会对她说不清楚他眼中的她。他在写给她的信中作了一个很巧妙的暗示,只有星星可以代他来说明:他满脑子都是她,以至于他要逃避凡人会死的处境。①本芙努塔是完美的;但是人在此生是不能够与完美生活在一起,在教堂里娶她,天天爱她的。真正的人性生活不属于完美的范畴,个人从来克服不了他的不满足感,所以最受宠爱的人仍旧有不满足感。里尔克把这个女人变成了"绝对",他把她神圣化了,把她放在了与他的艺术同等的位子,一个不可企及的神的位子,于是艺术和爱情不再相容。他的计划带上了某种悲剧性的不可思议的东西的特征:只知道沉醉其中,把"绝对"当成共同的真实。因为崇高替代不了日常生活:正当他还保留他所有的不完美,即易蔓延的恶劣心情时,他应当开阔胸怀去发现美。

里尔克的变容力不是其他,正是他的诗人天赋,他的变容力似乎太强了,以至于他无法看到人们的本来存在。他写给本芙

---

① 致本芙努塔,1914年2月22日。

努塔的信并不具有一种对话的性质,它们让人陶醉着迷,呼唤认同而不仅仅是回应。它们要求被人津津有味地品尝,像一件艺术作品一样被人欣赏(他自己之后谈起过它们的美感)。在这些美妙的信件中,他有了一次人性发现,不是发现玛格达(即本芙努塔),而是发现他自己,这些信件中蕴藏有唯一的主观性,即他本人的主观性。爱上别人终于让他可以自己言说了。他颂扬他所致信的人,但是并没有真正洞察她,如果说他隐匿了女通信人的真名,只用了一个假名本芙努塔,来说明他和她之间的关系,无疑地,那不是一个偶然。他不自觉中,可能违背了他的心愿,诗歌再一次地占了生活的上风。两位情人注定得经受痛苦,他们想要相爱而不得,两人都希望让另一个幸福,然而两人都感到自己造成了对方的不幸。他们不能责怪客观情况,错误在他们本身。

他们之间的关系一结束,这场爱情悲剧故事的双方都试图提取其中的意义。里尔克反省自己,自我指责,自我贬低:一切为了幸福,他说道;抓不住机会最终证明他生活无能。"任何人都不能够帮助我,任何人都不能。"他在1914年6月致露·安德烈亚斯-莎乐美的信中写道;"我达不到一个纯粹又快乐的任务要求的高度。……我其实并不怀疑我是病了——我的病情发展得很严重。"几年之后,他给本芙努塔写了一封信,这封信在里尔克去世以后才发出。他把所有错误都归咎于自己和他的病体。"我不敢想,我不相信自己能够抓住阳光。"然而,他一点都不遗憾,"上帝还是把我带到了山上,让我见到了你,本芙努塔!有谁能够再领受我所经历的一切？死神本身只能把它幽闭在我心中……"①

本芙努塔后来总结了他们爱情历险的教训，不是为了说明里尔克的性格，而是为了说明人类处境固有的令人撕心裂肺的悲剧，它让我们合情合理的目标不能坚持下去。里尔克，她想，是个比任何人都善于倾听这个世界的男人；但是，他也因此而不属于这个世界。"赖纳比任何人都理解这颗快乐的心，但是他本人却没有。他只是具有抓住在自然和人心中展开直至无限的东西的天赋，具有了解一切事物的无形意义的天赋，具有表达似乎难以言传的东西的天赋，以至于在他的深沉、善良、光辉的纯真人性面前犹如面对一个奇迹似的。然而，正是这种人性导致了他那撕心裂肺的悲剧和痛苦。"②

本芙努塔似乎在说，不可能同时既了解生活又会生活，然而对孤独的个人以及整个人类来说，两件事都是人们所期望的，初登命运之途可能有点举步不定；但是，总有一个时刻，必须在伟大和幸福之间作出抉择，在为人类服务或为亲近的人们服务之间作出抉择。无论作出何种选择（选择不完全取决于主体的意愿），其中总是得悲剧性地抛弃生活中某种本质性成分。精神性的高级作品对人类和对能够爱别人、关心别人的个人来说同样必不可少。每个人在其个人生活中，在其谦卑的等级上，都重复

---

① 致露，1914年6月8—9日；《本芙努塔》，第249和250页。
② 《本芙努塔》，第200页。

着这种自我损伤的举动。不可能同时满足诸神和人们。然而人们总是不由自主地想要这样做。感觉到自己错过了生命并不比感觉到自己浪费了生命更令人安心;在这两种情况下,只能突出说明里尔克本人所谓的"不可弥补的裂痕"。①

之前里尔克将先尝受到爱情的快乐,而不是共同生活的快乐。

最后的伟大爱情

里尔克的命运不是孤独,而是诱惑——不幸的诱惑——逃跑的诱惑,寻求爱情,同时又惧怕爱情,这种需要是矛盾的,因而是悲剧性的。里尔克不顾亲王夫人的警告及他对她作的承诺,他常常不能记住她对他的用心——他怎么会这样呢?他最后一次爱情故事发生于1920年夏末,这是和伊丽莎白·克洛索斯卡(Elisabeth Klossowska)在一起的故事。伊丽莎白又名巴拉蒂娜(Baladine),他在信中称她为梅琳(Merline)。这次艳遇冒险的大概情况如下:他们是在8月初相遇的,秋季里,他们经常重逢又分离。这是一位人格丰富的女子:和里尔克的其他几位情人一样,她是位艺术家,会说多种语言,流亡在外(她是波兰人,在德国、瑞士、法国等国生活)。第一次进入里尔克的生活时,她扮演了母亲的角色;他照管梅琳的儿子皮埃尔(Pierre)和巴尔图斯

---

① 《本芙努塔》,第138页。

(Balthus),比照管他自己的女儿露特更多。

11月,里尔克在倍尔堡(le château de Berg)过冬,他孤身一人住在城堡里,打算重新找到世界的声音;多年以来,他已经变得听不到世界的声音了。然而,12月时,他得到一些有关梅琳身体的不好消息,他发现自己很关心她的命运。强烈的感情对他来说很危险地不断升温,1921年元月初,里尔克急急忙忙赶到日内瓦去和梅琳相聚;他和她呆在一起直至月末,然后她又于2月中旬去倍尔堡看望他。之后每个星期,信件、电报、电话频传,4月初,梅琳和他有点疏远了:她去了柏林。里尔克渐渐恢复到先前的状态,但是太晚了:5月份,他不得不离开倍尔堡。冬季里一无所获,里尔克没有写作,而是沉浸在对一个女人的激情之中。生活和诗歌、爱情和创作之间互不相容的悲剧又一次上演。

里尔克在致梅琳的信中和他为自己作的明显是准备以后发表用的笔记中,对这场互不相容的失败进行了反思,这些笔记五十年之后构成了题为《遗嘱》(*Le Testament*)的书。他在其中同时寻求更好地理解他面临的冲突,捍卫他自己作出的选择,构想为创作服务的理想爱情。

诗人里尔克想要继续创作他的作品一点不令人惊奇。然而,为了结束延续多年的创作力衰退,打破自己的耳目闭塞,他需要全力以赴。他必须腾空他生命存在的所有其他方面来容纳作为诗人的声音:"我需要一种炽烈迸发的热火来发出诗人的呼喊,我从我所有的器官中抽取我的血液来分布到我的心脏和我的头脑中。"如果他做到了,他就能接近他的目标——不是以在每个人眼前呈现的变化无尽的形式,而是以他的心灵来言说世界的目标,他就能够以"无拘无束"的状态给各种事物"以本质性的生命"。"完成不为人见的灵魂",这个在繁星之中跳动的舞者。诗是什么?艺术是什么?它是打开全部真实的一个口子,是发现生命存在每一点滴之美的能力。艺术家就是要对世界说出"一个自由的、决定性的'是'","完全整体地生活在'激情'之中",克服人的构成性的空虚感。但是,为了做到这一点,艺术家需要投入他所有的爱。"我的工作原则,是我所倾注激情的对象要至高无上,换句话说,我的爱属于它。"[1]在里尔克心目中,必须在被动接受之中才能经受激情。

正如他已经对本芙努塔解释过的,要在陌生的收件人和熟识的人之间,在无数的"他们"和单数的"你"之间,在无限的,对包括所有人的世界之爱和只对个别人的爱,总之是个人的小爱之间作出选择。里尔克把两者分得很清楚:"我内心空间的明暗好恶不能由某个人的强势影响来决定,而只能由匿名决定。"在这个背景下,应该克服对于个别人的爱并加以疏远,个人之间的爱,是一方与另一方面面相对,他并非出于内心需要而是出于命

---

[1] 致梅琳,收入里尔克和梅琳,《通信集》(*Correspondance*),苏黎世(Zurich),马克斯·尼奥斯出版社(Max Niehaus),1954年;法文版:《致梅琳的法文通信》(*Lettres françaises à Merline*),瑟伊出版社,1950年,1920年12月29日,1920年12月12—13日,1921年2月22日,1920年12月16日,1921年2月20日;《遗嘱》,瑟伊出版社,1983年,第27和45页。

运安排。这个我们在路上偶然相遇的独一无二的人,成了自我和世界之间的障碍;如果如此聚焦一下眼前的景象,整个世界的形象模糊了。"于是,爱情冒险表现出像是一种其次的、无结果的形式,在某种程度上说,创作过程中发生了蜕化变质,像是发生了退步。"①

这是理论。但是,正如本芙努塔时期,实践没有进行下去。很快,里尔克对艺术和生活之间的先后次序提出质疑,把爱情经验提升到与创作快乐相近的高度。然后,他哀求道:"呵,如果你能够成功地帮我驱除对爱情的恐惧该多好,这种恐惧麻木了我的机能,直至我的天性本能……"然而,爱情是不满足于已经获得的,它持续不断地转移其胃口。当梅琳病倒时,里尔克为她痛苦,因她而难过,总想着她,诗也写不下去。她占据了他的头脑,使他的生活转了向。里尔克远没有坚持不懈继续他的创作,他看到自己被强烈吸引住他的势均力敌的两个极端撕裂。由此,他无法集中精神。"我的心被抛出它的圆心,飞向圆周,在那里,它尽可能地贴近你"——但是,同时,又最远地离开了它本身。爱情经验可能丰富它,伤害它,他非但没有感到幸福,反而苦恼忧伤。"一件纠缠着我,让我烦恼,使我感到压抑的事情在此地使得我焦虑不安,它得寸进尺地破坏了我的退隐生活,以至于所有的保护都显得虚无缥缈。"他有点困惑地向玛丽·塔克西斯坦承道。他在梅琳伴同下写的文章(收在他的《遗嘱》中)是一种自

---

① 《遗嘱》,第57、45—46页。

动写作(écriture automatique),一系列不相连的形式各异的词语,这就是里尔克称之为"恶魔"的东西。①

在同时期的一封信中,里尔克试图考虑一下问题的所有因素。他生活中最大的、永久的难题是在"最纯粹的意义上协调好生活和工作"。因为很清楚,当涉及到艺术家无可估量又无止境的工作时,这两个方向就逆反起来。"有些人以轮番顾及两者不让它们相碰来解决问题,有些人坚决放弃人生乐趣,以苦行主义来躲避矛盾。"但是,里尔克再一次地拒绝这些解决办法,以其诗歌性质要求的名义(于是他确认了本芙努塔的阐释):"由于我的创作力,总而言之是来自对生命瞬间的最即时赞赏,来自于在生命面前经常的从不枯竭的惊奇(没有了这点,我怎么会到如今),在任何时刻拒绝生命的慷慨赐予的话,我只能在其中看到另一种谎言。"②按他人生经验来说,这样的举动会让他的艺术建立在欺骗之上,里尔克谴责起初的计划:他不能放弃生活来使艺术更加美妙。如果一条河被一分为二,两者都注定会干涸。然而事实上,"我们都不能有两种生活"。这就是互相矛盾的两种要求。里尔克好像把自己关进了一个真正的死胡同:当一个诗人,以他所期望的方式当诗人,生活对于他来说既不可缺少又是不可能的。然而,这每一个要求,都符合于他的存在之道;于是,冲突就无法解决了。

---

① 致梅琳,1920 年 10 月 2 日;《遗嘱》,第 59 页;致玛丽·塔克西斯,1921 年 2 月 17 日;《遗嘱》,第 38 页。
② 致米尔巴赫-吉尔登(À Mirbach-Geldern),1921 年 3 月 10 日。

玛丽·塔克西斯亲王夫人把他和梅琳的关系说成是公共社会中的一种新的堕落,她还反复强调这种判断:她喜爱的诗人不属于尘世爱情。"呵,诗人呀!他只懂得用上帝给他的天赋作为交换,上帝要求他贡献生命……,诗人自己本人也总是一再尝试去喝生命之泉,妒忌之神总是苦涩地用轻柔之水灌他。里尔克要像爱上帝一样爱某个女人,不图回报,也不想有所勉强,而他没有找到这样的女人,没有女性他又无法生活下去。怎么办呢?高处不胜寒,必须从另一端找出路。就像罗丹已经做的那样,但愿里尔克能遇见一个能够接受为他生活的女人,不去想她本人的小日子,也许这是个蠢女人,但那无关紧要。"①亲王夫人对梅琳的感情不感兴趣,但是对里尔克的痛苦她看得很清楚。

1921年间,他感到还是存在着另一条可以让他克服矛盾的窄道。当然这要求双方具有很好的意志力:被爱之人也应该答应不放弃她的爱,让这种爱部分地向着创作不可缺少的普世之爱转变。这是里尔克自己都没能做到的,却要求于她:他试图从道理上说服她必须疏远,想让她自己来疏远他,再一次地,不仅仅涉及到一种身体上的孤独,这种体能问题,是不难获得的,还涉及到了精神自由的问题。为此,必须放弃太频繁、太激情的通信:尽管他卷入其中近二十年,他还是坚定不移,没有动摇。还有更有力的理由必须放弃电话交谈。必须作出最高的牺牲,要求被爱之人不因为爱情这样地被悬置起来而伤心。如果说梅琳

---

① 《记忆集》(Souvenirs),第132和153页。

痛苦异常,那么里尔克也情不自禁地要想念她,摆脱不了负罪感。"没有比担心会伤害到所爱之人更糟糕的牢笼了。"①

里尔克竭尽全力给梅琳描绘出男女情人之间理想关系的形象,希望梅琳能付诸实施。因为,这是本质性的。任何时候里尔克都不会因为决裂,因为绝对放弃爱情关系和亲热关系而受到诱惑。他为孤独而自我挣扎,他通过无数的通信作自我斗争,这些通信让他不间断地维持一种人性关系;他怀疑爱情,但是并不撇开它。对于工作和爱情之间的关系,同样的重新阐释使他明白工作即爱情,这种重新阐释迫使他自己尊重人性之爱,因为这种爱情并不处于他的工作领域的局外。由于诗人的目标在于伸入到一切事物的核心,去发现一切行为的美感,他无权唯独把爱情排除于他的视线之外。

梅琳的出现对于让里尔克熄灭灼心的焦虑(所爱之人总有一天会来临吗?)来说很有必要,但是,现在同样以这场爱情的名义要求梅琳保护他的孤独。爱情关系应该足够地平静和圣洁,以让她不致于使他与其探索背道而驰。但是她可以做得更多:扩大他的圈子,拓展他的经验,不成为他和真理之间的障碍,而是成为通往真理的道路。"但愿她成为我扩大了的人生空间中的一扇窗……(而不是一面镜子)。"在这个时刻,只有在这个时刻,女情人可以来收获她克己忘我的成果,吸收诗人"无声的永无止境的文思泉涌"。这样表面上的疏远有利于某种最终的接

---

① 《遗嘱》,第41页。

近。"我疏远了您——但那是因为我将会转一圈又回来,每一步,我都会重又接近。"①如果女情人能够提升到这样的高度,创作会让他们结合在一起而不是让他们分离。

再说,这就是经历几次反复尝试和跌跤之后会发生的事情。梅琳对里尔克的爱就是她懂得放手。从某种角度说,她答应成为里尔克梦寐以求的理想爱人,玛丽安娜·阿尔戈弗拉多和加斯帕拉·斯坦帕的姐姐,就是情愿要爱情甚于要爱人的那个女人,她并不在乎被爱对象是否在场;她的爱情在缺席中绽放。"我爱你到我能放得下你,"有一天她给他写道。面对他对创作的绝对需要,她委曲求全,始终如初。她理解诗人所追求的东西,并且帮助他去找到它。1921年夏天,她和里尔克在瑞士一起发现了另一个僻静的住所——莫索特城堡(le château de Muzot)。她怂恿里尔克住在那儿并把城堡修整了一下;然后,她在秋天去了柏林,在柏林远远地给予他爱的支持。里尔克向亲王夫人汇报道:"我的女友从此不再逗留此地,她始终给我必不可少的帮助。"期待中的奇迹发生了:1922年冬季,里尔克重又听到宇宙之音,一星期中一气呵成了成熟的作品:《杜依诺哀歌》和《致俄耳甫斯十四行诗》(Sonnets à Orphée)。苗头显露的第二天,他首先给她写信:"梅琳,我得救了!压在我心头最使我焦虑的事情做成了,而且我相信非常成功,只花了几天的时间:但是,我内心和精神上从未承受过如此的激荡,现在我还在颤

---

① 《遗嘱》,第28和51页;致梅琳,1920年11月18日。

抖——昨夜,我还想到过失败,但是现在,我胜利了……"①

这种兴奋状态没有能持续很久。几个星期之后,里尔克又陷入抑郁:从这个时候起,他的白血病症状开始表现出来。在他生命的最后几年里,里尔克主要从事翻译工作。

爱的苦恼

观察里尔克的命运,令人想进入两条很不相同的路:一条能让人勾勒出里尔克独特命运的轮廓,另一条让人寻求从其中提炼出普世意义。里尔克生活中的苦恼可能是他特有的苦恼,里尔克所捍卫和尝试实施的生命计划关系到每个人。我们来汇集一下有关这条和那条路的一些迹象。

里尔克一再执着地扪心自问,为什么我的生活遭受如此磨难,为什么我总是摆脱不了焦虑、抑郁,甚至身体上的痛苦?起初,他情不自禁地要寻找一些外界原因:工作太多,太受干扰了,或者他母亲经常地来看他,或者当地的气候对他很不适宜。巴黎这个大都市对他很不友好:"它无止境的噪声打破了我的宁静,它的恐怖追随着我直至我那令人伤心的卧室,它白天里的形象压迫着我的眼睛。"他的感受始终挥之不去,穿透他的心扉,灼烧着他,"并不是我要抓住那些印象不放,是别人

---

① 致里尔克,1920年8月31日;致玛丽·塔克西斯,1921年7月25日;致梅琳,1922年2月9日。

把这些印象和它们的刺及其尖端几乎强行地深深扎进我的手心里"。①在1914—1918年的战争期间,外部情况——无法折回巴黎,没有收入,被征入伍的威胁——使他个人困境更严重了。他生命的最后三年里,在他还未被淹没于白血病症之前,他相信是手淫无度害了自己。

然而,他知道这些归咎于具体情况的解释不足以说明他的生活苦恼,并不比他的体检医生的分析更具说服力。当里尔克寻找一种概括性更强的原因来说明为何他不能生活得快乐时,他经常回忆起他的童年经历,尤其和他母亲的关系史。他知道,这种原初之爱具有决定性意义。他在诗中,或者在《布里格手记》的各个场景中,用普鲁士口音着力描绘了这种强烈的原初之爱,例如:当父母从晚会中抽身归来,以让母亲去安慰发烧得很厉害的孩子:"我双手伸进她的头发里,放在她的化过妆的小脸上,她耳朵上戴的冰冷的耳饰上……,我们亲热地相拥而泣,互相亲吻直至意识到父亲在旁边我们不得不分开。"然而,他的实际生活却又是另一回事。成年的里尔克和母亲很不融洽,总躲避着她;但是,根据他的回忆,他从幼年起就如此:"我感到我很小的时候就已经竭力逃避她。"这种躲避的缘由是怕找不到他孜孜以求的爱;在他最后的岁月里,里尔克谈到"这种可追溯到童年时最初经受的痛苦,为了被爱而焦虑,这种焦虑从未离开过他"。这种寻爱的形式,这种立即遭遇到退却的求爱,他成年之

---

① 致露,1903年6月30日,1903年7月25日。

后,同样迫切的求爱和退却,立即表现在他和女人们的关系之中;他在这个问题上思索良久,他给本芙努塔的信中写道:"这就是我从童年时代起从未停止过的一再扪心自问和他人的关系的举动:以一种不可思议的退却遏制住无止境的冲动。"[1]这种解释也许可以让人触及到精神创伤的根源,但它并没有说明如何去克服精神创伤。

当他试图弄明白他在感情交流方面,在给予和接受帮助方面的永久困难时,里尔克给玛丽·塔克西斯的信中非常粗暴地写道:"我不是任何关系下的'情人',我只是在外表看来被人勾引住了,也许因为从未有人绝对地震撼过我。也许因为我不爱我的母亲。"[2]这也许是为什么里尔克总是对他的爱情关系不满的原因。生活中他和他的女保护人们总是保持着清白的关系,她们以母亲或一个长姐的姿态对待他,玛丽·塔克西斯本人如此;或者在他最后的岁月里,娜妮·温德里-福尔卡特也如此;他生活中最重要的联系,和露·安德烈亚斯-莎乐美的关系也如此。经过一个短暂的动荡时期的恋爱之后,从1903年起,关系就起了变化,但仍一直很热烈地延续到诗人去世。在露的身上,里尔克得到了一种倾心的关注,一种理解性的倾听,一种对他没有任何威胁的感情。但是,这些母爱式的替代显然不能改变他的爱的方式,或者更确切地说他的很糟糕的爱的方式。

---

[1] 《布里格手记》,第497页;致露,1904年4月15日;《遗嘱》,第21页;致本芙努塔,1914年2月7日。

[2] 致玛丽·塔克西斯,1913年3月21日。

里尔克当然想要逃避这些痛苦万分的状况,但是,他不知道怎么做才好。无论是对于这个或那个女子的爱的冲动,还是他写作中的欣喜时刻都不能治愈这种痛苦,他仍沉浸在痛苦中不能自拔。他不得不求助于医生——不仅求助于身体上的医生,还得求助于心灵上的医生。里尔克很快发现了精神分析疗法的存在,他的妻子克拉拉正在接受杰伯萨特尔男爵(le Baron Gebsattel)的一种治疗。但是他同时又担心这种治疗引起的反应,因为这种治疗法很可能会磨灭他灵魂中滋养他创作的那种东西,他1911年在给露·安德烈亚斯-莎乐美的信中写道。到底要艺术还是要生活,里尔克再一次面临选择,他选择了前者。几个星期之后,当他给杰伯萨特尔男爵写信时,他以其一贯的浓重含蓄的口吻说道:他很想要治愈,但是不能以他的创作为代价。"你能明白吗?亲爱的朋友,我害怕受到不管是分门别类或者是控制(即使是救助性的控制)的干扰而打乱一种至高无上的秩序,在经过这一切之后,难道我还不应该遵奉这种无限崇高的秩序吗?哪怕它会让我遭受灭顶之灾。"总之,他希望工作本身成为一种类似的"自我治愈"。因此,看到他接受精神分析几天之后想要放弃就不足为奇了。他忧心忡忡地对杰伯萨特尔说:"如果赶走我的魔鬼的话,那么我的天使们也会有一点点害怕。"[①]

必须说明,露·安德烈亚斯-莎乐美本人,他最大的红颜知己和同谋也赞同这个观点。我们回想一下,这位女子生活中首

---

① 致杰伯萨特尔,1912年1月14日,1912年1月24日。

先和尼采有过一段热烈的关系,然后是和尼采的朋友保罗·瑞(Paul Rée),里尔克在1897—1900年之间爱上了她,她后来成了精神分析学家,和弗洛依德很亲近。然而,在好多年中,对于里尔克频繁的怨诉,她的反应是情愿要诗人成功而不愿要这个人的幸福。她相信痛苦对于艺术家来说是绝对不可避免的,因为痛苦滋养了创作。从他们交友之初,她就看到:"在你身上可看到,诗人的创作是从个人的焦虑不安起步的。"因此,消除了焦虑其实是干涸了诗的源泉。创作劳动不能少了创作者内心的痛苦。当里尔克内心的怨诉加剧时,他在"i"字母上加上了重点符号①,如果他想要继续触及本质的东西,他得为此付出代价。"我深深地相信在这一点上,不可能有任何所谓对的东西,我为此而欣喜,因为一切所谓对的东西都要求最残酷的断裂。我相信你一定很痛苦,而且将一直痛苦下去。"因而,看到露·安德烈亚斯-莎乐美自己一方面正实践着精神分析,一方面却劝他不要接受精神分析就不足为怪了:她怕精神分析法损害到他的艺术创作。里尔克本人在一封给她的信中对此也谈得很多:他反对这种内心"清扫",他怀疑有人要对他施行"某种心灵消毒"。②

在放弃的同时,就如他1914年7月在给本芙努塔的一封信

---

① 原文是 Le travail de création ne peut se passer de la souffrance intérieure du créateur. Quand Rilke intensifie ses plaintes, elle met les points sur les《i》,译者将 la souffrance intérieure 译为内心痛苦,重点符号放在"i"上,实为强调内心的痛苦。——译注

② 致里尔克,1903年7月22日,1913年1月13日;致露,1912年1月20日。

中所说,里尔克继续玩弄这种想法。他1913年和弗洛依德相识,1915年去他住所拜访了他。1916年他给弗洛依德写信,告诉他决定不下是否进行一次精神分析。他情愿选择请专于身体治疗又对心灵上的问题较开放的医生。然而,他的痛苦日益加剧,以至于1925年末他在一封致露·安德烈亚斯-莎乐美的信中重又问她是否会劝他接受一次精神分析治疗,以让他摆脱折磨他的恶魔,问她是否准备好来担当这个角色("我只看重你"),但是他的女友坚持不让步。她赞同玛丽·塔克西斯的观点:里尔克应该去寻求美,而不是幸福,让他成为一个不幸的男人兼天才的诗人比让他幸福但很平庸更值得(他觉得给他标上这些属性词语是不可行的)。她向他解释,不久之前,神经官能症可能是艺术家价值观的一种标志,是"某个人已经到了自我克制的尽头"的标志。她只是以安慰来回应他向她发出的求救呼唤:这与他所想象的正相反,"这完全不是一种妖魔式的占有!"①里尔克顺从了。

总之,他没有告诉露,他在1925年夏季里就已经去作了一次精神治疗,但是他没有任何一点即刻的轻松感,他放弃了这个想法。医学并不比创作或者爱情更能让他轻松下来。就如他对另一位女通信者所说的:"也许人们都不想要一个精神分析学专职医生轻易地进入他的内心深处,不管他是如何尽心尽职……;我当我自己的医生太久了,克制不了对这种医生的一种愚蠢的

---

① 致里尔克,1924年3月16日,1925年12月12日。

妒忌感,这种医生出于他的职业,竭力比我自己更好地了解我的本性上的秘密。身体最终在哪里全盘托出?生活在其隐私中的灵魂到底从哪里开始?"[1]这种对于痊愈因而也是对于生活得更幸福的迟疑不决,在里尔克那里,似乎与一种他自青年时代就奉为信条的信念相呼应。也就是说痛苦是一种选择的标记,哪怕痛苦并不作保证:天才都不幸福。为了贴近他自己的上帝,创作者必须作自我牺牲……

种种因素,眼前的或遥远的,都使得里尔克的命运及其表现发生了转折。他母亲的性格,一种超乎一般的双性性(bisexualité),种种机体上的疾病,手淫恶习;但是如同王尔德,所有这些理由的综合,还有其他可以加上的理由,都不足以孕育出他的思想,也不至于造成他如此的命运。所以,即使我述及了这些可能发生的原因,我毫不迟疑地更愿意综上所述转向第二种前景向前走。

以生命作代价

里尔克的命运是独特的,而其中显示的意义是普遍性的。从他公开发表的诗文和他的通信中透露出的信息具有某种普遍性:他不仅仅是剖析某个人,他面向所有读者,过去的和将来的读者——每个人依据他本身的经验都能读他的东西。引起我们

---

[1] 致加拉拉蒂·斯科蒂,1926年3月12日。

兴趣的不再局限于这种那种他为何不能持久地去爱,为何不能调和生活和创作,为何把生活和艺术对立起来而不能持久地过日常生活的特殊缘由,而是要弄明白里尔克所说的要把全部生命存在献给创作,献给美,献给"绝对"的真实性到如何程度,而不是把某种咒骂压在这位与众不同的个人身上。我们说不是所有的诗人都会经历像里尔克那样程度的焦虑,里尔克否认其经验具有普遍性。它的演变发展的具体情况把没有哪个艺术家不知道的分离过程推进到了极点。但是从何时起,里尔克所描述的道路变成死路了呢?

当里尔克第一次从罗丹的作品和生活中受到启发形成他的计划,他就预见到必须作出某些牺牲,但是他认为这些牺牲不甚重要。"这要求对生活的某种放弃;但是幸亏恰恰由于这种耐心,罗丹赢得了这种生活:因为耐心的尽头,就是整个世界。"诗人关注的对象是整个世界,它所有的元素,从至高的到最微不足道的,毫无例外。艺术家放弃了一部分他个人的生命存在,以他的艺术让整个世界达到完美:游戏会如愿以偿。里尔克不相信某些对象具有一种固有的尊严,这尊严作为诗意物质能特别地使这些对象"物我合一"。该由创作者来赋予对象美感,同时由衷地将自己和对象混在一起,正如圣·于连抱紧了麻疯病人以与之同一来揭示他们的存在,提取其中的精华。诗人追求无尽的无拘无束以完成他的任务,这种追求迫使他采取某种既公开又私密的生活方式。

然而,在后来的几年中,和罗丹一直保持着联系且关系闹得很僵的里尔克发现了一种混乱的中断:罗丹白白地创作了许多辉煌的杰作,其作品中表现出来的成熟和智慧对他后来的生活却毫无影响,他的生活和其他人一样平庸无奇。罗丹继续生活得好像"他所有那些巨作毫无价值",在他生命之末,他陷入了"最糟糕的困境,再也成就不了任何辉煌!"。①生活滋养了作品,但是作品却无助于提高生活,这是一种单向的关系:这就是里尔克从罗丹的范例中所吸取的苦涩教训。

　　同时,里尔克关于诗人命运的观点也变得阴暗了。1903年,他还能轻松地告诫年青诗人不要受他在人际关系中经历过的挫折的影响,要自我庆幸能够进入客观社会这个广阔领域。"如果在你和人们之间没有共同一致的地方,你就试着和不会弃你而去的事物呆在一起吧。"十年以后——十年的抑郁——,通过对克莱斯特②的命运进行反思(里尔克非常欣赏克莱斯特的作品),里尔克不再转而求助于足以抵御人际关系失败的良药,而是选择某种不太具鼓励性的形象来谈诗人的角色。"我们这些鼹鼠诗人挣扎在怎样不幸的土壤里又从来不知道会撞上什么东西,只要我们稍稍露出满是尘土的嘴脸,就不知会被谁吞吃了下去。"③

---

① 《罗丹》,第 891 页;致露,1911 年 12 月 28 日;致米尔巴赫-吉尔登伯爵夫人(à la comtesse Mirbach-Geldern),1921 年 3 月 10 日。
② 亨利希·冯·克莱斯特(Heinrich Von Kleist,1777—1811 年),德国作家和戏剧家,作品侧重无意识和性本能。——译注
③ 致卡普斯,1903 年 12 月 23 日;致玛丽·塔克西斯,1913 年 12 月 16 日。

所以,他经常不断地回想起克斯奈①在其1911年逗留开罗期间就牺牲的必要性所说的格言,以至于他将这句格言置于诗歌《转折》(*Le Tournant*)的题铭处,这首诗本身就宣称在创作作品之余,需要作一个倾心之作:里尔克不再把诗人的命运看作生命的完成,而是看作献身。由此,创作活动表现得与宗教使命更加相似:不仅因为两者都是通向"绝对"的道路,而且因为它们都同样要求献身。为了神灵来临,艺术家不得不放弃人间烟火,接受它的十字架。

里尔克不信奉基督教——他既不是天主教徒或新教徒,也不是东正教徒(尽管他很欣赏俄罗斯);他甚至带点讽刺地来观察他的同时代人为了重获某种从前那样强烈的心甘情愿的关系所作出的努力。今天看来那些信徒们有点太愚蠢了,"他们企图再一次地把热水掺进浸泡了两千年的茶叶精华之中!",他们自我想象贴近了"唯一的上帝,每天上午用不着求助'基督'电话,能大大方方地跟这个上帝交谈,而在那'基督'电话里,得不断地喊:哈啰!你是谁?却始终听不到任何回应"。在基督教义中,他特别感到陌生的是在上帝和人之间有一个中间媒介的想法,这种想法搞乱了上帝和人之间面对面的关系。说到底,传统宗教的安慰,有关彼岸有更美好世界或者更美好世界就会来临的允诺,并不适合于他。"最神意的安慰就包含在人本身心中,我

---

① 鲁道夫·克斯奈(Rudolf Kassner,1893—1959年),奥地利作家,里尔克后期好友。——译注

们只会作某个神的安慰";人们在感受了一切,经历了一切,达到极点时才发现这种安慰:如果我们会做到这点,"我们就会在我们的即时经验中找到各种安慰"。① 里尔克所向往的"绝对"不应该在别处寻找,而应该在我们中间寻找;它诞生于我们强烈的要求而不是诞生于某种异性物质。超越驻足于我们脚下,但是只有最迫切要求的人才能达到。

于是里尔克选择了一种积极的态度,创作者的态度,能够让人类的经验到达某种高级的力量。罗丹对他来说相当于带来好消息的弥赛亚(Messie),"有了圣经,我们的日子可以触及到永恒"。罗丹自己告诉里尔克,根据他的记忆,当他读《仿效耶稣基督》(*L'Imitation de Jésus-Christ*)的时候,他在有"上帝"的地方都竖起了"雕像":这是确实的,进行得很好……②。里尔克的读者有时也有和神建立了联系的印象,人们看到,有些女人碰到男人时会有一种遇见飘然欲仙之人的感觉。实际上,里尔克仍是人,太人性的人,他并不比罗丹更懂得在生活中要像在创作中那样,运用好自己的智慧。

在里尔克对自己命运的设想中,宗教模式影响并不少;他的创作经验与宗教的陶醉相背,但是他描摹下了宗教模式。既然对艺术的挚爱及其所有的要求替代了对上帝的挚爱,那么它也同样需要放弃人性生活。诗神犹如里尔克所想象的是一个残酷

---

① 致玛丽·塔克西斯,1912年12月17日,1915年9月6日。
② 致罗丹,1905年10月26日,《罗丹》,第911页。

的神:它只接受为其贡献出整个生命的人而显现。Leben 和 dichten①,活着,或者当诗人,是两种不可兼得的状态。不仅因为艺术创作占据了信徒们心中上帝的位置,而且因为这不是随便哪个上帝:里尔克信奉的上帝似乎更多的是来自于旧约而不是新约。福音书中的上帝更贴近人,祂体现在教导人们爱人如己的圣母玛丽亚之子身上。这已经是遵循教规和为上帝效劳了。耶和华在著名的十诫第二条中禁止崇拜偶像,声明:"我是忌邪的神。"②而人们自己,不用说耶稣,难道不是上帝的形象吗? 在此,与神—人之间有可能连续的提法相背,它们的分离不可逾越。

对于里尔克以及他的许多同时代人来说,"绝对"不再体现在传统宗教的上帝身上。上帝的消失引起了替代现象的产生:与其说上帝,不如说人更满足于爱他人;与其说上天,不如说人更想要在他们本身生命存在中更紧张地生活,让生命为创造美服务,以超越他们本身生命存在。但是这种变化同时还伴随着一种延续:和他们的先驱者一样,这些狂热的美的信徒在崇高与低俗之间保留一种无法跨越的距离,无限的上帝和有限的人间。由此,提供给现代人的两条道路,爱和美,不一定美好地结合在一起;两者都带上了某种里尔克无法克服之困难的印记。在日常人生存在中绝对地生活,而在这种日常人生存在中只经历相

---

① 此二词为德语,Leben 意为生活、生命、人生等,dichten 意为密封、封闭等。——译注
② 《出埃及记》(*Exode*),20:5。

对。克莱斯特迫于"绝对"的要求,自杀了。荷尔德林发疯了:死亡和发疯是绝对的,它们与实现人性不同,是不完美的。"绝对"具有杀伤力和破坏力——然而没有它,生命存在就失去它所特具的人性东西。所以必须能够找到偶然之中本质性的东西,在千百次爱情之夜和诗人的崇高诗句(一些诗句不见得不如另外一句有其必要性)之间建立起圣洁的延续性——然而这种延续性对于里尔克来说却是不可采用的。但是他被关在其中的死胡同并不说明一切创作的真谛,更不说明一切人生存在的真谛:它只是形象地说明了他自愿加上的限制的负面结果。

诗人去世后两个月,1927年2月20日,斯蒂芬·茨威格①在慕尼黑举行的纪念里尔克的一次仪式上作了一次演讲,他对他所了解的里尔克命运的诠释让人们能更好地衡量里尔克的悲剧。茨威格在里尔克身上首先看到了追求"绝对"的一种完美体现。茨威格说,里尔克从很年青时就开始了一种"不懈地走向完美",随着日益成熟,他逐渐地将他的诗歌向着"无限的不可到达的顶峰"提升。这种向着顶峰的攀升是以一种双重的决裂作为代价来完成的。首先,诗人必须坚决转身背对他周围平庸的人们。这是不可避免的:他和他们不可同日而语。在天才和人群之间,一切连续性中断了。"在几百万庸人中间,从来产生不出一个诗人。"不仅如此:如果诗人要留在高处的话,他不仅要和其

---

① 斯蒂芬·茨威格(Stefan Zweig, 1881—1942年),奥地利著名作家,1942年在巴西自杀。——译注

他人断绝关系,还要和他本身的尘世存在断绝关系。里尔克的生活和作品是很一致的,不仅因为它们很相像,或者说它们都遵循着同样的原则,还因为前者完全献身服务于后者。茨威格很赞同里尔克的声明,根据里尔克的声明,放弃生活是为完成作品所要付的代价。由此得出的结论是很严重的:想要生活在"绝对"之中的人面对生活选择了死亡。里尔克开始了"和无限的对话,一场和死亡的兄弟般的谈话"。如果必须在生活和"绝对"之间作选择的话,茨威格面对后果毫无畏惧地声称:让我们选择"绝对"吧;他根本不去理会人们会回绝这种选择的想法。茨威格一点也没有为里尔克的死悲痛,他欣喜它所完成的事情:让诗人保持了纯粹生活的形象,防止造成其堕入庸人形象。让我们感谢里尔克至死为我们毫无损伤地保留了这个崇高形象![1] 十五年之后,茨威格自己结束了生命。

我们已经看到,露·安德烈亚斯-莎乐美也认为里尔克为了写出美丽的诗篇经受了万分痛苦,她认为生活应该成为艺术祭台上的献祭;在某些时候,她自问他的怨诉是否太过分了一点。并不是因为她怀疑他的真诚,而是为了如实写出他所做的一切。里尔克不应该如他所说的那样被弄得如此沮丧。他的诗句的意义因其创作时的举动而变得有问题。里尔克对露讲述了他对本芙努塔的爱情的失败,倍受自责困扰;露回答他:"你以文字重又

---

[1] 《永别了,里尔克》(Adieu à Rilke),收入茨威格的《记忆和会见》(Souvenirs et rencontres),格拉塞出版社(Grasset),1997年,第89、96、88、97和101页。

提及这段经历的方式,确确实实是一种未受损伤的、始终如一的把死亡转化为生命的力量。"或者说:"实际上,你一直觉得自己有病和困苦,你找到了言说的词语,就这些词语的本意来说,如果你身上有些方面感到分裂和无所适从的东西构不成一种独一无二的经验的话,这些词语可能不可思议。你不一定如你所感觉到并且以为的那样丧失了一致性,你为自己感到压抑而痛苦,你没有在这种情况下会有的幸福感,你丧失了幸福感,尽管你把所有这些情况关在心中,它们还是表露了出来:因为不能像你那样光讲银莲花而没有幸福感(简单地说,这样的人达不到完全清醒的意识)!"①里尔克从写作这一方面来说,并没有认识到这一点;然而他写作状态良好,因而没有什么可抱怨的,但是一种不知不觉的幸福又有什么价值呢?

这是读了里尔克的通信之后,读者所感受到的露的感情。这种交流方式尤其适合于它的作者:以写作来作中介化的交换。信件建立起与对话者的联系,又在身体上和对话者保持距离;它们是作品通道和爱情通道之间的第三条通道,然而又参与了两者。它们的存在本身,说明里尔克所以为的摩尼教式的两元相悖不是不可克服的——对一般人而言如此,甚至对他而言也是如此。在此,他人留在了在场与缺席之间的半途上:逃避了会面,里尔克心甘情愿地认真而又洋洋洒洒地回函给他写信的人们。他写了几千封信。他的通信集比他的作品集厚重得多。当

---

① 致里尔克,1914年6月11日,1914年7月2日。

然啰,他有时也抱怨信件在他的生活中占据了巨大的位置,并且总是越来越大,因为每回一次信,都会引起又一轮的通信。他把与他通信的人的呼唤比作七头蛇的头颅,这些头颅一被砍去马上就又长了出来。所以在少有的创作快乐时刻,通信就得搁一搁,"所有的交流对于我都变成了作品的敌人"。①但是,其余时间,也就是说,几乎总是如此,他很好地适应了这种压抑,坚持不懈地回复与他通信的人们。他并不介意给他写信的匿名者是否值得他去回复。

他的信件不仅仅厚重,还包含了他所写下的最感情充沛的片断;它们并不满足于描述他的人生而是要去改变它。生命结束之际,在他的法定遗嘱里,他指明他的通信和他的作品一样都可以发表。他并没有道明这些信件所具有的价值:里尔克信中日复一日叙述的内容不仅可以与他的诗歌散文相媲美,甚至还达到了某种在他处不可多得的动人心弦的情感程度。悖论就在此:这些信件,大部分都在诉说他无法创作,他生活得很痛苦,而它们却成为完全成功的一部作品;通过它,生活和创作终止对立,两者终于互相滋养,互相保护起来。

---

① 致露·安德烈亚斯-莎乐美,1921年12月29日;致艾依斯,1919年8月2日。

茨维塔耶娃

说　明

茨维塔耶娃的俄语作品收入在莫斯科艾里斯·鲁克出版社（Ellis Luck），1994—1995年版的七卷本《文集》(*Sobranie Sochinenij*，俄语为 *Собрание Сочинений*)。她的日记和笔记收入在《未发表文集》(*Neizdannoe*，俄语为 *Неизданное*)和《笔记本摘要》(*Svodnye Tetradi*，俄语为 *Сводные Тетради*)，莫斯科，艾里斯·鲁克出版社，1997年；《未发表文集》，《笔记本》(*Zapisnye Knizhki*，俄语为 *Записные Книжки*)，两卷本，莫斯科，艾里斯·鲁克出版社，2000—2001年。她的法文通信和笔记选编收入《火中生活》(*Vivre dans le feu*)，巴黎，罗贝尔·拉丰出版社（Robert Laffont），2005年。

自从玛丽娜·茨维塔耶娃发现了里尔克的作品,她就知道他是她所喜欢的作者之一。用最高的溢美之词来形容他也不为过。他不是一个和其他人一样的人,而是一个神话,是俄耳甫斯,"简单地说,过去和将来,一切时候最伟大的诗人";"我可以把他简单地称为大写的诗人。不:是诗!"她书桌上放着这位德语诗人的照片,与西格丽德·温塞特(Sigrid Undset)的照片并列。她把他的《致青年诗人的信》(*Lettres à un jeune poète*)译成俄语,对自己说有一天要写本关于他的书。她爱他,当然啰,是因为他对俄罗斯很感兴趣,更因为他的优美诗句。再说,即使里尔克的诗不谈及当代世界,它们也是最好地表述了这个当代世界:这不是一种反映,而是一种回应——它们入木三分地描绘出这个世界。"里尔克以其反衬,也就是说,是我们时代必需的解毒剂,他只能生于其中。里尔克和战场上的神甫一样,对我们的时代必不可少。"①

自从茨维塔耶娃很惊讶地收到里尔克热情洋溢的来信那天起,这种基于阅读的钦佩更加倍增万分。这封信是1926年春天收到的。她马上回了信,从此两位诗人间建立起了一种很具张力的通信交流。通信并没有延续很久:同年末,里尔克患上了白血病。茨维塔耶娃永远忘不了这次远距离的相遇。在她的记忆中,这次相遇很快就变成了一种纯粹的陶醉,尤其里尔克还把他最后的诗篇之一题献给了她:《玛丽娜哀歌》(*Élégie pour Marina*)。她得到他的死讯后马上写了一首诗作出反应:《新年来信》(*Lettre de Nouvel An*);然后写了一篇文章:《你去世了》(*Ta mort*)。在他死后,她继续给他写信。她为《致青年诗人的信》作序,她明确地说:"我不想谈论他,那甚至会赶走他,使他与我们疏远,那会将他变成第三个人,在我之外引起众说纷纭。……而我要和他交谈。"出于同样的理由,她不想很快发表里尔克给她的信,让人觉得他已经死了,已经确确实实地死了——这是一件她接受不了的事情。"我不愿意他已确确实实死了。"②信件是要公布的,但是要在五十年之后(她的愿望后来得到了尊重)。

这种钦佩和亲近感并不妨碍茨维塔耶娃指出自己在某个特定点上不像里尔克,她难于赞同他的选择。在《你去世了》中已经可以感觉到这一点:她不满足于提起这件事,她还把它纳入一

---

① 《火中生活》,第314和295页;《文集》,第五卷,第342页。
② 《文集》,第五卷,第317页;第七卷,第424页。

个框框。于是,即使里尔克就是这个居于其他人之上的特殊人物,她把他的去世理解为一系列死亡故事中的一部分,其中的主角一点不出名,诸如:一位上了年纪的法国女教员,一个年青的俄罗斯男孩。茨维塔耶娃指出:"你从来没有在生活之中。"几年以后,她在一封信中明确说了这种印象:"他整个一生中,都不会生活:不会活,不会吃,不会睡,不会写。写作对他来说——是一种折磨,一种煎熬。他周游了全世界——从俄罗斯到埃及——为了要找一个可以写作的地方……。他不仅寻找一个地方,还要寻找——一个时间。"①

此处重要的不仅是里尔克和茨维塔耶娃两个人之间的差异,也是两种生活观念之间的差异。里尔克的生活观念是把生存和创作分开,甚至对立起来;这是茨维塔耶娃所不能赞同的。她徒然地把里尔克列入尘世上最伟大的创作者,这种断裂在她看来不能接受。1935年,她口气很强烈地对帕斯捷尔纳克(Pasternak)说:"里尔克死时既没有叫他的妻子女儿去,也没有叫他的母亲去。然而。她们*所有人*都爱他。而他,只顾着*他的*灵魂!"她的道路很不一般,即使她感觉自己和里尔克、普鲁斯特或者帕斯捷尔纳克等个性各异的艺术家们很接近。她说:"我之前是一个普通人,在你们这些非人的人中间,我知道了你们这种高人一等的人……"②里尔克惧怕生活,而茨维塔耶娃义无反顾地投身进生

---

① 《文集》,第五卷,第203页;第七卷,第609页。
② 《火中生活》,第261页。

活中去。她是王尔德和里尔克之后,根据审美要求以一种新的方式安排生活的代表。在追求达到"绝对"的同时,她拒绝像王尔德那样以损害创作来特别眷顾生活,或者像里尔克一样以损害生活来特别眷顾创作,她想要掌握好分寸,让这两条道走得不相上下。

然而,如果说王尔德的人生以困苦潦倒告终,里尔克抑郁终生的话,那么茨维塔耶娃的人生给人的印象更加黯淡得多:我们这次面对的是一场真正的灾难。她的命运与以两次世界大战和两个极权统治的降临为标志的欧洲当代历史千丝万缕地夹杂在一起。她的国家——俄罗斯,先陷入血肉横飞的第一次世界大战,而后又变成十月革命的舞台,她被带入混乱饥饿的境地,继而又全国内战,恐怖遍地。茨维塔耶娃的一个女儿被饿死。她的丈夫和白军一起跟红军作战,逃亡国外,她离开自己的国家去与丈夫团聚。后来当他们全家在巴黎定居下来时,丈夫又完全转变阵营,变成了苏维埃的秘密间谍,卷入到一件谋杀案之中,而她仍不得不跟从着他。回到俄罗斯,他们全家猝不及防遭到突然迫害。1941年,德国入侵才使他们免遭于难:他们被剥夺了一切生活的可能性,茨维塔耶娃只能自己结束生命。可以看到,她的一生是倍受压迫的一生。在她的悲剧命运和她对世界的诠释方式之间是否有着某种关系呢?

浪漫视角

1927年,茨维塔耶娃写过一封信给那时生活在卡普里(Capri)的马克西姆·高尔基(Maxime Gorki)。她忍不住和他谈起她刚刚读的一本书。那是茨威格于1925年出版的《与魔鬼的战斗》(*Le Combat avec le démon*)。书中谈的是为诗发狂的三个人物:克莱斯特、荷尔德林和尼采。茨维塔耶娃完全沉浸在阅读之中,以至于她想要寄这本书给高尔基:这是一本"惊人之作",关于荷尔德林的部分,她说"写得再好不过了"①,这种兴趣浓厚的关注可以理解。茨威格用了满满好几页集中论述了诗人的浪漫主义观念及其生活,茨维塔耶娃为此着迷。她的赞赏透露了她本人的选择,她的赞赏独立于人们对于茨威格提请注意的荷尔德林式阐释的评价。

一开始,荷尔德林承认诗人们、创作者们不一定都能从他正在梳理的理想形象中认出自己:除了恶魔般的人们之外,也就是说除了那些如他书中的那些被恶魔压垮的人物之外,还有其他人,如歌德,他们胜利地在这同样的战斗中脱颖而出。总之,不是那些"古典派"吸引了他的注意;他的所有兴趣都在浪漫派的形象上(即使他不用这个词)。通过那些创作者,胜利了的魔鬼只是"原初焦虑"的另一种指称,这种"原初焦虑"让人"投入进无限之中,投入到原初之中,犹如自然天性在我们灵魂深处留下了一点它从前的混沌"②。这个描述让人们想象出本应该成为诗

---

① 《火中生活》,第243页。
② 茨威格,《与魔鬼的战斗》,收入《评论集》(*Essais*),巴黎,袖珍本(Pochotèque-Le livre de poche),1996年,第200页。

人的任务的东西:恰切地说,在我们秩序良好的世界内部让那些最原初的、不可控制的、混沌的、我们再也不可触及的元素活跃起来,让我们为了无限,放弃有限,让尘世的法则,让步于天律。

这就是,在其他时候,其他地方宗教在人们心目中的角色。但是,茨威格恰恰认为,对于荷尔德林来说,诗歌替代了宗教。诗歌"对于他,正如圣经福音对于其他人那样",诗歌在他眼中变成了"支撑宇宙世界的创造原则"。或者更确切地说,人类需要诗人们让众神活下来,没有诗人的热情,众神就会死亡。"没有诗歌,神就不存在,确切地说,是诗人让神得以存在。"①

根据茨威格的说法,以荷尔德林为体现的诗人的浪漫派观念导致一种在神性和人性、天和地、艺术和生活之间的不可克服的二元论的存在。两者之间任何中间道路都是不可能的,荷尔德林通过他的作品,把对外部世界平庸、妥协、毫无价值等等琐事,格格不入的感情,传递到了心灵中的纯净世界。两种人都在宇宙世界中生活:天上,"不朽的人们快乐地在光明中行进";地上,"我们这种人在黑暗中行进……,没有一点神趣"②。日常物质生活让荷尔德林害怕,他为他的粗鄙担忧,想方设法回避而不是想去改变它。

这种截然不同的天地之差别导致了想和神交往的人必得避开凡人们。两者不可同时兼得。茨威格在此和他在里尔克去世

---

① 茨威格,《与魔鬼的战斗》,第282—283和285页。
② 同上,第323和283页。

第二天作的关于里尔克的演讲里所说的一样宣称:创作者应该放弃成为准创作者,热爱缪斯的人应该放弃女人的爱恋,要想和神交往就不能完全享受一个凡夫俗子的生活。"他知道诗歌是无止境的,由不得半心半意,只贡献一部分表面肤浅、瞬息即逝的东西;要想下笔有神的话必须全心全意地投入进去,应该全身心地贡献自己。"①里尔克没有再说其他什么。

因而,在尘世生活中,诗人不仅应该放弃要求完美,还得放弃幸福。天才艺术家的日常生活是由贫困和痛苦组成:"生活会报复蔑视它的人,"茨威格写道。荷尔德林本人接受了为达到"绝对"付出的代价:"就像知了在黑暗中歌唱一样,世界的生命之歌只有在我们心中痛苦深处才能发出神来之回响。"②诗人知道他不能长久地有众神的陪伴,但是这些稀有的时刻已经足够照耀他余生了。

接近上天之火的代价可能还更高,诗人不仅得放弃尘世幸福,把国家的各种法则放置一边,而且还得离开共同的世界,离开和他的同胞一起分享的共同世界。这就是荷尔德林遇到的事情:他并没有陷于疯狂,茨威格相信,那是荷尔德林的选择——既然他再也不愿意在人们中间生活下去了。或者说,更彻底的解决,他会喜欢死甚于生。这就是克莱斯特的命运,魔鬼的另一个牺牲品:对他来说,当死亡成为"绝对"的最高级,生活并不提

---

① 茨威格,《与魔鬼的战斗》,第277页。
② 同上,第271和318页。

供一丁点足够的无限。于是,他声明更喜欢与追随他一起去死的女人"分享同一个坟墓",这个坟墓胜过"全世界所有女王的床"①。放在无限的祭坛上的世界的快乐有何价值?克莱斯特就要自己去尝试死亡。轮到由茨威格来阐释里尔克的命运了,我们刚刚看到,它犹如一种自愿的(及令人钦佩的)对死亡的选择。

这种浪漫观念的最惊人特征可能并不是将艺术同化于宗教,而是对这一元和那一元的两元论式的甚至是摩尼教式的阐释。神的世界和人的世界不能混淆。艺术家得决定性地和平庸的世俗群众断绝关系。这是极端性的选择:一切宗教,一切艺术都不能同样做到这点。当茨威格写道:"它让众神单独地生活在绝对的纯粹中,在没有混淆的世界里。"②他转身背对众多启发不了"绝对"的纯粹,而只是接受混淆。向往"绝对"并不机械地引起对于"相对"的蔑视。并不是宗教将高尚与低俗之间的截然不同,将无限与有限之间难以过渡的不可能性强加于人,而是茨威格——浪漫派视角的代言人。

艺术的本性

茨维塔耶娃被茨威格所描述的诗人命运和艺术本性所倾

---

① 茨威格,《与魔鬼的战斗》,第253页。
② 同上,第271页。

倒;她同样为自己在作家实践中,在她自己的论述、通信或者笔记中发展起来的理论思考而激动。她在好几个重要的点上与罗曼蒂克唯美主义(l'esthétique romantique)决裂。

首先,她并不把艺术创作置于人类活动的顶峰;与此同时,她拒绝将艺术和宗教等同。固然,和荷尔德林一样,她认为众神需要诗人来表述他们的启示。"诗歌是众神的语言。众神不言语,诗人们替他们说话。"诗人们在众神中逗留之后又回到人们中间。"一切诗人说到底是一个流亡者,包括在俄罗斯流亡。一个在天国和大自然尘世天堂的流亡者。一个在时间中不朽的流亡者,一个被禁止回到他的天空的流亡者。"由此,诗人们保留了挥之不去的对天空和永恒的眷恋;但是他们并不沉湎于这种眷恋之中。艺术是神圣的,但是并不唯独它是神圣的,它在一切方面并不都是神圣的,因而它并不更加神圣。艺术并不是精神世界中最纯粹的东西,它是一种**体现**。因而是一种精神和身体的会合。它相当于灵魂,灵魂本身是一种执着于精神和肉体之间的媒介,或者说相当于炼狱。"在精神天堂和(人间)地狱之间,艺术是一种炼狱,任何人都不愿意从中上天堂"①——一种天上和尘世之间的第三王国。

甚至在诗人中间,茨维塔耶娃将她所称为的"崇高型"和她所认为的"大多数型"作了区分。崇高的诗人是那些志向高远的人们,如荷尔德林。大多数型如歌德只是荷尔德林栖身的顶峰

---

① 《文集》,第五卷,第305、335和362页。

上的观光客;但是由此,他们能看到一切和听到一切:在天上的,在地上的,在天地之间的。"'大多数型'诗人包含——和再平衡。"天才不应该和其余人决裂。"天才是力量相争的结果,也就是说最终是一种平衡,也就是说,是一种和谐。"诗人并不总是在云层中飞翔——大多数诗人不这么做。诗人并不替代神甫。"诗人并不是更伟大的人……,诗人的影响所及是灵魂。**所有的灵魂**。灵魂之上,有精神,精神一点不需要诗人。如果说它有需要,那就是预言家。"诗歌只是因为它呼唤精神世界才成为一种祈祷。但是,它并不为上帝效劳——或者说它为众神效劳。那些血肉之神和那些精神之神,为自然本性和恩宠效劳。必须停止"为了真理而施加力量,为了圣洁而施加魅力!"①

茨维塔耶娃和浪漫派们共同关心的是保持艺术自主,不让它屈服于政治和道德的权力。诗歌丝毫不应为诗歌之外的东西服务:它只追逐它本身的完美。"写作者只为写作而写作。""当我全身心投入一部作品,我的目的不是为了取悦某个人,既不为取悦我自己,也不为取悦他人,而是只为了尽可能写出一部完美的作品。""创作一个艺术作品在其完成过程中的唯一目的,就是它的完善……。作品就是一切,作品本身即是目的。"②这种拒绝服务于外部崇高或低俗的目标并不是诗人的任性,而是觉悟到屈从的艺术是一种失败的艺术,觉悟到以其他的方式可以更

---

① 《文集》,第五卷,第359页;《火中生活》,第270页;《文集》,第五卷,第362页。
② 同上,第五卷,第286、293和354页。

好地为共同的目标服务。而且当艺术为它们服务了,并不是因为艺术家要介入一场他认为是必要的战斗,而是另有原因,因为他的作品揭示了世界的真理。

诗人的天职包括一种挑战,茨维塔耶娃懂得揭示它:懂得倾听人们的呼声,发现让其他人、让他同时代和任何时代的读者能够指称和理解他们本身经验的句子。她很想人们在她的墓碑上写上墓志铭:"大写存在的速记员"。在这方面,她比较接近里尔克,里尔克将写作称为"不得不作的听写"。伟大的作家不是臆造,他是发现。"为人称道的诗人的'想象'并不是其他,而是仔细'观察'和'传递'。……诗人的事业——新鲜地指称世界。"他不满足于写出美丽的诗句,产生出动人的形象,讲述引人入胜的故事;他还有更高的雄心壮志:紧张地思索和说出——迫不及待地说出——真话。然而,这种思想并不以一种学说的形式出现,这就让它可以和所有人交谈,而不仅仅只是和学者们交谈。茨维塔耶娃懂得这一点,也说出了这一点:"我不是一个哲学家,我是一个会思想的诗人。"或者她还说:"我缺少某种世界观念——只是对世界有一种感觉。"①

如果说诗人的任务是揭示世界,那么茨维塔耶娃再不能听从只献身于艺术的浪漫派条规;但是必须说明,在这点上所有浪漫派大家们都违背了他们自己的信条。诗人应该去发现超越他

---

① 《火中生活》,第93页;《笔记本》,第一卷,第159页;《火中生活》,第229和321页。

周围实在事物之外的某些东西。在这个意义上,他(诗人)是他们的敌人,但是他介入其中的这场战斗引导他去认识他的伙伴的内心。"一个被他仅仅因为了解而击倒的敌人,制造可见的来为不可见的服务——这就是诗人的生活。"①在这方面,他涉及到所有人的事情。他从世界上的"专家们"——学者、工人、农民那里——比从诗歌专家们那里有更多要学的。在这个意义上,他与历史学家们相近;但是,从某种能力上说,他更略胜一筹:他可以将自身投射到他所要弄明白的各种人的内心和对象的内部,重构他们的灵魂,不仅仅是他们的身体。事实上,茨维塔耶娃的诗歌和散文糅合了一种非常人性化的、深切的、对于人生经验和感情的认识,人们在其中是生活在大地上而非悬在空中。

在这点上,茨维塔耶娃同意里尔克的观点。我们已经看到里尔克说过,为了完成他的使命,艺术家应该能像圣·于连一样在世界上与人相处。圣·于连善待麻风病人:和麻风病人睡在一起,拥抱他,爱他。从这一观点来看,这个人是邪恶之人还是圣洁之人无关紧要;艺术家应该在他身上认识自己,以能够揭示真谛。普希金(Pouchkine)讲述普加乔夫(Pougatchev)的故事时就是这样做的,然而普希金知道普氏是一个罪犯。诗人为他的艺术而献身,应该放弃他自发的人性反射,诸如保护家人,击退敌人。诗人竭力要搞懂所有的人,最终自己变成了非人之人。为了让人听到他们的道理,他压抑了他自己意识的声音。

---

① 《文集》,第五卷,第284页。

这是无法让艺术家们为"善"服务的真正原因:他们首先要为"真"效忠。当两者发生冲突时,是"真"胜于一切。于是,歌德就得杀掉维特(Werther):"在此,艺术法则和伦理法则截然不同。……在某些情况下,艺术创作是……意识上必要的一种萎缩,是一种思想上的缺陷,没有它就没有艺术。"如果要求艺术为"善"服务,那等于放弃艺术。"所以,如果你要为上帝或者为人们效劳,一般来说,如果你要做一件好事,那你就去登记参加救护队或者到其他什么地方去——**把诗歌放下**。"这就是马雅可夫斯基(Maïakovski)自杀的深层原因。或者人得战胜诗人(如他生前所发生的那样),或者诗人战胜人,——就这样导致了他的死亡。他本可以早些了解到这一点的:"能否既当诗人又不脱离党?——不行。"①诗人一旦听到了世界的声音,他就不得不作出回应——或者他不是诗人,他不再是他思想和判断的主人,他不能以其思想和判断来为任何计划纲要服务。

如果艺术不是其他而只是揭示世界和生活,就不再能如浪漫派们的纲要声明中所愿,将艺术和生活对立起来。茨维塔耶娃始终强调这一点:诗人不特别属于某一种人,不存在"诗意结构的灵魂"——所有人的灵魂结构都一样,唯有人生经历的强弱和遣词造句的得心应手会有变化。"诗人成千上万地层出不穷。"当和茨维塔耶娃谈到诗的技巧时,她声称自

---

① 《文集》,第五卷,第353、374和367页。

己很不善于写诗:"这是诗歌专家们的事。我自己的专业——是生活。"她的职业是运用语言,但是运用语言只是作为一种手段——不可超越的手段——以通达社会:"以言说来生活,我不在乎用什么词语。"她所赞同的其他艺术家们也如此认为,如帕斯捷尔纳克:"生活就是一切。"真正的诗人善于倾听社会,而不是文学专家们的声音;艺术和生活都得被置于同样的要求之下。拿破仑和荷尔德林以同样的名衔进入她的"先贤祠"——极端、强大、天才的名衔。不能将艺术和生活隔断,生活应该趋向于无法改变的艺术法则。"诗歌,就是存在:不能作他想。"①

那些不赞同茨维塔耶娃的选择的人,坚持将诗歌孤立于社会之外,被她用贬义词"唯美主义者"来指称。这些人正是那些在文学作品中只见形式的批评家们,好像形式能够脱离其根本似的。但是,这更经常地是那些不惜损害生活给艺术以特权的人的态度。茨维塔耶娃拒绝他们这种脱离(社会)。"一般来说,我讨厌文人,对于我来说,每个诗人——活着的或逝去的——是我的生活的一个演员。我在一本书和一个人之间,在夕阳下落和一幅画作之间不作任何区分——一切我所爱的,我以同样的爱去爱。"不是因为艺术她感觉到被左右——而是因为世界。"是文学吗?——不!——我是什么样的'文学家',如果我准备

---

① 《文集》,第五卷,第282和233页;第六卷,第67页;第五卷,第239页;《火中生活》,第94页。

送出所有有关世界的书——其他作家的书和我的书——为了仅仅一点圣女贞德(Jeanne)①之火的小火花！不要文学——被火自我吞噬，让圣女贞德生和死的火焰比随便哪首诗的火焰更强烈——这就是那些唯美主义者所忘记了的，这个以脑力而得意者。"②在阿谀奉承诗歌的外衣下，他在声称诗歌只和词语、形式、美妙的声腔有关的同时贬低了它。他忘记了诗人是以他全身心的生命存在来写作的。这样过于看重作品而损害人的存在，适得其反地贬低了作品的价值。

茨维塔耶娃还在另一观点上和浪漫派的世界观分道扬镳。我们看到，茨威格设想诗歌作为打开原初混沌的缺口，对释放元素进行重新认识，因而是一种无限对有限的胜利，而茨维塔耶娃维护一种更为复杂的立场。诗人的确应该向各种元素敞开心怀，把自己当作大地上各种力量的代言人；但是他也应该懂得让它们变成大家都能理解的作品。她笔记本上1909年的一个批注说："在世界上我有两件比较喜欢的事情：歌唱——和公式。"两年以后，她重读自己写下的话时又加了一句评论："也就是说：释放的元素——和对它们的胜利！"③一切艺术，无论它与生活

---

① 贞德是15世纪法国著名的民族英雄。她本来是一个农村姑娘，15世纪时英国和法国之间爆发了战争，法军屡战屡败，整个国家岌岌可危。这时，贞德挺身而出，领导着一支法国军队，把英军打得大败，将法国从亡国的危险中解救出来。但是，贞德当时并没有得到应有的荣誉，却受到了来自各个势力的猜忌。最后，教会以女巫的罪名，将她处以火刑。——译注
② 《火中生活》，第72、94和184页。
③ 同上，第93页。

其中的世界的哪个方面相连,这个方面可能是最阴暗、最混乱的,艺术总是一种对形式、秩序和意义的颂扬。茨维塔耶娃花了数不清的时间寻找恰当的词语和真切的节奏,把呼喊变成作品。这不是顾此失彼,而是做到二者兼顾。创作状态要求诗人变成远远超越其意愿的力量的猎物:他让自己成为人生存在的速记员,写作犹如在她口述下的听写。作品让意愿来介入并强加限制;艺术不仅在于向混沌开放,而且还要驯服它。所以即使她非常赞赏荷尔德林,她仍认为歌德更加伟大。

艺术光照下的人生存在

世界和作品之间的这种连续性延伸到艺术家的生活中;在这方面,茨维塔耶娃摆出一副与里尔克及大部分浪漫派们相反的姿态:她并不将生活和创作说成是艺术家必定选取其一,而是情愿以同一原则来对待两者。我们看到,里尔克把他朋友卡斯奈的警句当成自己的座右铭:"通向伟大的心路历程要经过牺牲";为一个个生命存在牺牲他个人的幸福,乃至他的爱情,在他看来这对于作品的成功似乎必不可少。茨维塔耶娃知道这种诱惑,她也摘录了她朋友伏尔贡斯基(Volkonski)的话:"通过放弃达到胜利。"[1]但是,她撇开了它,她所走的道路完全不是禁欲主义的。

---

[1] 《文集》,第七卷,第261页。

对于她来说,其实不能把诗人的生活和创作活动隔离开来:"根本不是生活和写作的问题,而是生活—写作:写作即生活。"这种连续可以理解成好几种意思。首先,写作,即生活:如果诗歌只是一种华丽词藻的堆砌又有什么价值呢?为了写作,诗人要借用他整个人生存在。在她去世前不久,茨维塔耶娃苦涩地注意到:"人们让我朗读诗,我不明白每个诗句——都是出于爱,如果我整个一生都如此去朗读诗的话——就一句诗都写不出来了。""多好的诗句!"唉,并不是诗句好!① 诗歌不是遣词造句,而是在世界上的经验。如果想要让诗歌达到其目的,正是这点应该加以深化和说明。

同时,生活,即写作。首先从最实际的意义上来说:茨维塔耶娃一生都围绕着写作这个迫切需要,要有时间埋头于她的写作本中去。是的,唯有职业作家做这样的选择;从另一种意义上说,不管怎样,向所有人敞开人生经验:写作对茨维塔耶娃来说,是在日常生活的流逝中去发现某种意义的手段。她对她的一个女通信者说过这一点:"我不喜欢既成的生活,对我来说,只有生活变形了,也就是说在艺术中生活才开始有意义,也就是说生活有了意义和重量。"②而这种变形并不只保留给职业艺术家,它可以在每个人的悟性中完成——不一定非表现出来不可。

最终,生活本身可以被构思成一部作品:每一部作品,都最

---

① 《火中生活》,第267和448页。
② 同上,第228页。

大限度地追求优美、丰富、紧凑。

茨维塔耶娃在她自己的人生经验中,实施这种对相异河道整合的原则(为了像里尔克那样的说法)。经过少年时期纯"浪漫主义"阶段,在此阶段,她声称更爱已亡故的拿破仑二世——小鹰——甚于一切活着的人,她愿意为他而死,她采取了一种至死不渝的态度:在她的文学作品和个人关系中追求同样的完美。一当她进入成年,她就决定不仿效其他只满足于梦想,满足于"永远停留在缺口之上原地踏步"的文学界的人们;她本人要找寻将她的存在和他人的存在交织在一起的办法。她后来也做到了:她在生活中紧紧牵挂着她的亲人,比对待诗歌更甚,她牵挂着1912年成为她丈夫的那个人谢尔盖·埃弗隆(Serguei[Serioja] Efron)以及他们的女儿阿丽娅(Alia),女儿生于他们结婚当年。后来,她总是顺应着两条道路继续对于"绝对"的追寻。一方面,去爱一些人,"以**我**的分寸去爱的可能性,也就是说**没有**分寸",感受别人对她的需要。另一方面,进行艺术创作,因为诗句是一所"'绝对'的学校",艺术作品让人达到生活中总是缺少的严谨和充实:作品是按照"绝对必要性的无情法则"[①]来构思的。

不仅并非互相对立的创作和生活遵循同样的要求;茨维塔耶娃还更进了一步,她离由里尔克阐明的学说更远:如果需要在作品和亲人之间作出选择,她毫不犹豫地选择亲人。"我在世界上超越一切去热爱的,就是人,活生生的人。我对人的灵魂比对

---

① 《火中生活》,第63、448、270和127页。

自然、对艺术、对一切东西更热爱。"她的诗才并没有让她背离她的道路:"显而易见,语句很喜欢我,然而,我整个一生只是在背叛它!为了人们的利益!"要她竭尽有生之年爬格子,找韵律,整天只与她想象出来的人物打交道对她来说是不能承受的。"我并不为了写诗句而活着,我写诗句为了谋生。"所以,她能声明自己有别于所有的大作家,而这些大作家都是她所钦佩的;他们选择崇拜艺术,崇拜他们的神来灵感,而她则自我感觉属于人类大家庭。她说,在最后时刻,她想到的将不是她的灵魂不死,而是她的很不完美的亲人:"我,当我死去时,我没有时间去想她(也就是说,想到我),她一心想知道,临终时陪伴我到最后归宿的人是否吃了饭,他们,我的亲人们是否被所有这些医治搞坏了身子……"①

茨维塔耶娃毫不犹豫地回绝了艺术和生活二元论,在克服这种二分法的同时,她坚持并且加强另一种二元论,就是天地相对、内外相对、存在和生存相对、不朽和生活相对的二元论,古已有之的二元论,因为它并非出自浪漫主义革命,而是把一个无限的上帝和有限的世界对立起来的一神论革命。于是,在地上,是可憎的日常生存(byt),一天天地只是为简单的存在:为了自己也为了其他人(尤其对女人和母亲而言),得站起来找水喝,找食物吃,找木头取暖,要带孩子出去散步,给孩子洗澡,孩子生病时照料他们。这一切属于"不变形的母爱",一块得每天一次又一

---

① 《火中生活》,第126、142、254和261页。

次地往上推的石头,这就是人们所谓的生活。所以,茨维塔耶娃不喜欢生活这个词的狭义解释;她在这种生活中并不成功。"我不喜欢尘世生活,我从来不喜欢它。""我在此岸不知怎么活。""我不能活下去,就是说我活不下去,每天我不知道怎么打发日子。"①她很少过这种生活;就躲进了另一种生活——与外向相比,她更喜欢内敛,与求生存相比,她更喜欢做人,与尘世相比,她更喜欢天上。"我喜欢天空和天使:在天上,和他们在一起,我知道自己该怎么做。"在另外的世界,在天上,她会高兴起来,在灵魂的王国里,她将名列首位,接受圣言的最后审判,得到公正的评判。这另外的世界,具体地说,叫作内心世界,或者说灵魂。茨维塔耶娃只得顺从地遵守于此:诸事萦绕心间,是她的"不可救药的病"。但是,这种听天由命,她把它说成是一种自由选择:"我是强者,除了我的灵魂我什么都不需要!""没有了灵魂,在灵魂之外——我还需要什么呢?"或者犹如一种不可行的原则:"能够承受我的存在的生命是不存在的。"更确切地说,茨维塔耶娃由于在此生不可能幸福地生活,她从这种生活推断出有必要活出某种更高尚的真实。"生活让我越来越深入地转向内在……活着并不讨我喜欢,我从这种断然的抛弃中得出结论,世界上还有其他事情存在。(显然地——是不朽性的)"②但是,过于指责现时和永久之间的距离,她有可能会变得和她所蔑视的那些唯

---

① 《火中生活》,第229、166、167和202页。
② 同上,第166、83、281、267和239页。

美主义者很相像,那些人不懂得生活—写作的道理。

茨维塔耶娃世界的特征不在于隔开这两种水平的人生存在——总之,把理想和真实区分开来是人类属性。她"感受世界"的独特之处在于不可能在"存在"和"生存"之间建立起转向过渡,她周围的其他人则是保重自己,量力而行,少作遐想。他们淹没于各种社会关系、交友、消遣、应酬之中,他们中没有人直接向往"天堂"又能够怂恿别人去接近"天堂"。茨维塔耶娃,她一无所有——被剥夺得精光地活着,她直面"绝对"。她不会处理日常琐事和崇高的关系,不会"从永恒出发组织好日子中的碎片"①。她履行作为妻子和母亲的义务,但同时又在心灵中选择流放,选择放任她的实际生活——这就将她导向了灾难。

这似乎是茨维塔耶娃为了达到最大的强度准备付出的代价——不惜一切。必须说明,即使在最伟大的作家中间,她的位子也另当别论。其实很少有作家在这点上给人留下经历坎坷和高强度地达到某种人生高度、笔耕不辍的印象。有一个词似乎可以用来指称这种她特有的持久的精神状态:"白炽(incandescent)"。如果说那些在火焰中丧生的人们诸如圣女贞德、萨沃纳罗拉(Savonarole)或者布鲁诺令她着迷,那不是偶然。她对一个通信者说:"我会成为烈火的。"她对另一个通信者说:"烈火在我胸中燃烧!"②为什么是火?因为这种元素体现了内心的烧

---

① 《火中生活》,第216—217页。
② 同上,第90和188页。

伤,心灵被烧得白炽了——没有这种极端,茨维塔耶娃无法活下去。她整个一生始终向往"绝对",她执着地追求"绝对",殚精竭虑越来越深刻地"挖掘诗句",又尽可能地让诗句趋向完美,同时又尽可能地和亲人们建立起良好的关系,因为她的理想始终如一:疯狂地爱,完全信任,不可动摇地忠诚不二。

这就是茨维塔耶娃通过她动荡坎坷的人生付诸实施的生命计划。

革命震惊

直到十月革命爆发之后,茨维塔耶娃的命运才遭遇到坎坷。

在最初的二十五年间,她还是有时间去做很多的事情。她出身在莫斯科一个很有教养的阶层,14岁就失去了母亲。一位受人爱戴的母亲,也是她的痛苦之源:茨维塔耶娃自己没有感觉到被爱。她天生才情横溢,尤其口才很好。她遇到过不少诗人,他们都向她献殷勤。她也写诗。20岁时,她首次出版了处女作品集,受到了评论界的关注。

外部世界发生的事件并没有特别触动她。第一次世界大战爆发,俄罗斯动荡不安,但是茨维塔耶娃似乎没有感受到这一点。结婚几年后,她开始了漫长特别的一系列爱情冒险。她另有痴情对象并没有使她和丈夫谢尔盖处于对立状况,至少,她这方面仍是一如既往。那些激情常常很短暂,很少发展到肉体关系,但是它们导致了这种她自己所说的"精神伊甸园",也激发出一系列诗歌,这些诗句首先述说了她的爱情,然后是她的焦虑,最后是她的失望。在这些年间,茨维塔耶娃心甘情愿地频繁出入流浪演剧艺人圈子,参加诗歌晚会,梦想联翩。1917年4月,她生下了第二个女儿伊莲娜(Irina);那时二月革命发生,沙皇业已退位,千年的君主政体结束了。她给一位亲近的人写道:"许多各种各样的计划——纯粹是内心的(诗、信、散文)——以及完全不在意弄明白去哪里生活或如何生活的问题。"① 茨维塔耶娃能够在其中让自己保持这种无所谓的姿态,因为她出身于一个富裕家庭,没有经受过迫在眉睫的物质烦恼。

这种生活本可以继续很久,本可以成为她的生活;茨维塔耶娃本可以像其他人一样成为一个优秀的作家。但是十月革命打破了这一切。

和这个时期的许多俄罗斯作家一样,从原则上来说,茨维塔耶娃并不反对革命的观念。被血腥镇压的1905年革命唤醒了她少年的满腔热情,以至于她能够非常认真地给一个爱上她的人写道:"是一场革命临近,是可能爆发的革命阻止我去自杀。"在同一封信中,她用尼采式的腔调来宣告她对战争的着迷,那是战争之弦绷得最紧的时候:"如果发生一场战争,生活就会变得多么令人兴奋,多么熠熠生辉!在这个时刻,可以让人去活,可以让人去死!"但是这种少年的错觉没有延续很久,真实世界重又获得它的权利。吸引茨维塔耶娃倾向革命观念的是,各种元

---

① 《火中生活》,第85页。

素的释放,对既有秩序的拒绝和反对因循守旧的大胆。然而,她现在想的是一种每个人思想中都应该有的追求解放的精神;而且,这种解放应该达到一种把原始力量框起来的形式,并不就此清除它。职业革命家们可以和诗人在动摇约定俗成的东西时达成默契;但是他们的目的并不是让这种不安总是保持鲜活,恰恰相反:他们渴望夺得政权取代现时的掌权者,并且加强权力使得它更具有强制性。茨维塔耶娃并不期望这种革命中能有什么好东西。几年之后,她再次提及两种态度的区别:"每个诗人的激情都赞同造反。没有这种不顾一切的嗜好——他就不是诗人。……但是在此革命者们犯了一个错误:诗人心目中的造反与外部的起义造反不可同日而语。"①

1917年11月布尔什维克的胜利和一场诗意的造反不是一回事,这是人们最起码所能说的。它具体给茨维塔耶娃的生活和其他几百万俄罗斯居民的生活所带来的,并不是实现几条炽烈的标语口号(人民的胜利,苏维埃政权),而首先是剥夺一切和破坏一切。私有制被质疑,财产被没收,代际继承被中断。一夜之间,茨维塔耶娃和其他人一样,变得一贫如洗。人不再是他自己的主人,他必须转向逐渐变成境内唯一雇主的国家:因为一切都属于它,一切都依赖它。不再是这些人从属于那些人,而是所有人从属于国家政权,从属于这个非人化的却是不可绕过的中间媒介。诗人们应该和工人农民一样为它服务。

---

① 《火中生活》,第56页;《文集》,第五卷,第509和523页。

在这种对于以前存在的社会联系的破坏上，还得马上加上一种新的威胁：饥饿。红军和白军之间疯狂内战，农业收成被毁坏，农民们被剥夺了仅仅剩下的赖以活命的口粮。他们再也不敢播种了。政治警察契卡（Tcheka）的一份报告证实："再也没有人劳动了，人们害怕至极。"大城市的居民们看到了革命的新嘴脸，饥饿的嘴脸。茨维塔耶娃在她的笔记里记下了一些轶事："人们看到，一只狗背着一块牌子：'打倒托洛茨基和列宁'——否则，我将被吃掉！"①铁克昂（Tikhon）主教让人们在教堂里念一封主教的信，信中说："腐肉成了饥饿的人民首选的美餐，连这样的美餐也很难觅得。"

这种可怕的形势直接打击到了茨维塔耶娃的家庭。她眼看着她的两个女儿消瘦下去：她所能提供给她们的食物，只是公共食堂供应的汤，但是刚能勉强给一个孩子吃，而且"那也只是几片土豆和几滴不知从哪儿弄来的油渍"。她听说莫斯科附近有一所孤儿院，她可以把女儿托付给孤儿院，孩子们在那里可以吃得稍好一点。她去孤儿院，留下了她的孩子，但是不久就发现饥饿也蔓延到了那里，而且那里环境脏，疾病肆虐，还有暴力。"孩子们为了让快乐持久，一颗一颗地吃小扁豆。"②阿丽娅得了很严重的病。茨维塔耶娃把她领回家自己照顾她；她当时即把这种令人震惊的饥饿肆虐的生活记录下来。她还没有来得及领回

---

① 《火中生活》，第92页。
② 同上，第96和105页。

第二个女儿,小女儿就已经死了。令茨维塔耶娃特别感到愧疚的是,之前伊莲娜一直没有得到过应有的爱。这件事给她留下了刻骨铭心的伤痛;她和革命前那个曾经充满幻想的年青女子决裂了。

茨维塔耶娃和布尔什维克政权维持着一种双重的关系。一方面,她只能谴责它。它消灭了过去她所珍视的一切生活方式。它造成社会物质生活的混乱,引发了饥饿。再者,它镇压了反对派和自由言论,实行一种比沙皇治下更严酷的审查,它让契卡来监视人民群众,在布尔什维克革命第二天就建立警察制度。还得提及,在几年中,她的丈夫谢尔盖站在白军一边和红军作战。于是,茨维塔耶娃发现自己对政治发生了兴趣,甚至计划——并不很有信心——写一篇名为《邪恶的辩解》的文章。但是,在这种邪恶的反作用下,反而出现了某些人性化的品质,例如,人们停止了对物质财富的依赖,特别看重精神价值!几年之后,她得出结论:"共产主义在将生活向内心驱赶的同时,给了灵魂一个缺口。"①

同时,茨维塔耶娃站到了红军和白军冲突之上,让两支军队背对背地看问题。这涉及到一种超政治观点,或者可以简单地说一种人性观点。她认为,痴迷和盲目是一件事的两个方面,暴力和痛苦也如此。在这场争夺政权的酷烈战斗中,她自认哪个阵营都不是。她觉得为了如此虚无缥缈的目的去耗费巨大的精

---

① 《火中生活》,第172页。

力徒劳无益,她随时准备为这边和那边的牺牲者们哭泣,不管他们是何种颜色的。在1920年,无论红军还是白军,都不愿听到这种声音,他们只知道"是"和"否",模棱两可的观点没有存在的余地。

就茨维塔耶娃关于生存的观点来说,苏维埃俄国的建立只会坚定她区分高低里外的决心。她居住到25岁的那个国度很可能会让一位像她那样的女诗人,一位保持个人自由、不奴颜卑膝地活着的创作者继续过一种边缘化但体面的生活。但是在苏维埃俄国,在正在确立的极权统治下,一旦她决定不丧失她与上天的关系(绝不丧失天理),她是否能有一种真正的选择呢?当社会控制了整个生活,还有哪条道路能留给那些不愿意站到红旗下,或者不愿意站到内外彻底决裂的旗帜下的人们呢?

尝试流亡

面对苏维埃政权,茨维塔耶娃只有一条出路:流亡。像她的许多同胞做的那样,内心流亡;或者离开这个国家,像其他许多俄国人主动选择或被迫做的那样。白军失败之后,她的丈夫埃弗隆,一直逃到布拉格。茨维塔耶娃和他取得联系之后,决定去布拉格和丈夫团聚。在几个朋友的帮助下,她弄到了出境签证,1922年5月她带着女儿阿丽娅离开俄罗斯。在柏林过了几个月,其间她找到丈夫,之后他们离开柏林,前往布拉格定居。三年之后,他们添了一个儿子——格奥尔基(Gueorgui),小名穆尔

(Mour),他们便去了巴黎。茨维塔耶娃在那里住了十四年(确切地说,在布拉格和巴黎,她都是住在郊区)。

茨维塔耶娃与苏维埃俄国决裂主要出于家庭考虑和生活哲学的要求,而不是出于严格的政治原因。她总是作为个人而不是某个团体的温顺成员来考虑问题,无论与她出身的阶级还是她的性别或她的职业都没有什么关系。然而,在苏维埃俄国,集体利益从此高于个人利益:茨维塔耶娃明白在这个俄国再也没有她的位子。共产主义的形而上学计划对于她非常陌生:"这不是政治的问题,而是涉及到'新人'的问题——非人的半机器人——半猴——半绵羊。"她不理会公共生活的约定俗成,这使她特别不适应新的环境条件。"我不能在一封肉麻地恭维伟大领袖斯大林的信上签名,因为我并不认为他是伟大的。"然后,出于原则,她又说:"我讨厌胜利者的官方教会。"①像茨维塔耶娃那样使命感很强的诗人,肯定不适宜于那些新规范。茨维塔耶娃政治上的清醒因她高声自称"非政治化",拒绝阅读报刊或参加对形势的讨论,更显特出。然而她对形势的明了不仅超越了她同时代的苏维埃人,而且还超越了和她一起流亡国外的同伴们。

而且,她对集体的不屈从也扩展到对于俄国移民这个特殊群体的态度上。茨维塔耶娃并不与白俄为伍,即使她也属于这个群体——她渴望成为她自己,而不是其他什么人。正如她对

---

① 《火中生活》,第345和383页。

一位俄国女通信者所说:"我和俄国移民相处并不好,我只生活在我的写作本中——及债务之中——如果有时听到我发出声音的话,那都是真话,没有任何算计。"如此,茨维塔耶娃的流亡成为一种生存处境:"在国外——(是)'俄国女人',在俄国——(是)'外国女人'。"①

这种离群索居的生活和移民群体中最有影响力的代表性人物如政治家们、记者们、作家们等很不相宜,他们要求每个人的政治选择决定其所有的举动。因此,茨维塔耶娃总是磕磕碰碰遭到误解和不信任。移民群体中徒有各种不同原则的左派或右派思潮,茨维塔耶娃并不认同于其中任何党派。一天,她在巴黎访问时,向政治影响巨大的马雅可夫斯基致敬,整个右派报刊开始向她非难。第二天,她又公开朗诵关于谴责屠杀沙皇家族的诗篇,左派报刊也不再愿意发表她的诗作。她可以在一个由苏联之友组织的集会上朗诵她的诗篇,也可以在另一个苏联的敌人召集的集会上朗读她的诗篇。对她来说,重要的是始终真实地面对她自己。所以,她更喜欢对自己说:"既非咱们的,也非你们的。"这是因为诗人的使命不在于作出判断,而是热爱整个世界,以能一吐为快。"诗人不接受政治仇恨。"②

这种在移民群体中的边缘化,对她家庭的日常生活产生了直接影响。必须说明,埃弗隆本人表现出很不适应于实际

---

① 《火中生活》,第248页。
② 同上,第384页;《文集》,第五卷,第524页。

生活:他在布拉格的大学里注了册,后来在巴黎旁听各种不同的课程,但是从未能找到稳定的工作。他更换着一个又一个计划,却从不认真工作。再说,他又得了好几种病,病痛致使他不能长时间工作。他远不能担当茨维塔耶娃的保护者,或者她的赞助人,或者起码在她活跃其中的创作界中间帮助她穿针引线,或在生意圈子里帮她周旋来养活全家,他成为妻子的负担。茨维塔耶娃不能不看到这一点:她日常烦恼大部分来源于"我身边缺少一个能照管我的事务的人"①。因为,必须要说明的是,她的收入不高。在布拉格,她得到过一份捷克政府给俄国流亡艺术家的资助,她初到法国的头几年里还得以保留这份资助。俄国移民刊物付给她稿费,但是很微薄——它们本身也捉襟见肘。

我们看到,她的办法就是不奢望在有生之年能有所回报,这就使她能勇敢地承受被剥夺。她的内心生活靠其他资源来滋养,诸如:痴情的恋爱,诗歌创作,家庭生活等。

精神伊甸园

茨维塔耶娃全身激情澎湃。"无可救药的悲伤,使人窒息的叹息声啊!让我重新认识了爱。"说她需要爱远远不够。"爱,虚弱的词语:要活着。"然而,她很清醒地意识到,她的痴情对她是

---

① 《火中生活》,第265页。

不可缺少的,同时,她又确切地说痴情并不属于爱情。①在将她对谢尔盖的感情与她对一位路过的诗人的感情作比照时,她写道:"说它是爱情,那只是浪漫主义的东西!"痴情是一些爱情冒险,这些冒险是按照某种运行很好的协定展开的,她对这些爱情冒险如何进展娴熟于心。这些爱情冒险以选择某个固定点为开始:一个男子,有时候是一个女子,一般来说比她年青,可能还是病恹恹的,最好是犹太人和受迫害的牺牲品(在茨维塔耶娃的感情中,经常有母爱保护元素在其中)。第二个特征:这个年青男子会写诗或者喜爱诗歌,因而欣赏或者可能会欣赏她的诗。具备这些条件就够了:茨维塔耶娃不想对此人知道得更多,她甚至是故意避免把相识推进得更远。通常是一次短暂邂逅就成了,更好的是一封追捧者的来信。对于这个真实的人一无所知,她可以随心所欲地以所有各种各样的品质来想象此人。她的想象会产生出一个美妙的人来,她对他倾注的爱使她来了灵感,诗兴大发,开始接二连三地不断写出诗来。

误会层出不穷马上就搅乱了伊甸园。不幸的被选中之人感觉不到别人对他的感情,他对引起这场热浪滚滚的告白受宠若惊;他仍保持着他的距离,这就激起了下一轮写作的波涛,这一次糅合进了对那个本不该仍旧那么语词贫乏、不去分享茨维塔耶娃所提议的美妙激情的人的责备。然后,很快地就进入第三阶段:茨维塔耶娃的幻想消失了,她对那个引起她痴情的人不再

---

① 《火中生活》,第80页;《文集》,第六卷,第165页;《火中生活》,第138页。

有任何兴趣,终于以她的优越感使他难堪。正如她所概括的,总是"老一套的热情——怜悯——意欲得到(爱情)的礼物——同样的——稍后一点:困惑——冷漠——蔑视。"①

茨维塔耶娃刚到柏林时,甚至在谢尔盖还没有离开布拉格去和她团聚时,她头一回意乱情迷,爱上了俄国出版商维奇尼亚克(Vichniak)。她对这场"精神冒险"中的真实人物那么掉以轻心,以至于有了一个滑稽的结局:和一个从未开始过关系的人"分手"四年之后,她和他在巴黎的一个晚会上相遇,她根本没有认出他来。经过介绍以后,为了自我解嘲,她反驳道:您剃了胡子!您摘掉了眼镜!维奇尼亚克愤怒至极,他从来不留胡子也不戴眼镜……

一年以后,一个年青评论家,亚历山大·巴克拉赫(Alexandre Bakhrakh)写了一篇对她诗歌的评论文章寄给她,又触发了一场新的痴恋。茨维塔耶娃给他回了信,起先是关于诗歌,后来又关于爱情;她与他从未见过面。整整一个夏季,她一直继续培育着这部书信体小说;在这部小说中,巴克拉赫始终茫茫然,只扮演了一个被动角色。然后,她突然发现自己又有了新的爱情,风暴也就停止了。她对巴克拉赫宣布她已经不再爱他。几年之后,她又与他相逢。她把他当成一个无足轻重的小男孩对待。她后来的痴情故事都是平行地同时进行。阿那托利·斯坦格(Anatoli Steiger),晚来的迷恋对象,很好地分析了这个过程来

---

① 《火中生活》,第 173 页。

回应他最后收到的指责信:"您是那么强大和富有,以至于您自说自话以您的方式将您所遇到的人重新塑造;当他们的真正存在,实实在在的存在,表露了出来——那些过来接受您的光辉反射的人之贫乏无能令人惊讶——因为您的光辉已经不再反射到他们身上了。"①

在茨维塔耶娃的多次痴恋中,另一方的身份不起任何作用。她对爱情关系作了反思,1933年她写道:"你,即我+我爱我自己的可能性。你,是我爱我自己的唯一可能。我的灵魂外向化。"他人即自我与自我之间的中间媒介,只是一件自我爱恋的工具。"我需要我自己的灵魂从他人的气息出发,饮下我自己,"她写道。茨维塔耶娃不需要各色他人,她要找一个自己感觉需要她的人,以此确认她的存在。她不怎么寻求被爱,只是为她自己施爱的欲望寻求一个固定点,以在创作过程中来触动她的内心。她对一位女友很清楚地表白道:"对我来说,一切都无所谓:一个男人,一个女人,一个孩子,一个老头——只要我爱他!只要*我*在爱。以前,我只为此活着。听音乐,读诗(或写诗),或者简而言之——看到一片云从空中飘过,——马上就有一张脸,一个声音,一个名字,让我对它倾诉我的愁绪。"②堕入情网对茨维塔耶娃来说就如同吸毒,让她沉浸在"绝对"之中,至于挑动起这

---

① 《火中生活》,第380页。
② 同上,第201页;茨维塔耶娃、帕斯捷尔纳克,《开始看到灵魂》(*Dushi nachinajut videt'*,俄语为 Души начинают видеть),莫斯科,瓦格里乌斯出版社(Vagrius),2004年,第475页;《火中生活》,第340页。

种状态的人的身份无关紧要。她需要一只耳朵,而不是一个人。

这种对爱情失望的图景,其例外情况与其说是真实的,不如说是显而易见的。其中之一是1923年茨维塔耶娃和她丈夫最好的朋友贡斯坦丁·罗德茨维奇(Constantin Rodzevitch)有点例外的关系。例外在于这场爱情冒险并不纯粹是精神性的。这次茨维塔耶娃表现出一种世俗的激情,这种激情甚至让她考虑了几个星期是否解散她的婚姻。"您在我身上完成了一个奇迹,我第一次感觉到天地合一,"[1]她给他的信中写道。她自己不作决裂,怕给谢尔盖造成痛苦,也因为怕再次看错了人:罗德茨维奇生活上并不在意爱情。在这个天真又成熟的青年人的人生中,和茨维塔耶娃的关系是他多次冒险之一(只是在他生命接近终了时,他才明白,1923年这场小小的调情关系让他的名字载入了历史……)。

随着岁月增长,茨维塔耶娃已经无望再有新的痴情。"我爱得越来越少了,"她写道。她疏于打扮,不化妆,不染发,她的头发花白了。进行人生总结时,她心情苦涩,爱情只给她带来了痛苦。"这就是我的道路——从童年时代起,爱,让我尝到了痛苦。""对于我来说,恋爱是一种大不幸。"其中理由似乎是在恋爱问题上较之于成功,茨维塔耶娃更喜欢失败,她的特别之处在于将此称之为"一种为了不幸的爱、单相思的、不可能的激情"。她为了选择完美的欲望不惜牺牲她的满足感。情愿要完美的痛

---

[1] 《火中生活》,第192—193页。

苦,不要幸福安宁。一切都好像她需要痴情中的痛苦来培育她的诗力。痴情的好处,在于它成了她创作的强大发动力。"在爱情上,我只知道一件事:像牲畜一样痛苦——以及歌唱。"她下结论道。她也和里尔克说过:"谁能无动于衷地,也就是说幸福地述说他的痛苦?"①实际上,不仅仅歌唱赎回了痛苦,可以说,歌唱要求痛苦,因为唯有痛苦能激发出创作必需的炽热火光。

两场到达顶峰的相遇

在茨维塔耶娃和男人之间的关系中有两个应该另当别论;因为与之相关的人物和其他人完全不同。1935年,她写信给一个朋友说:"在与我旗鼓相当的人中间,我只遇到过里尔克和帕斯捷尔纳克。"②这两场相遇并不仅仅停留在感情的层面。这不同于其他痴情,这是两个与众不同的诗人。同时,茨维塔耶娃不希望他们之间的交往只停留在精神的层面:艺术和生活应该有一种连续性。

她和里尔克的关系很短暂:只在1926年的夏季延续了四个月。是诗人鲍里斯·帕斯捷尔纳克(Boris Pasternak)促成了他们的相遇。1926年3月,帕斯捷尔纳克居住在莫斯科,经过了一个内心深处极不满足的阶段——对他本人,也对他的生存状

---

① 《文集》,第四卷,第407页;《火中生活》,第202和220页;《文集》,第五卷,第71页;《火中生活》,第397页;《文集》,第七卷,第69页。
② 《文集》,第七卷,第397页。

况极不满足。那时,他同时收到两个邮件。一个是茨维塔耶娃的作品《山间诗》(*Le Poème de la montagne*),她于几个月前寄给他的。另一个邮件是他父亲、画家列昂尼德·帕斯捷尔纳克(Leonid Pasternak)寄给他的信,这位画家现住在德国。他告诉儿子,他收到了诗人赖纳·马利亚·里尔克的一封信,信中里尔克表达了对帕斯捷尔纳克的诗的崇敬:他刚读了这些诗的法文译本。这个巧合使帕斯捷尔纳克很受感动。他马上分别给两人回了信。他在给里尔克的信中向他表示感谢,并对他谈起才情横溢的诗人茨维塔耶娃,建议里尔克给茨维塔耶娃寄去他的作品。里尔克马上照办了。茨维塔耶娃(用德语!)给里尔克回了信;他们之间通了好几封信,互寄了作品。他们之间的交往在8月份中断了,里尔克的健康每况愈下,于同年12月29日去世。他的去世同样地震撼了茨维塔耶娃和帕斯捷尔纳克。

茨维塔耶娃和里尔克之间的交往经历了三个短暂的阶段。第一阶段是1926年5月间的十几天,他们之间建立了联系。狂喜——已经埋下了不协调的迹象。茨维塔耶娃打开里尔克寄来的信时,快乐溢于言表。她收到了她所认为的写下"人格化诗歌"的人的信!人和诗人之间,生活和创作之间的关系问题立即提了出来:应该把它们分开呢,还是把它们统一起来?茨维塔耶娃很清楚自己倾向于连续性,她很谨慎地一步步地向前:她不愿意一下子吓着了她的通信人。她立即让他放下心来:"这并不涉及到里尔克这个人,(对于这个人,我们不得已而面对!)而是涉及到里尔克的精神,它比诗人更伟大。"她对他的要求一定很强烈,但是,仍然不明了:"我所期待于你的?赖纳,一无所求又要求一切于你。"①

里尔克收到了这封色彩强烈的信后反应也非常强烈。他放弃率先提出必须把生活和创作分开。或者更确切地说,只是出于一些偶然因素,他提出必须把两者分开的问题,让人理解为之前两个里尔克非常完美和谐地生活着(我们知道他一点都不是那样),只是现在被疾病困扰才提出了这个问题(对于这具躯体来说,一种如此纯粹的默契,直至现在都是可能的)。茨维塔耶娃在收到此信之前又写了第二封信。她收到此信后,重又坚定了她真正的信念。在把人和诗人分开的同时,在以损害前者提高后者价值的同时,她把在其他人那里进行诋毁的错误归咎于她自己:诋毁唯美主义。如果说她这么做了的话,那只是出于无奈:害怕一个更强烈的要求会将他推开,他受到其他那么多人的爱戴。现在他自己作了表达,她可以说出来了:"作为人的里尔克比诗人更伟大……——因为他负载了诗人……,我爱他,但我不能将他与诗人(里尔克)疏离开。"②她所要的那个人并不仅仅是诗歌的作者,而是一个活生生的、呼吸着的、在某个地方居住着的人——以及被人爱着的人。她由此产生了一个非常世俗的要求,索要一张里尔克的照片!

既然茨维塔耶娃回到了她惯常的立场,里尔克不得不也同

---

① 《文集》,第七卷,第55和57页。

② 里尔克、帕斯捷尔纳克、茨维塔耶娃,《三人通信》(*Correspondance à trois*),巴黎,伽利玛出版社,1983,第101页;《文集》,第七卷,第61页。

样那么做。在他新的回信中,再也不是人和创作者之间的和谐问题,而更多的是为后者牺牲前者的必要性的问题,这就是说,把孤独强加于他,因而给其他人只提供诗意工作的结果。如果说在他生命的某一时刻他曾经尝试过和妻子儿女建立家庭生活的话,"那也是,"他说道,"有点违我所愿。"他很快就离开其他人,重返他的"孤独天性"。从他到姆楚特(Muzot,古堡)离群索居开始,更加强了他的这种选择:"我始终一个人生活(除了偶尔有些朋友来访),我一如既往地生活在一种焦虑不安的趋向极端和最后极限的孤独感之中。"这并不是说他喜爱孤独,而是他把牺牲共同生活作为进行创作的一种必要条件,我们现在已经知道这一点了。在一段漫长孤居的后期,《哀歌》和《十四行诗》的诞生便是例证。"让'另一个'闯进来,和他一起生活,为他而生活,会马上导致冲突和任务,这些任务是在我完成某件太过全面的事情的某个阶段,只会担心完不成的任务……"①他准备承担他所选择的后果——这些后果并不见得是无足轻重的:他身体上的痛苦(由啃噬着他的白血病造成的),里尔克将其归咎于他的神经系统不正常,因而也就间接地归咎于选择这种生活方式本身。他以此下结论警示茨维塔耶娃:如果他不怎么回她的信,请她不要介意;至于会面就谈不上了。

茨维塔耶娃收到这个回应犹如被浇了一身冷水。为了避免让自己感到直接被触到了痛处,她为里尔克的反应找到了一种

---

① 《通信集》(*Correspondance*),第112和114页。

一般化的解释。"里尔克,"她向帕斯捷尔纳克解释道,"内心已是一个行将就木的老头了,他不再需要任何东西,也不需要任何人。他孤身一人,'没有爱情,心里只有他自己';生活被他置之脑后了。"尽管如此,这种反应("葡萄太酸"的类型)在他们书信交往的第二阶段还是缓解了。三个星期沉默之后,茨维塔耶娃又写信给里尔克,她对他讲述了她的怨气——怨气已经过去。她还有什么可埋怨他的呢?"一点都没有。"但是她马上又补充道:"不如说:更接近你了。简单地说,也许,是向你走去。"(里尔克)回信超越了她的期待:里尔克给她寄去了一首题献给她的诗——《致玛丽娜的哀歌》,还附寄了一包照片,照片中可看到他居住的房子。对他来说,这个举动并不是一种变化的信号:有关人和诗人之间不相交流的方面并没有松动。茨维塔耶娃在另一种思路上作了回应:她要求他只为她保留某个领域。她毫无保留地表达了她对他的感情:"赖纳,我爱你,我要去看你。"①里尔克给她寄了一本刚出版的书作为回答。这就是他的法文诗集《果园》(*Vergers*),里尔克用诗题献给她:他保持着诗人之间的关系,但是他对男女之间的关系保持沉默。

三个星期之后,里尔克在开启这场交往的第三阶段也是最后阶段的信中确认了这个立场。他在信中又暗示了他的疾病,但是他说得非常隐晦,以至于茨维塔耶娃总是不明白他的所指。她总是看不到精神和身体之间的任何分离,她写了一封欣喜若

---

① 《文集》,第六卷,第252页;第七卷,第63和65页。

狂的信。她在信中说:"我要和你睡觉——我要睡着了,并一直睡下去。……赖纳,夜晚降临了,我爱你。"她着意解释了她的爱情的性质:那不是纯粹精神恋爱,那不是像但丁对贝阿特丽丝(Beatrice)那样,也不是一种简单的肌肤相亲:"当我想到你和我时,我想到一扇窗,而不是一张床。"这种爱情是肉体和精神的结合,就像《地狱篇》(*L'Enfer*)中的人物保罗(Paolo)和弗朗西斯卡(Francesca)的故事一样;里尔克和她现在一同居住在一个高级世界,在那里,她可以,按她所说,"吻到你的心"。"直至灵魂(咽喉)深处——这就是我的吻。"① 但是,为此,必须见面;于是,茨维塔耶娃准备要出发了。

当时,里尔克作了最后的回应,一个不接待的结局。他不相信,他们命运中注定要与另一个融合。然而,他还是很珍视这位女通信人。他对她说的最后的话语,就像祝福声响起:看好将我们结合在一起的东西。"把它归于你所带来的快乐的力量之中。"这是因为里尔克越来越强烈地预感到他本人时日不多("我一点也不希望克服这场考验")。茨维塔耶娃没有收到她后来去信的回应:几个月之后,她只是给他寄了一张明信片,上面写了一个问题:"亲爱的赖纳——你还爱我吗?"12月底,她得知了里尔克的死讯,马上又写了一封给逝者的信:她拒绝改变她和他的关系。"亲爱的,如果你死了,那不是死,而是活,——生命并不只是一回。"同时,她肯定的不是身体和精神结合,生活和艺术结

---

① 《文集》,第七卷,第69—70页。

合,而是天地决裂;她主张的不是要接受人间的终结,而是要拒绝生活在无限之外。他们的结合成了一种无可企及的神秘爱情。"我们从来不相信会在此岸相遇,没有哪场相遇可与在此岸相遇相比。不是吗?你先于我来稍稍整理一下秩序——不是在卧室里,也不是在屋子里——而是在旷野上来迎接我。"① 茨维塔耶娃因而拒绝了里尔克追随的浪漫主义二元论;然而,她本人在形而上学二元论中找到了最后的庇护所来应对命运的打击,那是她的世界观的基础。

里尔克的去世让他保持了他的良好形象,尽管她已明白他们之间并不协调。帕斯捷尔纳克就没有这么幸运:他们的关系经过了从欣喜热烈到失望的全过程。两位俄罗斯诗人从1918年起失之交臂好几次,他们保持关系直至1941年茨维塔耶娃去世;但是,他们密切通信的时间跨度是在1922年茨维塔耶娃出国的第二天和1935年帕斯捷尔纳克自她出国后在巴黎第一次遇见她之间。分离滋养和守护着他们之间的感情,相见却扼杀了他们的感情。在整个过程中,帕斯捷尔纳克和茨维塔耶娃互相通了二百五十封左右的信,其中二百封完整地或片段地保存下来(2004年,这些通信在莫斯科出版)。

这种远距离关系也经历了三个历时较长的阶段。第一阶段期间,两人各自都在发现另一个的诗作,声称对方是俄罗斯活着的最好的诗人,意识到他或她找到了一个灵魂上的姐妹,一个精

---

① 《通信集》,第244页;《文集》,第七卷,第74页。

神上的兄弟。帕斯捷尔纳克在莫斯科读了茨维塔耶娃的《诗集》(*Verstes*);她在布拉格沉浸于帕斯捷尔纳克的《生活啊,我的姐妹》(*Ma sœur la vie*)。后者给她写了好多长信表示崇敬之意,茨维塔耶娃则为他的诗歌写了一篇极尽溢美的评论。他们之间主要是文学关系;在这些年中,帕斯捷尔纳克遇见并娶了他的第一位妻子热尼娅(Genia),见到了他的第一个儿子出生。在茨维塔耶娃这一边,她生活中经历了多次强烈的痴情,有维奇尼亚克、巴克拉赫、罗德茨维奇。

热情从1925年起激增无减,升温直至1928年(二百封信中有一百五十封是这一时期写的)。他们俩在感情方面都变得很随和,双方都将他们的感情和文学上的互相崇敬混在了一起。1925年,帕斯捷尔纳克开始写一首长诗《斯佩克托尔斯基》(*Spektorski*)。诗中主要人物是从茨维塔耶娃而来。茨维塔耶娃也写出了一个小男孩,她把他命名为鲍里斯,以向她的朋友致意。1926年,帕斯捷尔纳克读了茨维塔耶娃的新文章,给她写了好几封高度赞扬的信,在信中他说她的诗句令他陶醉,并表达了对诗句作者的爱慕。不久,他向她宣称要去法国看她。就在这时候,为了向她表达他对她的赞赏,他促成她和里尔克建立了联系。茨维塔耶娃刹住他的冲动,劝住了他的到来。她更忙于处理和里尔克的关系,稍稍疏忽了她的俄国朋友。但是,德语诗人的死让他们重又接近。他们好几次计划会面,但没有一次实现。

接着,他们又一次疏远了。1930年,帕斯捷尔纳克遇到了后来成为他第二任妻子的齐娜依达(Zinaïda),经历了一场伟大的爱情。他和茨维塔耶娃的丈夫埃弗隆也通起了信。两位诗人之间的通信渐渐少了起来,但是,他们并不否认相互间的尊敬。

对于茨维塔耶娃来说,她并不真正渴望会面,她难以想象他们之间的共同生活。1926年6月,她给帕斯捷尔纳克写道:"鲍里斯,我从来没有如此害怕我们的见面,我找不到合适的见面地点。"1927年10月,她写道:"亲爱的鲍里斯,我不想和你一起共进午餐或晚餐,不想邀请客人,也不想谈事务,过日子的一切都不想……我想和你享有永恒的时刻,能够天长地久的一个小时。行动地点:在梦中;行动时间:共同度过的三分钟;主人公:我的爱和你的爱。"在真实空间中的会面只会带来遗憾和悔恨,就如她给一位他们共同的女友写道:"众神不应该把普通的凡人和他们的事务混在一起。一次会面的灾难被不断推迟,就如一场暴风雨被遮挡在山背后某地,我们的真实会面,首先会是一场巨大的不幸(我,我的家庭——他,他的妻子,我的怜悯,他的意识)。"茨维塔耶娃无法想象在现时经历一场爱情里的幸福。另一封致帕斯捷尔纳克的信中明说了这一点:"和你在一起,我将会一生中第一次有一种伊甸园的感觉。伊甸园——容器中的极度空虚。满溢的伊甸园已经是一种悲剧。"①

然而,放弃一种同居生活梦想并不意味着不需要另一方。

---

① 《开始看到灵魂》,第229、403—404页;《火中生活》,第256页;《开始看到灵魂》,第364页。

在这整个时期中,帕斯捷尔纳克一直是她想象中的理想对话者。她经常在笔记本上和他说话,因为她相信他可以完全理解:他和她齐眉并肩。这种关系对茨维塔耶娃来说是不可缺少的。"你,鲍里斯,我需要你,就像为了需要深渊以有地方扔东西又听不见到底的声音一样,就像需要无限一样,"她1927年5月给他写道。她曾经想象由里尔克担当起这个角色,但是他去世后,她再没有选择了。"活在世上不能没有一个比自己更强大的人,里尔克就是这个人,我希望你是这个人。"帕斯捷尔纳克甚至更适合这样的任务,因为她感觉到他更接近:他和她一样年纪,一样是俄国人。他对她来说是必不可少的体现她理想的人。"从某种意义上说,你对于我来说是一件与荣誉相关的事。最后的荣誉,测试一下我是否能爱上一个人的最后可能性。"于是,当有人在她面前提及帕斯捷尔纳克的名字,虽然她已经多年没有见到他了,她即刻反应道:"这是我最亲近的人。"①

我们现在明白为什么和一个血肉之人相遇是如此令人生疑:茨维塔耶娃是需要一个形象,而不是一个个人。不可避免的事发生了。1935年,苏维埃当局在巴黎发起召开一个旨在推动反法西斯主义斗争、保卫文化的国际大会。帕斯捷尔纳克心情抑郁,曾经避开邀请,但他还是不得不屈就。6月末,经过十三年的通信之后,两位诗人在一个宾馆的房间里会面了。刚刚过了几天,梦想幻灭的茨维塔耶娃离开了巴黎:她经历了一次"非

---

① 《开始看到灵魂》,第254、397、436和561页。

会见"(non-rencontre)。埃弗隆家的其他成员,谢尔盖和阿丽娅在余下的日子里仍逗留在巴黎陪伴帕斯捷尔纳克。这次不成功的会面之后,茨维塔耶娃还给帕斯捷尔纳克写了三封信。在信中,她总结了他们之间的分歧,并得出结论:"我们的故事结束了。"①

茨维塔耶娃的失望有三个方面。首先,她很快就明白他们之间的情感关系已经完了,这并不真正令她惊讶,但是她尝到了苦涩的滋味。帕斯捷尔纳克只想着他留在莫斯科的妻子,他要逛遍巴黎的大小商店为妻子买礼物。茨维塔耶娃拒绝帮助他完成此项任务。这个女人不该在她之后闯进帕斯捷尔纳克的生活,这是一桩永远不该发生的事。她向知心女友解释道:"我知道,如果我在莫斯科的话——或者他在国外——如果他遇见了我,哪怕只有一次——他那时不会,后来也不会有一丁点齐娜依达·尼古拉耶夫娜。"②茨维塔耶娃拒绝和其他女人进行竞争。她和其他女人不可同日而语,其他女人是夏娃,她是精神学家。

令她失望的第二个方面,也是更让她受伤的是在政治方面。帕斯捷尔纳克不赞成苏维埃社会的许多事情和特征,但是这并不妨碍他相信革命,相信共产党的历史作用和相信斯大林。通常,茨维塔耶娃声称她对政治生活不感兴趣,情愿回避这方面的一切冲突。然而,这种低调处理并不总是可行。1926年,茨维

---

① 《开始看到灵魂》,第561页。
② 《火中生活》,第256页。

塔耶娃收到帕斯捷尔纳克刚刚出版的献给1905年俄国革命的著作,她认为在文中可以嗅到一种对于苏维埃事业过分附和的气息。她甚至想象(并不是事实)他已经领了党证,这就让她考虑要与他决裂:"你明白我的恐惧吗?这是唯一让我们永久地分手的事情(生命中短暂的永久)。"当她明白自己搞错时,她放下了心,但是她不由自主地看到帕斯捷尔纳克介入了令她不信任和厌恶的事情:历史的胜利行进,革命暴力,第三国际……在这方面,帕斯捷尔纳克比较接近茨维塔耶娃的丈夫——非常亲苏的埃弗隆。"在许多事情上(例如:所有公共事务)你们俩比你我之间还要默契,"她预言道。后来也证明她看得很准:回到巴黎,帕斯捷尔纳克确认他面对她的丈夫和女儿时非常自如,他们俩和他一样同情苏维埃计划。"不仅我和谢尔盖成了朋友,可以说我嘴里含着你的阿丽娅回到了此地。老实说,如果没有他们俩,我在巴黎会崩溃的。"①

比这些政治上的一般分歧更甚者,茨维塔耶娃在他们短暂的巴黎非会见过程中,很难接受帕斯捷尔纳克从其中得出的关于文学创作方面的结论。为了清除在他孤独又抒情的个人倾向和苏维埃社会的要求之间的矛盾(他自身已经成了诱饵),他当着茨维塔耶娃的面声明对于诗歌的个人爱好属于恶习和病态,因而,他决定放弃它,献身于对集体农庄式的农业合作(Kolkhozes)的歌功颂德中。茨维塔耶娃反驳道:*避处一旁*是一种人

---

① 《开始看到灵魂》,第267、438和557页。

权,尤其对诗人而言;而在俄国,和人民一起生活和为人民而生活——如同党所定义的——成了一种义务责任。个人在那里没有任何位子。而对她来说,个人就是一切。"我是守法之人,我只生活在现时,生命只有一次,我不知道集体农庄式的农业合作是什么,同样,那些集体农庄也不知道——我是什么人——我。平等——这就是所谓的平等。"①茨维塔耶娃知道她永远不会加入歌功颂德大合唱;既然她选择成为一个人生速记员,她的作品唯一要遵循的就是真的法则。几个月之后,紧随帕斯捷尔纳克的公开发言,茨维塔耶娃在写给他的信中还在强调他们之间日渐扩大的鸿沟:他选择听从大众的召唤而不是倾听唯一值得听从的法官——良心。

帕斯捷尔纳克作为理想对话者的形象遭到的第三个也是最后的打击,出自于他旅行中的一件小事。帕斯捷尔纳克穿过德国来到巴黎,但是他认为没有必要去看望移居在慕尼黑的父母;后来他最终也没有再见过他们。这次疏漏让茨维塔耶娃极为震怒。她从中看到了一种信息:帕斯捷尔纳克在这方面和里尔克很相像,也和其他那么多一流创作者很相像,与人相比,他更喜欢作品。"即使把我杀了,我也永远不会理解怎么能从母亲家门前经过而不入——从历时十二年之久的期待旁经过而不入。……你对你父母做出这样的事之后,你再也不会不对我做

---

① 《火中生活》,第260页。

出什么来。这是从你那里挨到的破坏性的最后一击。"①这些男人,她提出道,只是出于性才会有些人性,对于其余的,他们就采取一种爱诗甚于爱生命的唯美主义的态度。

茨维塔耶娃回到苏联之后,仍得到帕斯捷尔纳克的照顾,他帮她找到了工作,但是以前的亲密已经无存。茨维塔耶娃梦想的那种关系抵御不了真实生活的冲击;没有一个人能够满足她的期待。今天我们读两位诗人的通信,会震惊于一种双重的反差。一个具有伟大天赋的诗人在那里和一位天才女子并排走着。同时,这位女子如此为"绝对"所困扰,以至于最终当他面拒绝了她一直捍卫其原则的生活。帕斯捷尔纳克以其一再犯错误和不完美,比较更接近人性。他后来的演变透露了和茨维塔耶娃相遇对他所起的作用。他渐渐地和官方意识形态决裂,战争一结束就埋头写作,写出了他的伟大小说《日瓦戈医生》(*Le Docteur Jivago*),他写此小说并不考虑大众的要求,也不考虑党的要求。同时,小说形式比诗歌让他更能直接地与他同时代人交谈。当他扪心自问什么样的事件能让他发生蜕变,他特别想起茨维塔耶娃的命运及她悲剧性的结局。"这件事让我成为某种受到召唤去捍卫她的荣誉的复仇者。"②小说也是这种复仇的产品。茨维塔耶娃的教训意义深远。

总结一下"两场达到顶峰的相遇"还是令人失望,我们不

---

① 《开始看到灵魂》,第558和561页。
② 帕斯捷尔纳克和弗雷登堡(O. Freidenberg),《通信集》(*Correspondance*),巴黎,伽利玛出版社,1987年,第401页。

清楚它如何能成为别样。血肉之人,不会去满足"绝对"的苛求。茨维塔耶娃应该在对真实的失望和让理想逐渐消逝之间作出选择,但是,如果生活本身只是有限和相对的话,怎么办才好呢?

诗人的权力

诗歌创作总是给茨维塔耶娃带来一种快乐感,一些深层满足的时刻。尽管她遇到了一些阻碍,在移居他乡的岁月中,她创作出一批数量可观的作品,如新诗篇、新剧本,尤其一些完全新颖的作品(不仅仅在她本身的范围里):她的回忆文章,叙述变了形的过去。

茨维塔耶娃写道,为了作为作家存在,她需要发表作品和被阅读。而她生于斯长于斯的那个国家不再要听到有关她的谈论:和所有移居国外的人一样,她变成了一个没有身份的人。她甚至比其他人更没有身份,因为众所周知她同情沙皇家族(她还要献给它一首长诗)。受政权推崇的苏维埃作家——而且也是受她推崇的作家——对她冷眼相待:对于马雅可夫斯基来说,她的文字太女性了,对于高尔基,她的文章几近色情和歇斯底里。更有甚者,她的"现代"风格不再和正在成为苏维埃艺术官方路线的东西同唱一调。于是,在俄国发表作品对她来说是不可能的。

第二条道路在流亡者面前打开,那就是融入进他们的接受国文化之中。在此,根据艺术家所使用的中间媒介不同,有多种多样的情况可供考虑。画家们、音乐家们或者舞蹈家们用不着改变表达手段;而对于诗人和作家来说完全是另一回事了,他们得掌握一种新的语言,这就明显地说明前者,例如拉赫玛尼诺夫(Rachmaninov)、斯特拉文斯基(Stravinski)、普罗高菲耶夫(Prokofiev)、康定斯基(Kandinsky)、夏加尔(Chagall)、贡查罗娃(Gontcharova)、拉里昂诺夫(Larionov)、索尼娅·德劳耐(Sonia Delaunay),或者还有尼金斯基(Nijinski),还有后来的巴兰钦(Balanchine)融入各种欧洲文化相对容易一些。流亡期间已经认真投入创作的作家们大部分仍都封闭在他们本国的语言中,因此接受国公众对他们并不知晓。如果说伊凡·蒲宁①在法国很出名的话,那是因为 1933 年获得诺贝尔奖使其脱颖而出,但是有谁听说过阿历克塞·略米佐夫(Alexei Remizov)或者弗拉第斯拉夫·柯达斯维奇(Vladislav Khodassevitch)?然而,他们却都是天才大作家。在她的同时代人中,只有评论家如贝尔迪阿也夫(Berdiaev)和舍斯托夫(Chestov)参与进了他们居住国的知识界生活之中。

茨维塔耶娃的情况有点特殊:她从童年时代德语法语就很

---

① 伊凡·蒲宁(Ivan Bounine,1870—1953),俄国作家。主要作品有诗集《落叶》,短篇小说《安东诺夫的苹果》、《松树》、《新路》,中篇小说《乡村》等。1933 年作品《米佳的爱》获诺贝尔文学奖。获奖理由:"由于他严谨的艺术才能,使俄罗斯古典传统在散文中得到继承。"——译注

娴熟,她能够用这两种语言写作。里尔克给她写一封信,她能毫无困难地用他的语言①给他回信——其风格并不亚于他。1925年,她到了法国,她的法语重又流利起来。不久,她就感觉到能用法语自由表达或者翻译她自己的文章——散文或者诗句。在她的笔记本里,法语笔记越来越多。她就这样把她的诗《这家伙》(*Le Gars*)(指贡查罗娃)或者她与维奇尼亚克的稍加整理过的通信《第十次保存和第十一次收到的九封信》(*Neuf Lettres avec une dixième retenue et une onzième reçue*)译成法语,她直接用法语写叙述文章,如《我的父亲和他的博物馆》(*Mon père et son musée*)、《马群的奇迹》(*Le Miracle de chevaux*),或者她写给娜塔莉·巴奈(Natalie Barney)的《致女骑士的信》。

茨维塔耶娃好多次尝试在法国发表这些作品。她把它们寄给了一些刊物,如:《交流》(*Commerce*)、《新法兰西评论》(*NRF*),或者《墨索尔》(*Mesures*),她遭遇到的只是沉默和冷漠。她给巴黎文学舞台上的不同演员写信,如作家安娜·德·诺阿依(Anna de Noailles)(茨维塔耶娃把她1916年出的一本小说译成俄语),或者安德烈·纪德(André Gide),诗人夏尔·维特拉克(Charles Vildrac),或者翻译家让·楚茨维尔(Jean Chuzeville),评论家夏尔·杜·鲍斯(Charles Du Bos),或者哲学家布里斯·巴兰(Brice Parain)。她建立起的关系延续时间长短不一,但结果却一样:他们什么也没有给她,没有人对她的作

---

① 即德语。——译注

品感兴趣,没有人发现她给文学创作带来的贡献。

好些具体情况可用来解释这种冷漠,甚至说这种弃绝。其中之一是两次大战间巴黎文学生活中弥漫着的一种自我满足感,比之前任何时候都更强:巴黎自以为是世界文化中心,并不认为需要其他国家侨民可能作出的贡献(里尔克式的用法文写作的尝试,不再能激起很大的热情)。再加上,习惯上的对女性写作的一种贬低,尤其像茨维塔耶娃那样的一些女作家,既不高贵,也不富有,又不特别漂亮。而且一部分法国知识界人士,尤其仇视苏维埃的知识界人士,特别轻视流亡的俄国作家。《新法兰西评论》的领导人之一布里斯·巴兰即是一例。最后,必须承认茨维塔耶娃的文学美学观并不符合法国当时的潮流:既不像马拉美(Mallarmé)的追随者们的美学观,也不像当时热门的超现实主义美学观。她很明白这一点,在陈述外界对她的东西的反应时说道:"(我的)这些东西太新了,太非同寻常了,超出了所有传统之外,这些东西甚至不能说是超现实主义。"她接着又对她的这些东西评论道:"这是上帝关照于我的东西!"实际上,她的创作原则是与众不同的:"对于诗人来说,重要的不是得揭示最遥远的联系,而是至真的东西。"可理解的弃绝,因此——法兰西文学舞台对在它中间有一个天才作者竟然一无所知。她自己总结道:"我本可以成为法国的第一诗人——他们只有当乞丐的瓦莱里(Valéry),但是……这一切得在我死后才将透露出来。"①

---

① 《火中生活》,第296和301页;《开始看到灵魂》,第545页。

俄国和法国都将她拒之门外,茨维塔耶娃只有一条狭窄的出路:发表流亡期间的俄语作品。但是,首先单凭发表这些作品谋生艰难,这条出路除了诗歌实践以外还有其他首选性。再说,茨维塔耶娃的作品有一种双重困难:因为政治内容的原因,它们在俄国是不被接受的,因为她形式上的大胆,常常会冒犯流亡者读者群;那些人不相信一切革命,哪怕是诗的革命。在那里,她的诗得不到发表的机会;在国外,它们可以被接受——但是谁也不需要它们。"于是,在此地——我没有读者,在俄国——我出不了书。"在流亡者出版圈子内部本身,又以另一种方式反对声起。在此圈内,左翼出版圈——社会主义革命出版圈——可能接受其诗篇中的现代色彩,但是对她的沙皇主题很不以为然;右翼出版圈则因为完全相反的理由弃绝了她。

茨维塔耶娃在被接受和被承认上发生困难并不是偶然的,这是一个只听从其内心的声音,或者她独自的"恶魔"的声音,而不考虑读者的要求、与文学圈子的种种压力抗争、拒绝一切妥协的创作者所遭遇的困难。她通过诗追求"绝对",她也在和读者的关系中实践"绝对":该由读者来追随她,反之则不行。在一切时候,一切场所,都是冒险的挑战。她不能埋怨具体情况:"身处巴黎是无济于事的,流亡旅居也无济于事——在莫斯科和在革命时代也一样,没有人需要我,没有人需要我的火,我的火不是为煮粥而点的。"[①]茨维塔耶娃懂得歌唱,而不是参与文学生活。

---

① 《火中生活》,第324页。

追求"绝对"的人们

多次爱情失败;工作也不能让人理解。只剩下第三条道路,在她眼中,这第三条道路是高于其他两条道路的,这第三条道路在于置特别看重的某几个人高于一切之上。受茨维塔耶娃特别青睐的人并不是随便什么人:与她有过交往的不是随便什么人都可以,尽管社会关系是不可缺少的,即使她那些痴恋对象,也不是随便什么人能称得上这个角色的。

她特别钟爱的人是那些秉性特别、我行我素、特立独行的,总之不是任意挑选的:她的孩子们和孩子们的父亲谢尔盖——他在她的世界中的位子更近于孩子而不是情人。在她眼中,他是一个与众不同的人,可爱,有时会犯错;他占了**一锤定音**的位子,没有其他人能够企求这个位子。和他之间的联系不是简单的一纸婚约,他属于一个奇迹,触及到了神圣。1915年,在她对女诗人索尼娅·巴尔诺克(Sonia Parnok)充满激情期间,她告诉她丈夫的姐姐说:"谢尔盖,我爱他一生,他和我血脉相通,永远的永远,不管为了哪个人我都不离开他。"1921年,他们相遇十年之后,即由于革命爆发他们分开四年之后,她写道,"对于他,谢尔盖,不管我明天是否还活着,或者我一直活到70岁——都一样——,和以前一样。我第一秒钟就知道——永远——没有其他人了。"① 她和其

---

① 《火中生活》,第82和140页。

他男人的相遇是在一个完全不同的层面。她和他却不是出于爱情,而是出于不容推却的义务。对于她所宠爱的女儿阿丽娅也如此:茨维塔耶娃不满足于爱她,她相信她爱女儿。她对这两个亲人的依恋,完全出于"绝对","绝对"将它的法则凌驾于她所有的冲动之上。

然而,夫妇俩一旦团聚,生活就变得艰难了,并不仅仅是因为谢尔盖不能够养家糊口。对于一位蔑视日常谋生的像茨维塔耶娃那样的女人来说,这当然是一种不便,但这只是居于其次。他也不是家中的顶梁柱,在这一点上,她仍无异议,恰恰相反。"一个男人不能做女人的工作,这太糟糕了(对女人来说)。"①更严重得多的是谢尔盖内心的演变。这位革命前敏感脆弱的年青人,反布尔什维克的志愿战士,一旦流亡,遭遇了身份危机,他无法融入社会生活之中;他总是病恹恹的,很不擅长处理物质生活;同时,他不能满足于当一个经常和某个初涉诗坛的诗人谈恋爱的著名女诗人的丈夫。埃弗隆需要建立一个自己的身份,他以对苏维埃俄国采取一种新的立场来确立自己的身份。起初,他以最反苏维埃的白俄引人注目,他宣扬一种"第三条道路"——亲俄国但不是亲苏维埃——他为此参加了欧亚运动,那是一个强调俄国身份中的非欧洲成份的思想家和作家群体。后来,他越来越滑向苏维埃立场。为了最后重新取得一张故国的护照,白俄变成了红色。他不再想方设法(自己)回俄国去,他等

---

① 《文集》,第七卷,第63页。

待着当局允许他回去,他在巴黎主持了一个苏维埃机构,返回俄国联合会。他没有告诉妻子,自1931年起,他被招募为苏维埃政治警察机构的秘密成员。

对于超脱于红、白政治分裂之上的茨维塔耶娃来说,最严重的不是丈夫信念方向的改变;对于她来说,真挚和忠诚比政治理想的内容更要紧;而她不怀疑谢尔盖的正直。相反,使她深深烦恼的,恰恰是政治态度——她认为政治态度的改变无足轻重——在他生活中所占的位子本身。她越来越难以和一个生活理由只在于这种物质现实的人沟通,而力求脱离物质现实被她奉为至高的原则。这是一种形而上的不可相容性。"主要差异在于:他这方面的社会关系和他较强的社会性,而我这方面(像狼一样)比较孤独。他没有报刊不能生活,而我,我不能在其主要演员只是报刊的家里和社会中生活,我彻底置身于各类事件之外,而他却完全沉浸其中。"①

即使茨维塔耶娃一直尊重埃弗隆某些特征——他的漠不关心和诚实——,她和他再也没有一点共同语言了。无论是在对外部世界和政治体制的问题上,还是在孩子们的教育问题上,或是在日常生活安排上,她现在意识到她过早过快地进入了生活——18岁就进入了,既然她确定了这种介入是难以挽回的,她就应该接受这种经常拌嘴争吵、彼此痛苦的生存状态。她出于怜悯留在谢尔盖身边,——没有她,他会变得怎样呢?——而

---

① 《火中生活》,第339页。

他和她在一起很可能出于同样的原因。他们因彼此的结合历时已久,因彼此共同经历的苦难而联系在一起,但是这不足以赋予他们的共同生活以意义。茨维塔耶娃有时候表示很后悔没有及早离开,但是她下不了决心离开。

她20岁时生下的女儿阿丽娅,立刻成了"绝对"的内容。阿丽娅是"我生命的一半",一个奇迹。在她童年的最初几年,茨维塔耶娃满怀深情记满了几本笔记本,记录下了阿丽娅的话语,对阿丽娅的观察。在革命之后可怕的岁月中,母女俩在一种独特的状态中相依为命地生活,茨维塔耶娃不管去哪都会把她带在身边,七八岁的小女孩讲话和她母亲很像,写出的诗句简直与她母亲的诗句难以分辨。然后,阿丽娅跟着母亲开始了流亡生活。1925年,穆尔出生了,第二天,茨维塔耶娃写道:"如果我现在就要死了,我更多的是会为孩子们感到痛苦,因而——从人性角度——我首先是母亲。"①

然而,随着时间流逝,孩子们发生了变化。阿丽娅长大了。茨维塔耶娃开始有要求她帮助料理家务的倾向,因为她没钱雇保姆,谢尔盖总是不在家或者埋头读报。于是阿丽娅辍学在家,帮母亲料理家务,照看小弟弟。她满20岁时,局面变得无法维持。她责备母亲让她永远束缚于锅碗瓢盆和打扫屋子。争吵成了家常便饭,她尝试自杀过一次。此外,她和父亲一样怀念苏联,又委屈地顺从母亲温和的政治态度。决裂突然决定性地发

---

① 《火中生活》,第70、95和220页。

生了:1935年,阿丽娅离家出走,两年之后,她独自一人回到莫斯科。

茨维塔耶娃和穆尔留在了巴黎(还有谢尔盖)。她对儿子的爱和她在痴恋过程中表现出的爱完全不是一回事,后者作为中介是为她走近自己或者获得诗意的灵感而服务的。关于穆尔,她说:"不管他怎么样我都会爱他,不是因为他漂亮,也不是因为他的才干,也不是因为他像(我)——而是因为他*存在着*。""母亲,"她又说道,"做得比爱她的孩子更多,她——即是他。"但是,随着日渐长大,穆尔也要有自己的选择。他和姐姐一样选择了苏维埃新世界,由于他远离苏联,对它就更向往(他认为没有比在巴黎郊区经历过的贫困更糟糕了);和父亲一样,他也沉浸在报刊之中。更有甚者,和许多小男孩一样,他喜欢赌博、汽车、广告和社会轶闻,这一切都使茨维塔耶娃心境恶化:"他有两个嗜好:钻研和消遣,我最讨厌的两件事情。""报刊总是让我讨厌至极,而穆尔——他却读得*如饥似渴*。"茨维塔耶娃对他仍牵挂有加,但她知道这种生活状况不会延续很久,穆尔也会离开家的。而她并不感到自己已经是一个老祖母的心境了。她下断言道:"穆尔一旦长大(阿丽娅已经长大)——就用不着*这种*(母)爱了。再过十年,我处在衰老的门槛边,绝对会是孤身一人。我将会——从头至尾——过着像狗一样的生活。"[①]茨维塔耶娃1931

---

① 《火中生活》,第220页;《文集》,第五卷,第414页;《火中生活》,第342和263页。

年写下了这个句子。

等待过程中,应该是避风港的家庭生活却变成了一个小地狱。然而,茨维塔耶娃不否认她的信念:在人性层面上,她比所有母亲更母亲,母爱仍是她最鲜明突出的人生经验。"爱情之后存活的唯有孩子。"①简而言之,必须甘于接受这样的观点:某段时间之后给予孩子们的爱不再是相互性的了,不应该想有所回报。"应该把一切都给予孩子而不存有任何企求——甚至不要期望他们会转过头来,因为——这是必须的。否则的话,那是不可能——转过头来看你一眼的。"她喜欢提及一支法国民谣,在这首民谣中,男孩的情人向他要求母亲的心作为爱情的保证,男孩就挖出母亲的心,但是,他在向他的爱人奔去时绊了一跤,心掉落了。它对他说了下边的话:

  心对他说:
  你绊疼了吗,我的孩子?②

这就是茨维塔耶娃尝试走出流亡所带给她的:男人们的爱已经变得不可能。发表作品被限于一个非常仄逼的网络中,家庭生活减少到零。

---

① 《文集》,第五卷,第485页。
② 《火中生活》,第357页。这可能是关于约翰·里什宾(Jean Richepin)的一首诗,原诗中说:心在泣诉/你心痛吗,我的孩子?(Et le cœur disait en pleurant/T'es-tu fait mal, mon enfant?)

返回苏联最后一次彻底改变了茨维塔耶娃和她最亲的亲人们的关系。阿丽娅和谢尔盖在家庭团聚后只几个月就被捕了。茨维塔耶娃忘记了她的矜持,加入母亲们、妻子们、姐妹们的队伍。她们在监狱门口排着长队,等候亲人们的消息,或者设法给他们传递包裹钱物。在一段时间内,她没有得到任何消息,后来,传来一点点消息;探监根本就不可能。父亲和女儿不在同一监狱;无尽的等待。茨维塔耶娃写了一封长信给内务部长贝利亚(Beria),在信中,她为丈夫的无辜呐喊:十年以来,他全心全意崇信苏维埃!这封信是一份动人心弦的文件:为了帮助下了狱的丈夫,即使在给最高警察头子写信时,茨维塔耶娃仍情不自禁地保持了她的文学风格。同时,她毫不模仿,毫不隐藏,也不背诵一丁点共产主义信仰之类的教条,她努力在她的经历中选取一些依她看来似乎有利于留下她的好印象的事实。至于谢尔盖,"这是一个非常纯粹的男人,他具有非常伟大的牺牲精神和责任心"[①]。茨维塔耶娃的天真有点悲怆。

几个月之后,茨维塔耶娃试着准备在苏联发表一本诗集。在诗集首页,她放了一首1920年题给埃弗隆的诗,于是,整本书就成了献给她丈夫的了。有些段落没作改动,但是第二首完全重写过;茨维塔耶娃想把她对埃弗隆的感情浓缩成四行诗:三十年的共同生活,分离和重聚,争吵与和解。草稿本中包含了这首诗的四十个版本,特别是倒数第二句诗,茨维塔耶娃花了不少力

---

① 《火中生活》,第429页。

气:她想用更简短的词语来指称一种至高的情感。在这些分散的版本中有"但愿在整个世界上没有第二个人像你一样""但愿你是真主安拉,而我是你的默罕默德""但愿我没有了你就死去!我去死!我去死!"以下就是最后保留下来的版本:

> ……为了让大家想起这点:
> 你有人爱!有人爱!有人爱!有人爱!——
> 我以虹作签名。①

茨维塔耶娃不是那种隐藏她的忠诚的人,特别当所爱之人受到威胁之时。她和阿丽娅重又取得联系:当阿丽娅去了集中营时,她就经常给她写信、寄包裹。

茨维塔耶娃生活中仍旧时有短暂的痴情发生,但是她从不信以为真。旧时的朋友消失了,改变了;她靠自身找不到活力。那种欲望是重获活力所必需的。她给关在集中营的女儿写信道:"最近我想到依恋是一件持久的事情,为了相互依恋,必须一起生活,而在这点上,我再没有时间了,没有欲求,没有力气了。"②内心生活仍在继续,但是在外部她再找不到任何支撑。茨维塔耶娃曾抱有见到其作品得以发表的希望,并为之做着积极准备,可是她的诗集被撇在了一边:她被指责为表达一种仇视

---

① 《文集》,第一卷,第538页。
② 《火中生活》,第454页。

苏维埃世界的精神。她不再写新的作品。

二十年之前,茨维塔耶娃自问,她是否会不再想写作了。答案是:是的。后续答案相继得出:"既然我会停止写诗,我会在某一个美好日子里停止去爱,那么,我就会死去……当然,我将会自我了结。"然而,她在法国生活的最后几年中,在和帕斯捷尔纳克分手之后,在谢尔盖走之后,有件事令她心碎,她第一次不再写作。"在这一问题上有一系列原因,主要原因:何必呢?";回到苏联,她又陷入了这种激烈的受够了的感受之中:"我写了我要写的东西。当然啰,我还可以再写,但是我可以完美地'无言'了。"①和王尔德在其生命终了时一样,她失去了创作的兴趣。如果再也没有人可以去爱,再不可能有读者的话,她为谁而写呢?何必活着呢?

对她来说,值得一提的,不再是作品和那些爱情,而是大家已经看到的,和她血脉相连的人们。而那些亲人们和所有其他人不一样,都不在了——不仅仅因为,和她整个一生一样,她可以离开他们,和他们争吵,暂时见不着他们;但是,这次是因为他们被这个无人称的恶魔时不时地吞食了,捣碎了。阿丽娅和谢尔盖一被逮捕,茨维塔耶娃就失去了一大部分生存理由:她不知道此生是否还能再见到他们。在他们被捕一年之后,她在笔记本上写道:"没有人看见——没有人知道——这一年(左右)以来,我寻找眼睛——一个可以挂靠的钩子,但是找不到,因为到

---

① 《火中生活》,第 456、395 和 442 页。

处都有电。哪怕一个'悬挂灯架'都没有……。一年前,我采取了一些措施——寻找死亡。一切都丑恶得可怕。吞下——恶心,仇视——奋然一跳,像远古时代为了寻找水冲上去……。我并不是要——死,我是要——**不存在**于世。"但是她马上又说:"太愚蠢了,目前有人还需要我……"①

"有人"指的是穆尔。然而,和所有的孩子一样,他长大了,因而越来越不需要她了。茨维塔耶娃预感到了这一点。想到这一点,她就寒颤。在将他们带回俄国的船上,她总是看到他和其他旅客在一起,只顾和他们开心,并不想自己的母亲;她对自己说:这就是我的未来。这种不安与年俱增;1941年1月,她在笔记本上写道:"我还能有什么能为穆尔担忧的呢(健康、前途、将满16岁带来的护照问题和责任感)。"②但是,尤其担忧的不是随着他的独立性与日俱增的"他不需要母亲了",而是与母亲相比,"他更需要的是自由吗?"的疑问。

另一个极端独裁者——1941年6月22日发动侵苏战争的希特勒给她带来了致命打击。茨维塔耶娃被迫和儿子一起离开莫斯科。她试图安顿在爱拉布加(Elabouga)的鞑靼村,但是鞑靼村没有让她对前途有任何希望,没有工作,没有人际交往。从那时候起,她下定了赴死的决心。在她的三封诀别信中,不再谈写作、爱情,通篇都是想着穆尔。其中一封信是给一位她熟识的

---

① 《火中生活》,第423页。
② 同上,第449页。

作家，她请求他视如己出地照顾她的儿子。第二封信是写给一些见证她去世的人们，恳求他们陪她儿子到那位作家家里。然后她补充道："我要穆尔活下去好好学习。**他和我在一起被耽误了。**"好像她从此是儿子的一个障碍，而不是助他发展的支撑。他，她爱他这个人是为了他，而不是为她自己。第三封信终于是给她儿子穆尔本人。它重复了茨维塔耶娃对其家庭成员们的爱，谢尔盖、阿丽娅——她爱他们，直至最后一秒钟——和他（穆尔）自己（"我发疯似地爱着你"）。然后，她试图作解释："这样可能会越来越糟。"穆尔应该离开她；没有比以自我牺牲来向他证明她的爱的做法更好的了。这一切就是她所谓的：身处"死路"①之中。

吹笛手

1926年，也就是儿子出生那年，茨维塔耶娃曾经写过一首长诗，一首抒情讽刺诗——《耗子魔术师》(*Le Charmeur de rats*)，这是对著名的海默林市(Hamelin)的吹笛手神话所作的个性化阐释。该诗忠于以前为人熟知的几种版本，把有关的主要片段连接在一起：大批耗子入侵城市，幸亏吹笛手，耗子被消灭，但海默林市拒绝给吹笛手报偿（把市长女儿的手交给他），吹笛手带走了海默林市的所有孩子进行报复。茨维塔耶娃给这个神话作

---

① 《火中生活》，第457和458页。

了一种讽刺性和寓意性的阐释,使得她的诗成了奥威尔的《动物农场》(*La Ferme des animaux*)的前奏。在市长和他的参事们治下的市民们体现了茨维塔耶娃所厌恶的日常生存式的胜利:那是一些饱食终日、沉溺平庸的愚笨俗人,耗子是一些充满活力的入侵者,一些革命者,总之一句话(茨维塔耶娃的暗示没有写出来)是布尔什维克们。只是,一旦掌握了海默林市的政权,耗子们也就资产阶级化了:它们变得和以前的市民们一样饱食终日和麻木不仁,令人腻烦,它们听凭自己沉迷于由地位所带来的独一无二的乐趣。吹笛手,甚至还有他的笛子,在诗中被赋予了许多自主的东西,体现了与日常生存相反的价值观:在世为人,生活的目的,音乐,诗歌。

然而,这种关于生命的浪漫主义艺术崇高感的图景被吹笛手模棱两可的最后举动搅乱了。当然,让城市摆脱耗子的侵袭行动值得赞扬,但是又怎么解释带走孩子们的行动呢?可能成人们是得到了他们应有的惩罚,但是为什么孩子们应该为他们的违约付出代价呢?正当他们以为是去天堂时却被注定消失于湖水之中呢?或者说是否该认为梦想和孩子们可能去的美妙世界总是比某种被迫陷于失望的生存状况更令人向往呢?茨维塔耶娃似乎在暗示诗歌和艺术的力量是巨大的,但是这种力量并不一定是好事:从它的行动中既可以造成好的也可以造成坏的结果。

茨维塔耶娃写了这首长诗,当然,她并没有想到自己的命运将会形象地展现这个神话的一个新版本,她自己会成为这个神话的主要人物之一。海默林的吹笛手是把孩子们从父母那里抢走的力量。这个吹笛手的三种化装体现了茨维塔耶娃各个阶段的生存状态。第一种化装是生活本身:随着孩子们日益长大,父母和子女之间的爱不再是相互性的。父母可以有或者没有孩子,孩子不能没有父母,孩子并不欠父母什么。孩子小的时候需要父母;一旦长大了,他们需要父母离得远一点,让他们自己去生活。当阿丽娅还是孩子时,她依靠母亲生活;一旦成年,她竭力远离母亲。穆尔也走上了同样的道路。

笛子吹奏手的第二种化装被称为乌托邦式。第一次世界大战后乌托邦在欧洲很流行,其实,不是诗歌和艺术诱惑了欧洲人的孩子,而是两个留胡子的独裁者——斯大林和希特勒,关于建立一个尘世天堂的允诺诱惑了他们。几百万年青人被纳粹头子号召蛊惑,欧洲其他地区的青年也被共产主义的允诺蛊惑。希特勒和斯大林拥有一种诗人和音乐家甚至做梦都没有做到的号召力,因为这些魔术师们不是用词语和声音来为他们的作品奠基,而是借助于社会和个人:他们创造了"新人"和"新人民"。茨维塔耶娃心灵深处亲身体验到了这种悲剧:她自己的子女被苏维埃宣传部门的蛊惑迷住了心窍。就像在那个神话故事中,各种允诺显得那么虚幻:孩子们相信是在走向天堂,实际上湖水已经将他们吞没了。

笛子吹奏手最后体现的是大写的历史。茨维塔耶娃的孩子们对于她来说变成了陌生人,至少他们应该生活得还自由。

但是,连这最后的一丝安慰也不给她留下。谢尔盖,她把他当成一个大孩子,在苏维埃监狱中消失了。阿丽娅被投进了一个位于北极圈之外的集中营,她能从集中营活着回来的希望十分渺茫。剩下穆尔——但是战争开始了,并将持续下去,孩子在这个时期中长大了,得上前线打仗去,他生还的运气有多少?茨维塔耶娃有理由害怕:1944 年 7 月,穆尔在前线阵亡了,年仅 19 岁。不单是他,二千五百万苏联人在这场战争中死亡。

相比于耗子魔术师的神话,茨维塔耶娃的历史提供了一个更大的新设想:孩子们自己走向死亡还不够,他们还带上了他们的母亲。在法国,她生活很艰难;在苏联,她无法生存。然而,茨维塔耶娃为了孩子们还是回去了。首先是阿丽娅,她成了坚定不移的拥抱新信仰的狂热分子,投身到耗子魔术师纵队中去,转身投向她梦想中的天堂——苏联。然后是谢尔盖,他因秘密间谍活动被迫逃出法国。最后是穆尔,他一人留在母亲身边。他深信自己比母亲,这位总是埋头于云雾之中的艺术家有一种更现实的世界观。他也是急不可耐地要回归应许之地,刚满 14 岁,就强行要她回国。是阿丽娅先介入了运动,也是她终结了运动。十六年以后,她从流放地古拉格回来,在余下来的岁月中,致力于出版母亲的诗歌,也就是致力于让她那作为作者的母亲复活;同时,她由此实施了一种最后的强暴,因为她坚持把母亲作为一个符合苏维埃标准的诗人介绍出来,仅此一个令人遗憾的误会就使得她远离了诗人。

死亡和复活

人总是被牵着把神圣引入他们的世俗生活之中,认定存在着某个超越他们的实体。在茨维塔耶娃生活着的时候和地方,接近"绝对"的方式发生了变化,变得多样化。人们长久地在天上寻求"绝对"之后,就想着要把这个理想降落到地上:如果说必须作出牺牲的话,那么,但愿不要再为了上帝或神权之王去作牺牲,而是要为了那些团体,然而那些团体纯粹是人的,诸如祖国或者人民,阶级或者种族。一大批她的同时代人在革命中找到了超越性的理想,以为有可能改变社会秩序,带给全人类幸福。我们见识了结果:民族主义和极权主义,在欧洲,在世界上,爆发了多少大灾祸。

茨维塔耶娃自少年时代起,对"绝对"的存在着了迷,她选择接近它。尽管如此,她并不赞同她同时代人的幻想。于是,另一条道路展现在她眼前,几个与众不同的人——几个具有善于辞令天赋的"选民"——在诗歌创作中找到了"绝对"。茨维塔耶娃赞赏里尔克和帕斯捷尔纳克,她本人也具有这种冲动的个性。但是她知道,在她的价值观阶梯上,人被置于作品之上。当她理智思索时,她不去想象以这种方式可以接近"绝对":"诗人在另辟蹊径通往完美的道路上不可避免地要遭受失败。和'绝对'相熟,变得和'绝对'相熟(被他自己),他要求于生活本身不能给的东西。"①如果她明智一点的话,她就该心安理得地满足于美学解答。然而,她不能阻止自己一而再再而三地对她的亲人提出这种苛求;她临近死亡之时,想到的就是他们。茨维塔耶娃反对将她的艺术和生活对立起来,反对以不同的标准来对待各种作品和各色人等,她与王尔德不同,她不能为了某种爱情关系而牺牲写作;她与里尔克也不同,她不能停止去爱。她同样强烈地追求此岸和彼岸。如果有等级差别的话,她偏向于人。简而言之,她殚精竭虑寻求的"绝对"的分寸在诗歌中寻得。生活一旦因艺术而变容,就会变得美好。但是,茨维塔耶娃会倾尽世界上所有的书籍以便能够如她所说"在火中生活"。

在这点上,她和当代人文主义相汇合,这种当代人文主义让我们与其说要作品不如说更要人,与其说要抽象概念不如说更要具体的个人,禁止以拯救人类的名义杀人。茨维塔耶娃本人采纳这种理想。但是她心目中的神圣还保留一丝以前的某种特征。拆除艺术和生存之间的界线的同时,她保持了另一种不可逾越的栅栏,即陶醉于和天使建立联系的生活与担负起母亲和忙于烧饭、洗衣、照顾他人、操劳物质生活的妻子的日常义务之间的栅栏。她能感受到就像和罗德茨维奇的关系之初那种"天地合一"的时刻是特别少有的。她知道,按如此"绝对"的要求培养出来的人是虚幻的(faillibles),唯有她

---

① 《火中生活》,第269页。

自己的举动把他们与其他人区分了开来,她把他们造就成一些和从前的众神同样无情的人。"每个人都是'绝对',要求'绝对'。"① 她能够将"相对"变成"绝对"——给大家提供一个遵循的榜样——,却马上忘了这个神圣的起源,顺从地拜倒于它之下,好像它是外界强制于她似的。她没有担负起与上帝分离的人性生存的悖论,这种悖论需要超越,而世界只提供给它相对的和部分的满足,这种悖论要求触及无限,而人及人际关系却悲剧性地很有限和不持久。

或者说,她看到自己不以纯粹的幻想替代周围的人,让他们能够为她的升天作出发点,或者说她将她和亲人们——她的丈夫或她的孩子们——的关系神圣化,及至她拒绝考虑他们身上发生的变化。她做得好像她周围的一个个人能够成为"绝对"的纯粹体现;她认识到他们并非如此,她陷入了绝望之中。

面对茨维塔耶娃的悲剧,是否该得出结论,"绝对"在人际关系上不应该有它的位置?无疑地是不,但是不应该以万丈深渊将它和"相对"截然分开,因它从"相对"中来,只有一种心甘情愿的决心能把它从相对中摘取出来。"必须把一切都给孩子们而不希图什么,"茨维塔耶娃说道。不应该以分离和不协调的时刻来否认给孩子们的绝对的爱。这些时刻甚至是不可避免的,因为孩子们不再是孩子了。茨维塔耶娃18岁时发的忠诚的誓言

---

① 《开始看到灵魂》,第238页。

只是因为她作出了这样的决定才成其为"绝对"——"不管发生什么,"她在给贝利亚的信中说道①。但是,如果不再是同一个人呢?1937年,内务人民委员会(NKVD)的特工谢尔盖·埃弗隆是否会和1911年时的孱弱少年引发出同样的反应?这不仅仅因为茨维塔耶娃要求实行人性关系中的"绝对",她将这种理想的关系建设孤立于真实的人之外,就像她在对其他一些男人和女人的痴情过程中所做的那样,这不是欲求上天不得的问题,这是因为天地之间缺乏通途。

人不能选择父母,也不能选择在世上生活的圈子。茨维塔耶娃的激情和理想归因于某些人和另有其人。人们很难扭转历史的步伐:是历史带给了茨维塔耶娃革命、毁灭、饥饿、流亡,流亡同胞和法国文人们对她的作品的冷漠。但是人们要为其本人和他人关系的形成负责。然而,茨维塔耶娃难以接受不完美的人的处境,她为之奋斗——一无所获——有时创作出一些想象中的人来替代真实存在的人,有时崇拜某些人物到甘愿为之作出牺牲的地步。其他人对她爱莫能助,因为她让他们陷于无奈。就好像她自闭于这种轮流交替的严酷苛求之中:或者心醉神迷,或者死亡(两种"绝对",真的)。她没有能认识到的,是在日常与崇高之间的抛物线;所以当她被夺去了亲人们的时候,她不知所从,陷入了一种绝境。

生存上的绝境并不意味着诗的失败。"绝对"活在写下的作

---

① 《火中生活》,第426页。

品之中,保证了其作者今天的不朽——总之,茨维塔耶娃坚信这点。可以这么想,就如对于王尔德和里尔克来说一样,她作品中最成功的一部分就是起始时并不是准备成为"绝对"活在其中的那一部分:信件。她本人在给帕斯捷尔纳克的一封信中说:"我喜欢的交流手段一直在彼岸:(做)梦,甚至在梦中所见。其次是通信。信,作为与彼处的交流手段不如梦完美,但是法则是同样的。"①情书,有信任的信,或者,无信任的信,她写信往往和写诗一样倍加斟酌,但是,由于有了一个对话者,她的信更包含了一种比它们的作者更鲜活的形象;因而,"活着—写作",或者"写作——即活着",尽其可能地实现了。茨维塔耶娃也因而不知不觉地做到了,不是在彼岸和对方交谈,而是渗透到崇高与日常之间,存在与生存之间,天与地之间。茨维塔耶娃的死亡将她升高了,提升到大地之上——而她始终是在地上。1913 年,她想到死亡时,她在一首诗中写道:

> 将被埋入土中的不是我,
> 不,那不是我。②

她当然说得有道理:她的遗骨独自安息在爱拉布加公墓的某处;诗人没有死。或者更恰切地说,死亡阻止不了诗人继续作

---

① 《文集》,第六卷,第 225 页。
② 《文集》,第一卷,第 176 页。

贡献,只是他再不能接受什么了。耶稣也不相信他的决定性的死亡:"因为那儿有两三个相似者用了我的名,我就在他们中间。"①茨维塔耶娃最后的诗整篇都是围绕这个主题;诗人的遗言在此成为先知的预言。这首诗有一个故事:1941年3月,茨维塔耶娃遇到了一个年青诗人阿尔塞尼·塔尔科夫斯基(Arseni Tarkovski)。她很喜欢他,一个诱惑性很强的动作悄然发生。塔尔科夫斯基写了一首诗,第一句说:"桌子,我放了一张六人桌。"这六位是年青诗人本人和他的亲人——父母,兄弟,妻子。但是,茨维塔耶娃在此开始发生感悟。六个人聚在桌子边——不是以他的名义,而是以他们全家人性群体的名义——诗歌也将在场;然而,它是一种体现。你怎么能不理解呢,她询问她的年青同伴:

但愿六位……
是七位——因为我在其中!

在这点上,茨维塔耶娃的命运和其他人的命运不同;然而,它指明了一条所有人都能遵循的路径。她的巨大的雄心壮志同时也是一种谦卑的举动。

以及——不要坟墓! 不要决裂!

---

① Mt,18,20;《文集》,第二卷,第369页。

站起来——多舛命运,节日——重新开始了。
那就是婚礼午宴上的死亡,
我此生参加了这个大餐。

我们大家都是来客。

与"绝对"一起生活

我在这本书里提及了三位要和他们自己选择的一种"绝对"一起生活,而不是满足于和传统或当代社会要求的"绝对"一起生活的个人。王尔德、里尔克和茨维塔耶娃分别给了这个总计划不同的诠释;不过,他们的历程在其完成过程中通过它们各自主人公的遭遇殊途同归了。可以看到,这种完成过程是悲剧性的。王尔德身心堕落,里尔克抑郁地终其一生,其过程漫长而又痛苦,茨维塔耶娃政治上和个人生活上走投无路,最终自杀。不光王尔德,他们三个都经历了一种类似农牧神①的命运。和它一样,他们都以为以其艺术的力量可以达到"绝对";和它一样,他们要向众神挑战,以使他们的人生符合于自己的理想。和农

---

① Maryas,古希腊神话中的农牧神,专门照顾牧人和猎人以及农人和住在乡野的人。它有人的身体,头上长角,下半身长着羊的腿。在古希腊神话中,半人半兽的农牧神是创造力、音乐、诗歌与性爱的象征,同时也是恐慌与噩梦的标志。——译注

牧神一样,他们也被操纵人生命的冷漠的众神击败,他们的歌声嘎然而止。

如果说我们今天质询他们不幸厄运的缘由的话,显然不是为了就他们原本可以采取的生存方式给这三位大艺术家某种指责或者马后炮式的建议。一种生活方式在经历之前越是不确定,不管它从出身其中的文化和社会上承继下来的东西有多沉重,一旦介入进去以后,他的生活方式就会变得越来越有其必要,当生命结束时,给人留下它非如此发展不可的印象。难以想象某个能同意隐匿其同性恋、过着资产阶级式双重生活的王尔德,某个能克服其本人的多愁善感、很好地照管其女儿教育的里尔克,某个在巴黎和在莫斯科都能赢得爱戴和欢迎的茨维塔耶娃。他们是否会让自己变成另外的模样,而写不出让我们因此而喜爱他们、倾慕他们人生的文章呢。但是,这些人的一生,以及他们的计划,他们的腾达,他们的失败都变成了世界上充满意义的部分。还有些东西值得我们这些人生还没有终结、没有确定的人们去学习。

这几位诗人命运中的悲剧性格值得仔细地去雕琢。也许今天无论在创作者还是在他们的读者中,没有人或者几乎无人会为了某一个计划,以同样的方式拿自己整个人生去冒险;然而,他们献身计划之强烈让人想起先前那些献身信仰的殉道士们不能不让人唏嘘不已。王尔德、里尔克、茨维塔耶娃能帮助我们每个人去追求完美和处理好与"绝对"的关系,只要我们也认同他们道路上遍布的荆棘,谨记他们苦涩的教训。他们的徘徊游荡并不意味着一切对于"绝对"的追求都将注定要失败,远非如此。

首先必须了解这几位艺术家生活的历史地理背景。这种背景对于里尔克的命运起的作用相对比较弱一些。里尔克对于当代发生的一些事件选择远离。在第一次世界大战期间,他只是勉为其难地做到这一点,他不断地从一个国家颠沛流离到另一个国家,令人难以承受,甚至有一段时间他被征入奥匈军队;但是,其余时间,他有幸得到了几个富有的赞助者的青睐,才使他的生存不受外部环境的影响。王尔德和茨维塔耶娃的情况就与他大相径庭了。王尔德如果生活在法国,就不会因其同性恋倾向被起诉和投入监狱。至于茨维塔耶娃,如果没有布尔什维克革命,她的悲惨命运就无可设想:布尔什维克革命在茨维塔耶娃的母国建立的统治让她无法得到经济上的独立自主,无法得到公众的善待;布尔什维克革命逼使她流亡国外,让她陷于贫困;布尔什维克革命最终让她丈夫沉沦堕落,造成了最终的灾难——说真的,德国入侵苏联又帮助布尔什维克革命做到了这一切。当时的环境情况对于后两位的处境起了很大作用;但是,即使如此,它们也不是决定性的。不管事件如何逼仄,还是有可能作不同选择。在维多利亚的英国,并非所有的同性恋者都遭受到同样的迫害;俄国流亡者的命运也并非都和茨维塔耶娃的命运一样灾难深重。

二元论传统

我们不由得去思考这三位履险者之所以会经历磨难的重要

原因,不在于历史环境,也不在于他们所遭受到的生物性或社会性的限制,更不在于他们的生活总体计划,而是基于他们对于人类世界和他们自身的描述所作的与众不同的选择。他们三位都苦于无法在实体与实体之间建立一种连续性,而实体间其实都不是孤立存在的。自我和他人,对于王尔德来说,是创作和人生存在;对于里尔克来说,是为人存在(être)和人生存在(exister);对于茨维塔耶娃来说,是崇高和平凡。这种断裂并不妨碍他们创作出具有特殊品质的文章,幸亏这些文章,我们——他们今天的读者,能够接近完善的状态,接触到"绝对",即使是很短暂的。这种不连续性还是把他们的人生引向了绝境。换句话说,这几个人,他们或多或少地成了他们所赞同的浪漫观念的牺牲品,他们所作的特别选择即源于此。

王尔德、里尔克和茨维塔耶娃自由地选择了他们的生活计划,这并不是说他们凭空臆造了这个计划的各个部分,也不是说这个计划是专横武断的。恰恰相反,它列于一种长期的、不是偶然形成的传统之中。人类处境本身就包含了某种人们意图克服的困难。要做到这点的办法手段很有限,为此,人们找到与历史上遥远的时刻及地球上一些相互间不来往的部分相类似的反响。困难在于人既人生有限,又具有一种向着无限的开放意识。他们能胸怀整个宇宙和永恒并对其加以分析,同时他们很清楚自己只是宇宙中游荡的一粒渺小尘埃,只是在宇宙的运动中暂时占据一个微不足道的部分。他们并非没有看到他们精神想象之欣喜和他们大部分经验之平庸之间的反差。作为对于人类这种不相连续性的反应,一种可能的选择就是肯定完全隔离的两个世界是并存的,一个就是此岸脚下有限的坏世界,另一个就是天上高处他方无限的完美世界。从这个世界到那个世界对于凡人都是此路不通,但是对于几个稀少的选民来说,只要他们采取适当的态度,他们就能成功到达。

这种克服人生处境固有压力的方式,随着一神论宗教的到来接受一种初始的奇妙冲动。其实,这些一神论宗教并不满足于缩减神灵的数目,它们改变了神性和尘世之间的关系性质。无神论世界观把无限和无穷作为宇宙之原初,把它们和一种由人去驯服、去命令并给它以形的混沌视为同一,无限和有限从一神论的观点来看变成了一种不可到达的理想标志。正如弗朗索瓦·弗拉奥尔特(François Flahault)所注意到的,"旧的宇宙起源论把无限看作一种缺陷——更有甚者,看作一种毁灭性的未区分化,一种对存在的阻挠。一神论造成一种价值观的颠覆:无限变成(大写的)存在的完美化。"[1]在无神论的传统中,我们从源头发现了混沌;众神的介入使得有可能逐渐地将限定、规则、禁忌加入其中:形成一种秩序。对于各种一神论宗教来说,在无限的上帝和有限的世界之间,在绝对完美的天上和平庸的此岸之间,断裂已成定局。上帝不再是某种进步文明的代理,祂变成了不可企及的理想,世界永远不可企及提升到祂的高度。

---

[1] 《在解放和毁灭之间》(Entre émancipation et destruction),《交流文集》(Communications),78,2005年,第40—41页。

在公元最初的几个世纪里，作为对于基督教影响日益增长的反应，一些新的宗教也发展起来，它们加强并且明确说明了这种断裂的性质。其实，基督教肯定基督既是神又是人，因而构成了天地之间的联系。与此相反，新的教义否认这位先哲的神性，巩固了天地之间的分离。我们今天用来对它们进行统称的是诺斯替主义（Gnosticisme），它特别参照了公元2世纪出现的一场运动。它派生出来的最完全、最有影响的是摩尼教义之善恶二元论（Manichéisme），它在公元3世纪广泛传播开来。这两个词现在的意思是互相补充的：摩尼教义首先指对世界的一种描述，对于我们的状况的一种诊断；"诺斯替教义"主要是针对治愈我们的状况的一种药方，为我们指明克服我们的不足的道路。

诺斯替教信徒和摩尼教信徒因而肯定了宇宙的双重性，令人遗憾的尘世和天上的王国。在人间，一种如此不完美的生活不可能是上帝的杰作，这是一种受物质限制、沉浸在黑暗之中、受道德框框的羁绊、迫于性交易和论资排辈、身不由己、岁月逼人的生活。这是一个如此糟糕的世界，以至于人生在世好像是在接受惩罚和不公正的待遇。敏感世界让他们感受到的恶心厌恶和蔑视延续演变成逃出此岸避到彼岸的欲求。彼岸崇高完美，那里一片光明，精神纯粹。如果说天上的王国源自于上帝的话，那么人世间就应该是某个撒旦王，也即所谓的魔鬼的杰作；人只是偶然来到世上而已。面对如此截然不同的对照，怎么会不祈愿离开这种地方而到某个别处去寻觅出路呢？

不过，并不是所有人都能有这番穿越。这种教理不仅导致将宇宙一分为二,而且也导致将人类一分为二。一方面是绝大部分的平常凡人,那些对于真正的光明始终盲目的平常凡人;另一方面是某些个人,能够从羊群①中脱颖而出,克服物质和精神的混杂到达纯粹精神高度的选民。他们要求以实践诺斯替式真知或者超自然认识的拯救来弥补尘世生活中反常地混杂在一起的各种实体之间的完全断裂。

诺斯替教徒们和摩尼教徒们与基督教徒们相对立,但是他们同时借用了他们的词汇。圣·保罗教导道,信仰耶稣,在于抛弃寄宿于每人心中唯自身即时欲望是从的"旧人";在于变成"按照上帝在真正的公正和怜悯之中创造出的新人"②。被诺斯替式真知占了上风,这种对立持续下去形成两个互不交往的世界,形成两种人——选民和罪人,在我们每个人心中形成两种原则——神性和动物性,精神和肉体。基督教也将为之战斗和最终消灭它所判定为歇斯底里的、诺斯替教或摩尼教的东西,它将从内部受到它们影响;它的某些发言人为自己打算而将重新起用敌人的二元论,尽管是用了另一套词汇。

这些二元论通过多种渠道,尤其通过诸如波戈米尔派③和

---

① 基督教中把人称为"迷途的羔羊"。——译注
② 《以弗所书》(*Épître aux Éphésiens*),4:22—24。
③ 波戈米尔派(bogomiles),一种新摩尼教派,公元10世纪出现在保加利亚一带。该派以创始人波戈米尔(Bogomile 意为天主/上帝之友)为名,其信仰掺杂诺斯替教(Gnosticism)、摩尼教(Manichaeism)及二元论(dualism)的元素。——译注

纯洁派①的中介,进入到欧洲文化。它们对于形成大献殷勤彬彬有礼的爱情观念功不可没。这种观念深深地印刻在德尼·鲁热蒙(Denis Rougemont)所谓的"西方爱情"的表现之中,我们看到里尔克是这种观念滞后的信徒。

唯美主义陷阱

窥伺着和"绝对"的关系的首要危险是各种形式下的摩尼教义。还不仅仅是它,压在顽强的探险者头上的第二种威胁可以说是所谓唯美主义。人们这样指称主张唯有美的要求才能决定我们的生活准则的学说。我们看到王尔德有时候想按照他的打算重新生活,但是里尔克和茨维塔耶娃对它也并不完全陌生。为什么它失败了呢?因为它拒绝接受人生是多种多样的。美属于"绝对",但是"绝对"不会在美之中枯竭。生活中可以有瞬间的完美而不将它降格为一种美学经验。不应该以王尔德那种方式预先否认他需要得到承认和爱来设计个人的绽放。"没有彼人,我们不能成为此人,费尔巴哈(Feuerbach)在他对'尘世绝对'的质询中注意到了这一点,唯有群体

---

① 纯洁派(cathars),又称阿尔比教派(Albigensians),是中古世纪基督教的一支异端教派名,主要分布在法国南部。此教派主张灵魂高于肉体的二元论,认为善神造灵魂,恶神造肉身,而肉身仅是束缚灵魂。否认耶稣基督是神,只是将耶稣视之为最高的受造者,认为基督的肉身不具实体,所以既没有死亡,也无升天的概念。——译注

能表达人性。"①我们也不能将人的真和善的属性假设为不是人的本性而是由外界加之于人的,以此来歪曲某人。当王尔德将美学描述为一种道德伦理上的丰富而不是它的替代时,他本人看得再清楚不过了;美仍是令人想望的。当美学考虑开始排斥法则,或排斥善,或排斥爱时,我们就陷入了教条性的唯美主义。

1845年,在唯美主义的首批宣言之一中,埃内斯特·勒南(Ernest Renan)发表了他的信条:"为了美,每时每刻都去做你内心启示你去做的事。"这就是全部的伦理。所有其他的规则都是在其绝对的形式下虚假的、欺骗人的东西。"②缺乏明确的补充说明让人设想勒南看到了一种摆脱了其他考虑的美:美学在此没有留下任何位子给道德伦理。对于这种降格的和可以称之为反人道的、如此扭曲人性的唯美主义,一千五百年前的圣·奥古斯丁(Saint Augustin)说的话与之针锋相对,勒南在发表他的铭言"爱吧,干你想干的吧"③时,脑子里可能也想到了这一点。毫无疑问,将对人类行为的所有要求缩减为唯一的要求是有点过分;不过这种指令的效应可能并不如勒南的箴言的效应严重得多。

《1984》的作者乔治·奥威尔(George Orwell),属于在20世

---

① 《基督教真谛》(*L'Essence du christianisme*),马斯佩罗出版社(Maspero),1968年,第298页。

② 《科学的未来》(*L'Avenir de la science*),前揭,第871页。

③ 《评圣·约翰的第一封书信》(*Commentaire de la première épître de saint Jean*),VII,8,雄鹿出版社(Le Cerf),1961年,第328—329页。

纪中期对反人道的唯美主义进行反思的作者之一。他首先质询我们对孵化出一部杰作所能接受的代价:"如果明天莎士比亚回到世上,如果人们发现他最喜欢的娱乐就是在火车的车厢里强暴小姑娘,人们不会以他还会写出另一部《李尔王》为借口而对他说继续这样干下去,我们不会对他这么说,因为那会混淆了美学上和伦理学上的(甚至法律意义上的)两种前景。每个行为都应该自行得到判断,这个行为弥补不了那个行为。

> 身体之美是一种至高的天赐,
> 一切卑鄙无耻以此可以取得宽恕。①

如波德莱尔所说是不行的。

美只是某对象或某存在的一小点(还是暂时的)特征,而不是它的全部。"我们对一堵墙的首先要求是它必须竖立着,"奥威尔还写道,"如果它竖直了,这就是一堵很好的墙,至于竖起它的目的问题可以另作别论。然而哪怕是世界上最好的墙,如果它是用来作为集中营的围墙,那也必定要把它推倒。"②不管此墙如何美丽,它的表象不会让人忘记它另外还有一个主要作用。

在第二次世界大战中的柏林轰炸期间,受希特勒宠爱并成了他的装备部长的建筑师阿尔贝特·施佩尔(Albert Speer),即

---

① 《寓意》(Allégorie),《恶之花》(*Les fleurs du mal*),前揭,I,第116页。
② 《司铎的好处》(Benefit of clergy),收入乔治·奥威尔,《企鹅散文》(*The Penguin Essays*),伦敦,企鹅出版社,1984年,第253页。

使正当轰炸让他所服务的国家处于危险之中,他仍要放纵他对戏剧性"场景美"的爱好:"必须时时想到现实的凶狠面孔,而不至于对这种情景陷入痴迷之中。"①在切尔诺贝利爆炸之时,住在附近的科学家们情不自禁地要凑近去观看:这场火真太吸引人了。我们不知是否认同这种对于美的着迷:"我们太知道这一场火掩盖了现实的凶狠面孔。"更要紧的是,我们很难去欣赏这样一个人:他只顾培育自己的美学享受,而不顾这种享受是以让他周围的人遭受巨大痛苦为代价的。这就是为什么我们谴责尼禄(Néron),据传他为了欣赏熊熊大火之美而下令火焚罗马:罗马市民遭受了巨大灾难,为他的美学陶醉付出沉重代价;或者说,一些人付出的痛苦比另一个人的审美沉重得多。

"绝对"的着陆

我上文中叙述的三个人的人生体现了摩尼教和唯美主义导致的陷阱。这些教义在一种特殊的历史背景内形成了它们的特征,那就是现代欧洲的历史背景。如果想要更好地理解他们,就必须熟悉一下我在下文中粗略勾勒的这个历史背景的几个主要阶段。

现代性的历史是以一种巨大的蜕变为特征的:这是由宗教

---

① 《在第三帝国心脏》(*Au cœur du Troisième Reich*),法亚尔出版社(Fayard),1971年,第409页。

构成的世界过渡到了另一个只参照人性和尘世价值观组织起来的世界。它的遥远起源可能在于基督教义,根据基督教义,基督的王国并不属于这个世界,这就给自治的尘世权力留下了位子。基督教一旦变成国教,我们提到的原则被搁在了一边;但是一千年之后,中世纪末期,皇帝们寻求摆脱教皇们的控制,他们在那些渴望重新找到基督教义纯粹性的人中找到可贵的盟友。在16世纪发生多次宗教战争的时候,要摆脱教义性的选择以独立掌握权力的需求扩大了:国王就是至高无上的。王权已经以它的方式体现了一种尘世的"绝对",因为,作为制度,它会长久地持续下去,——与此同时,它始终由一些凡人来作代表。对于世界的认识也从宗教的控制下解脱出来,思想生活和私生活遵循着它本身的价值观,艺术学会了颂扬人而不再仅仅颂扬上帝。

在这个延续了几个世纪、历史学家们详细描述的解放过程中,在欧洲,比其他的日子更清楚地标志这种断裂的是 1789 年。法国大革命其实不仅仅是被导向反对绝对君权或者贵族特权。诚然,它涉及到将特权移交到人民手中,但也涉及到权力的最根本的基础发生了变化,也就是更确切地说,"绝对":它不该再成为宗教独有的领域。将人权置于圣经的位子上不光是将一个文本替代另一个文本,这也是为大家考虑和为大家所知的一种俗世的"绝对"替代了天上的"绝对"。1789 年夏天,人们震惊地看到制宪会议的成员们在他们陷入行动的火焰之中时,还花时间以人和公民的权利宣言的形式(1789 年 8 月 26 日)制定了他们最根本的行动基础。在这宣言中没有任何参照上帝和教会的东西。序言中宣告有必要参考"人的自然权利神圣不可侵犯"。神圣不可侵犯在此纯粹是指人而言。当宣言的作者们寻求建立他们的条件要求时,他们强调宣言是为了大家"共同实施",或者强调了宣言的"公众必要性"。人的行为只被置于人的法律之下,而"法律是总体意愿的表达"。①

总体意愿又让民族形成一个既具抽象性又具集体性的实体。民族接替了王国,它也具有王国的特征:民族是个在历史上延续多少代以来又存在于现时的、既是纯尘世的又超越了所有个人的实体;任何个人的变节、背叛都无损于它。在1789年初出版的小册子《何谓第三等级》(Qu'est-ce que le tiers état ?)中,西哀士神父(l'abbé Sieyès)预先作了铺垫,他宣称"首先,民族存在着,它是一切的起源。它的意愿总是合法的,它就是法律本身"。②人权宣言因而又得以重提:"一切统治者的原则要旨都在民族之中。"民族将是尘世"绝对"的主要体现,这个体现有时候以人民——它的更具体的替代者为支撑,或者以国家——制度律法的体现者为支撑。神圣不可侵犯由上帝转移到了人。

能否说将"绝对"带到尘世上,将纯粹由人组成的群体神圣化的革命尝试没有任何问题了呢? 法国和外国的观察家们特别

---

① 《1789年以来法国宪法》(Les Constitutions de la France depuis 1789),加尔尼埃-弗拉玛里翁出版社(Garnier-Flammarion),1979年,第33—35页;参见戈歇(M. Gauchet),《人权革命》(La Revolution des droits de l'homme),伽利玛出版社,1989年。

② 《何谓第三等级?》,法国大学出版社(PUF),1982年,第67页。

是从恐怖的1792年起就开始怀疑这个问题,为自由而斗争走向了取消自由:难道这不正证明计划一开始就走错了道吗?于是发生了两种类型的反响。第一个反响是拒绝变化的本身目的,要求复辟先前的秩序,甚至根据其中最激进的旧秩序捍卫者的要求,复辟一种教会秩序(君主制法国不在其内),由神权价值观直接决定政治决策的秩序;第二种是自由主义者们作出的反应,他们的学说在此时刻和当时的革命事件相连,互为补充,互作说明。他们主张,作为开始,接受1789年运动中的批评部分,抛弃建立在教会基础上的神圣秩序;但是考虑到导致恐怖派生的可能,它不再要求将民族、人民或者国家神圣化。自由主义者们因此不再故作某种纯负面的姿态,也不再放弃一切超越,不过,他们希望作此种的选择仍归于个人的自由。

由此引进了一种旨在尘世"绝对"史中起一种首要作用的区分,将尘世上"绝对"的各种集体形式和各种个人形式区分开来。一方面通过一种国家制度的改变来达到拯救,然后通过一种种族的更新再生或者被压迫的工人阶级的某种解放来达到;另一方面,放弃改良社会,致力于完美个人和某种理想的个人崇拜。

在法国最精彩的发言人之一本杰明·贡斯当(Benjamin Constant)的文章中有这种主张的最初雏形。在他1806年题为《政治原则》(*Principes de politique*)的手稿中,他自问宗教在现代民主中的地位。的确,宗教再也不应该成为政治制度的基础,也不应该由一种公民宗教来替代它,更不应该被一种更具压迫性的宗教来替代它。但是,从中得出宗教感情本身应该消失或者低估其重要性是一种错误。为了更好地理解这种情感,贡斯当将它放置于一整套人性化态度之内,这些人性化态度不能以谋求某种即时利益来作解释,幸亏有了这些态度,个人能感受到一种优于他的力量的推动,受到一种向着"绝对"的吸引力的推动。在这些态度之中,在严格意义上的宗教情感之外,还有:面对自然的沉思冥想,对道德勇敢或者宽容仁慈等行为的崇敬,即使这些行为是在一种纯粹平凡无奇的范围内施行的,也会得到崇敬;对某个亲人的爱;最后是面对美的赞赏,尤其,例如在某件艺术作品中发现的美。"在各种审美活动中,某些东西让我们'忘我',感受到完美比我们更值得。"[1]宗教经验失去了它的社会作用,它变成了一种让个人和"绝对"发生关系的众多经验中的一种个人经验,宗教经验不再用来包含社会秩序,而是被包括在社会秩序之内,并且听从于社会秩序。贡斯当在他自1824年起出版的伟大著作《论宗教》(*De la religion*)中扩充了他的论据。

一种美学教育

贡斯当并不是赋予美这样的位子的第一人。柏拉图不是已经说过"对一个人来说,当他发自内心来欣赏美时,生命值得去经历一番"或者更进一步"毫无疑问,一切善的东西即是美的"[2]吗?

---

[1] 《政治原则》,VIII,1,阿歇特出版社(Hachette),1997年,第141页。
[2] 《会饮篇》(*Le Banquet*),211d;《蒂迈欧篇》(*Timée*),87c。

再说,贡斯当为了支撑他关于在审美问题上所说的话,举出了一个可能给了他这种想法的"天才男子",那就是歌德。几年之前贡斯当在德·斯塔埃尔(Germaine de Staël)陪伴下去德国旅行时碰到过歌德。在此期间他们频繁拜访过席勒(Schiller)和那些他称之为"德国浪漫派"的作家们,如谢林(Schelling)或者奥古斯特·威廉·施莱格尔(August Wilhelm Schlegel)。确认美学经验的价值,是这个小团体的所有成员都有的想法。在这个问题上,揭开序幕的是弗里德里希·席勒写于1794年并于次年出版的《关于人的美学教育信札》(Lettres sur l'éducation esthétique de l'homme)。

席勒的文章属于法国大革命的自由反响的范围,它的作者是威廉·冯·洪堡(Wilhelm von Humboldt)的朋友,冯·洪堡在1792年发表了《国家作用限制论》(Essai sur les limites de l'action de l'État),是受法国发生的事件所采用的表达形式的启发。这是现代自由主义奠基文章之一。席勒很理解他朋友因担忧国家神圣化而作的一些保留意见;同时,他一点不希望宗教秩序卷土重来,他甚至向为了建立一个以理智而不是以信仰为基础的国家而作勇敢尝试的法国人致敬。然而1793年1月,路易十六被处死,这使得他将刽子手们称为"可恶的屠夫";六个月之后,他对法国大革命中的做法所用的措词就毫不含糊了:它将法兰西、欧洲和整个世纪归入到"野蛮和奴役"[①]之中。但是,席勒

---

① 1793年7月13日信,收入《席勒书简》(Schiller's Briefe),1892—1896年,第三卷,第333页。

并不只坚持这一种诊断,他还提出了一个治疗良方。如果说大革命如此不好地转向的话,那是因为引导它的人们,得益于其中的人们,不具有必要的素质——他们对于获得自由还不够成熟。对于席勒来说,"绝对"应该和个人经验密切相连而不只是体现在制度条文上。因而,必须着手他们的教育和将他们改变成有道德的人,这教育就是席勒的书中所说的:要对人进行美学教育。

在此,要求"让人懂得美"意味着什么?按席勒的理解是,每个人都要改变自己的生命,将它置于美的要求之下。照他的说法,美透露出了我们人类,它是我们"第二个造物主"。理由在于美的创造不是被置于任何外部目的之下,美是在其本身找到它的归宿。从此观点看,美与席勒所谓的"游戏的本能"相连,由此,美变成了人性自由的体现。"通过美的途径达到自由。"所以美学教育对于人的道德风貌具有即时效应:这两种前景在个人的变化中汇合在一起,独立自主的美同时是一种道德伦理。总之,美比旧的伦理道德更具有一种优越性,因为它不受任何外界强加的一切秩序牵制,它只取决于个体存在本身。而美的人性化身,就是艺术;因而人能够通过艺术实践而受到教育。"(我们)寻寻觅觅的工具就是美术。"

是否是说席勒想推动一种艺术教育?不是的。艺术只是树起一种自由活动的榜样来教育人类,自由活动以其本身为最终目的而不是以其本身之外的其他东西为上。同时,艺术是敏感和智慧的相遇,物质和精神的相遇;由此,它成为"一种'无限'表现"。和上帝一样,美指称"绝对";人接触美术可以完美自我。席勒即使提到了"还有更困难的生活艺术"①,他并不考虑一种免除艺术实践本身的教育。

因而,不存在将艺术与其他人类活动割裂的问题:席勒的计划将艺术性和政治性紧密地结合起来。美导向真与善,频繁接触艺术教会人们懂得自由和平等,因为在美面前人人平等,大家都可以以同等的身份参与进去。"唯有建立在美的基础上的关系,社会才有凝聚力,因为这样的关系和大家共有的东西有关。"美不认同社会特权和阶级特权。"在讲究美的国家里,所有人都能操作自己,他是个行动自如的公民,他享有与最高贵的人们相等的所有权利。"②

这样教育出来的人们不再会有掉入法国革命者们的怪圈之中的危险。那些以为自己正在为自由奋斗的法国革命者们却带来了恐怖。艺术是美的化身,它本身是自主的同义词,它逐渐承担起犹如让人们逐渐发现信仰的功能:承担起产生得到重生的"新人"的功能。圣·保罗常常谈起一个"旧人"和一个"新人";现在由美学教育来发挥同样的改造力量。

席勒的纲要在他的读者中立刻引起了很大反响,因为他让他们将其所赞同的大革命目标——将"绝对"带回地上及让它为人们能接受——和他们对(将非个人的集体诉求神圣化的)恐怖的

---

① 《关于人的美学教育信札》,奥比埃-蒙田出版社(Aubier-Montaigne),1943年,第281、263、191、75、133、191和205页。
② 同上,第351和355页。

谴责协调起来。他同时向他们指出为避免陷入同样怪圈应该遵循的道路：以艺术手段对人们进行美学教育。艺术手段因而具有了一种卓越作用，这种作用只会提高艺术家们的地位让他们欣喜不已。整个德国浪漫主义参与执行了由席勒如此规划的纲要。

根据新的学说，艺术占据了一个至少和宗教同等的位子，我们看到，宗教曾经是通往"绝对"的康庄大道。诺瓦利斯(Novalis)1798年在《波朗》(Pollen)中写道："诗人和神甫起初是合二为一的，他们只是到后来才区分开来。但是真正的诗人始终是神甫，同样，真正的神甫始终是诗人。难道将来不会把我们带回到事情的从前状态吗？"然而，相对于神甫，诗人经常享有某种特权，席勒受荷尔德林启发，1796年写了一篇著名的纲要性的文章，黑格尔(Hegel)后来抄袭了这篇文章，当然也遭到了处罚，文章中把艺术计划描绘成"一种新宗教"。荷尔德林1797年写的小说《许珀里翁》(Hypérion)①肯定了同样的等级观："艺术是神来之美的第一个孩子。……美的第二个孩子是宗教。"宗教居于次位，这不足为奇，在此，它只是被降为美的一种普遍表现而已。瓦肯罗德(Wackenroder)在他1797年出版的《一位艺术教友关于艺术的奇思妙想》(Fantaisies sur l'art par un religieux ami de l'art)中为人们考虑了两种方法去"充分抓住和理解天上所有事物的力量"。两种美妙的语言，其中没有一种与宗教礼仪有关，

---

① 许珀里翁是希腊神话中的一位巨人的名字，是太阳神、月亮神和缪斯女神之父。——译注

诸如字斟句酌研究作文或祈祷,即是观赏自然和艺术实践的两种美妙语言。艺术实践让人在创造一个和谐世界的同时变得对上帝很敏感,因此,"艺术给了我们至高完美的人性"。①瓦肯罗德的计划仍然从属于基督教理想,但是通往理想境界的道路不再是教会所嘱咐的了,而是通过欣赏美达到理想境界。

人们感到这个非常年青的群体(1797 年,荷尔德林 27 岁,诺瓦利斯 25 岁,瓦肯罗德 24 岁,谢林 22 岁!)陶醉于他们自己的公式之中,并不寻求在实际生活中让它们得到确认。在他们的文章中,艺术经验被说得神乎其神,他们自己心醉神迷其中。美其实取得了上帝的位子,正如后来他们的一个追随者所说:"美就其绝对的实质来说,即是上帝。"于是,这种论调被推到了价值观的顶峰。"理智的至高行为,是一种审美的行为,理智以此行为包容了所有观念。"受荷尔德林启发的**纲要**如是宣称。荷尔德林在其小说中确认了美和神为同一:"如果人成为神的话,他只能是美的。"②通过美可以确保通达"绝对"。

---

① 诺瓦利斯,《全集》,第一卷,伽利玛出版社,1975 年,第367—368 页;《德国唯心主义最古老的系统性纲要》(Le plus ancient programme systématique de l'idéalisme alle mand),收入拉古-拉巴特(P. Lacoue-Labarthe)和南希(J. L. Nancy),《文学性绝对》(L'Absolu littéraire),瑟伊出版社,1978 年,第 54 页;荷尔德林,《许珀里翁》,伽利玛出版社,1973 年,第 143 页;瓦肯罗德,《论两种语言》(De deux langages),收入《德国浪漫派》(Les Romantiques allemands),戴克莱·德·勃劳维出版社(Desclée de Brouwer),1963 年,第 291—294 页。

② 托普费(R. Töpfer),《一个日内瓦画家的思考及小小建言》(Réflexions et menus propos d'un peintre genevois),第二卷,1847 年,第 60 页;《纲要》(Programme),第 54 页;《许珀里翁》,第 142 页。

为什么美享有这样的特权?席勒已经指出了其中的缘由。谢林给美的定义是"以有限的方式表现出的无限":美指称我们和无限的联系。同时,美及其艺术产生体现了并非屈居于某个特殊目的之下的自由活动,这自由活动显示出其与神意的关系特性。"艺术应将其神圣性和纯粹性归功于它相对于外部目的的独立自主性,"谢林写道。美其实以其艺术榜样的方式表现出来。因此,诗歌对人类的教育作用得以确认。瓦肯罗德宣告:"艺术给予我们至高的完美人性。"对于谢林来说,"天才只有在艺术中才得以发挥成其为天才","唯有艺术揭示出永恒的存在"。在此宗教已经不在话下——艺术才是通往无限的康庄大道。诺瓦利斯1798年写道:"诗歌是真正真实的'绝对',那是我的哲学的核心。"[1]

艺术和诗歌的这个作用,美的榜样的体现,毫不意味着背身不见其他的人类活动:对席勒来说,美学教育和政治计划是相提并论的。只须人们去发现美,荷尔德林说道,"就将会实现普遍的精神上的自由平等。"[2]个人道路和集体道路并不相矛盾,只是很难同时遵循两条道路。在荷尔德林小说中许珀里翁交替着走两条道路,他一会儿投入政治斗争,一会儿为了对一个女人狄

---

[1] 谢林(F. W. Schelling),《先验唯心论体系》(Système de l'idéalisme transcendantal),收入《评论集》(Essais),奥比埃出版社(Aubier),1946年,第169和171页;瓦肯罗德,第294页;谢林,第165和167页;诺瓦利斯,《作品全集》(Œuvres Complètes),第二卷,第137页。

[2] 《纲要》,第54页。

奥蒂玛(Diotima)的爱又逃离政治斗争,但是,通过这两种经验,他追求一种不再具有宗教性的"绝对"。人对于其同类的物质生活不能背转身去。但是,他能顺应美的呼唤转过身去。

于是,和传统宗教的关系是双重的:既断裂(因为相对于祈祷,人们更喜欢艺术作品,相比于先知,人们更喜欢诗人)又延续:艺术活动本身已在宗教实践的模式上得到描述。圣·奥古斯丁常说,上帝没有任何外部目的,上帝本身就是最终目的;各种浪漫主义学说重申,与所有其他存在或者人所遇见的所有其他行为不同,美和艺术作品才是自由的,它们自由于一切臣服之外,决不屈居于任何目的之下。

一元论上帝被想作无限;从此,艺术让人可以通达无限。不管向它呼救的人们如何行径卑劣,上帝在其台座上纹丝不动;对于同时代人在他们理论的少许效应下的行为,浪漫派们以同样的方式无动于衷。在他们之中仍忠于两元论的人们心里,天地截然分明的观念没有真正地消除,它只是转移了:一切发生在人世间,然而,一种不可逾越的距离将天才的艺术家,如瓦肯罗德所说的,"这些众人之中稀有的选民"[①]和他们所要为其指明道路的群众分隔开了。艺术不是指手艺达到的某种高度,它是以某种方式对手艺的否定,因为手艺体现了从属,而艺术体现了自由。艺术替代了宗教,但是艺术是按宗教的形象设计的。

逆命题同样也是成立的:这些年,基督教内部出现了一种趋

---

① 瓦肯罗德,第292页。

于将宗教作为一种艺术作品来设计的运动。夏多布里昂1802年发表的脍炙人口的《基督教的天才》(*Le Génie du Christianisme*)即是一证:对于它的作者来说,上帝是"杰出的美",而基督教是值得遵循的,因为它是"最富诗意,最人道,最爱好自由、艺术和文学的"。①夏多布里昂在其书中自告奋勇地证明基督教礼仪是美好的,世上一切自然奇观都证明了上帝的存在,受这个宗教启发的艺术作品是世界上最优秀的杰作。换句话说,对基督教的称颂被置于由宗教束缚中解脱出来的人们确立的美学和个性自由的框架之内:他以平淡无奇的理由来赞扬神圣。

天才和俗人

法国大革命强调和美化了世俗化运动,当人们在此运动中试图以俗世的"绝对"替代天上的"绝对"时,一部分新人就算放弃了向上帝和宗教的求助,两元论思想结构仍将维持下去,因而处于地下的诺斯替教和摩尼教世界观的影响仍很强大。可以看到在他们心里真实世界和理想世界之间的根本对立仍比比皆是,一个令人憎恶,另一个受到极力奉承;人类不对称地分为两个群体——盲目的群众和英明的精英们;对于那些精英们来说,他们有可能凭其知识学问通达九霄。这种学说在"'绝对'着陆"的时候受到了它的第二次强大的冲击。

---

① 加尔尼埃-弗拉玛里翁出版社,1966年,第101和57页。

在叔本华(Schopenhauer)的著作中,从这些浪漫派的立场出发,可看到一种特别明了的情况(也许,因此而影响特别大)。在《作为意志和表象的世界》(*Monde comme volonté et comme représentation*)(1844)第二卷中,有关"天才"、"意愿"、"表现"的章节中,颂扬了理智的表现,诋毁了作者所谓的"意愿",即平常生活要求。书中以两个系列人物为例作为两条道路的榜样:一方面是哲学家和艺术家、智力大师们,另一边是其他关心其在尘世上的七情六欲、讲究实际的、臣服于共同伦理的人们,如工匠、商人或学者,他们都是"意愿"的奴隶。一边是追求"设计出事物和世界的本质精华,也就是说至高的真理,以某种方式将它们再生出来";另一边是那些将他们的行动置于个人实际目的之下。或者更直截了当地说:一边是天才们,另一边是俗人们。

"天才"是什么?那是寻索知识及其表现之本真,从不让它们为低俗需要服务的人。低俗的人正相反,按他的意志把它们完全置于其利益之下。在这个意义上,低俗的人是正常的,天才却近乎妖魔、疯子或者罪犯,反自然而行之,我行我素,无法无天。"对于这样一个人,"叔本华继续说道,"雕塑、诗歌、思想是一种目的,对于另外一些人,那只是一种手段。"① 把叔本华和他的前辈们区分开来的不是对立的性质(精神—物质,一般—特殊,无用—有用,理论—实践……),更多的是两种提法之间的鸿沟及排他性地选择其一的立场:这里,伟大,英雄主义,美;那里,

---

① 法译本,法国大学出版社,1943年,第196页。

渺小,胆怯,丑恶。

然而,一切勋章都有其反面:天才得为他的入选付出牺牲俗世生活的代价——他是那么不善于生活——他的生活充满了痛苦。叔本华提出了一个公设,"开启心智的光芒越明亮他就越能清晰地发现其困境",这种困境是天才"为了一个目标牺牲他个人舒适安逸"的自然后果。这个人擅长于阐释人类命运却不会洞察他身边人的心思,也不会让他们向着他。他的心思过于集中于本质问题,他不知道日常生活中的千百种烦琐细节。天才是个与众不同的人,"天才本质上是孤独的",他不会和他的邻居等平常人打交道。"他们的快乐不是他的快乐,就像他的快乐不是他们的快乐一样。他们只是一些有思想的人,对人际关系束手无策的人,他同时是一个纯理智的人,属于全人类的人。"因此,天才来自于懂得摆脱和他人的关系羁绊的人们;女人们中间"从来不出天才,因为她们总是主观性很强"。理想的解决办法是她们要满足于保证她们身边的天才们的物质生活,因为"能使天才们引以为最快乐的,就是让他摆脱他不擅长的一切具体事务,使他得以有充分的时间投入工作和生产出作品来"。①让天才以其他人的生活方式生活,他不会感到幸福的;在这个没有上帝的世界里,如果他不像是一个殉道者的话,他就像是一个隐修士。至少,在这个世界上痛苦地生活成了一种接近成为天才的

---

① 法译本,法国大学出版社,1943年,第195、196—197、201—202、203和202页。参见霍斯通(N. Huston),《失望的教授们》(*Les professeurs de désespoir*),阿尔勒,南方文献出版社,2004年。

必要手段。可以设想,如果里尔克有时候没有那么太认真地对待由叔本华普及了的摩尼教条该会怎么样呢。

是否能对这位德国哲学家说创作者的痛苦是创作的**必要条件**,艺术家应该牺牲他的人生将它放置于艺术的祭坛上?里尔克和茨维塔耶娃的痛苦命运和其他一些人的命运一样,表明如此的一种经验不一定阻碍作品的完成,同样也不能就此作机械性的推论。例如,王尔德的命运作了相反的印证,因为在他心里写作的幸福和成功的生活相联在一起,入狱使他不可能进行创作。不难找到某件艺术杰作的产生毋须一丁点牺牲或者将人生所有其他方面屈居其下的其他个案。痛苦和创作不是非互不相容不可的,这并不意味着这一个是另一个的必要条件:叔本华的心智建设是难以坚持的。

两元论世界观可以巧妙混入两种俗世"绝对"的形式之中:集体性的和个体性的。浪漫派思想家为他们自己重新拣起了摩尼教的世界观,在此,艺术家和诗人组成了人类的精英,艺术起到了诺斯替教义在旧宗教学说中的作用。梦想着集体拯救全人类或拯救人民的一些乌托邦主义者也是同样情况。政治上的摩尼教主义和美学上的摩尼教主义可以在这种或那种情况下处于对立,这并不妨碍他们持一种相同的世界观。鼓吹极端学说的人们徒然地轻视浪漫派思想家,他们像后者一样背对一切政治介入形式,他们属于一种同样的历史运动。对于政治极端主义和美学极端主义之间的相似性很敏感的卡尔·波普(Karl Popper)对极权主义作了分析,他下结论道:"这个迷惑人要建立一个美好世界的梦想只是一种浪漫的幻象。"①

我们知道,要来一个彻底大决裂,来一个整体革命,因而也要来一个排他性的大沉没于"绝对"之中引发了多大的破坏和灾害。当人们所梦想的理想具有政治性质时,提出以一个光辉灿烂的未来来替代平庸无奇的现时存在的各种乌托邦主义,这是一剂比丑恶更糟糕的药方,他们却声称以此来治愈我们。我们今天抛弃了兜售政治梦想的商人,他们是向所有人允诺幸福马上来临的乌托邦主义者。因为我们知道这些允诺掩盖了墨索里尼和希特勒的险恶行径。我们有时候相信某种艺术性完美的浪漫形象即是他们的反衬。实际上一点不是。两者不仅仅曾经相互作用或者说相互对立,它们还出自于同样的世界观,那是从根本上将低俗与崇高、现时与将来、坏与好对立起来的世界观。这种世界观要决定性地毁灭前者。然而,如果理想不再成为一道可望不可及的地平线,变成了日常生活的规则,其结果是灾难性的:那是一片恐怖景象。历史告诉我们,浪漫梦想、乌托邦政治否定之否定的双重颠倒,尽管远不是谋杀凶手,但还是给人们带来了失望。

艺术和革命

1849 年 5 月 27 日晚,一辆驿车停到了博登湖(le lac de

---

① 《开放社会及其敌人》(*La Société ouverte et ses ennemis*),第一卷,瑟伊出版社,1979 年,第 135 页。

Constance)①边的德国城市林多(Lindau)②的门前,警察收去了想要穿过湖到瑞士去的旅客们的护照。其中一位旅客特别不安,因为他递给警察的不是他的护照,还过了期;他向一位朋友借来护照试图逃出国境。这位旅客就是德国作曲家理查德·瓦格纳(Richard Wagner),时年36岁。警察只看了一眼他的护照就放行了,瓦格纳登上船来到瑞士,开始了他漫长的流亡生活。他很高兴。他逃过了被投入监狱的命运。

在德国,瓦格纳因为参加自1848年以来震撼欧洲的革命运动而受到追捕。这年5月,德国各公国的代表在法兰克福聚集,鼓吹成立统一的德国,并为未来的国家制定一个宪法。这次会议之后没有引起制度性的效应,但是震动了思想界。1849年4月,法兰克福议会决定将日耳曼帝国的桂冠献给普鲁士国王。这位国王回绝了这个提议,他不愿意从他的子民手中接受它。1849年5月3日,人民上街游行表示不满。萨克森(Saxe)省首府德累斯顿(Dresde)街上筑起了街垒。萨克森是瓦格纳居住和工作的地方,作曲家和起义者们站到了一起,街战非常激烈。7日,瓦格纳决定让他妻子、他的狗和鹦鹉先隐藏起来,他把他们带到一个邻近的城市。8日,当他回到德累斯顿时战斗已经结

---

① 博登湖也称康斯坦茨湖,位于德国、奥地利和瑞士三国交界处,是德语区最大的淡水湖。——译注
② 林多又译作林岛,是德国巴伐利亚州的城市,位于博登湖东岸的岛上。林多是一座旅游城市,是德国南部"阿尔卑斯山之路"的起点,最具特色的是它以阿尔卑斯山为背景的港口、灯塔和代表巴伐利亚的狮子雕塑。——译注

束,带头造反的人被投入监狱,他本人刚刚来得及侥幸逃跑。从那天起,直至到了瑞士,他不得不躲藏起来。在起义前几个月中,瓦格纳并不掩饰他同情哪一边。他的信件、公开讲话和发表的报刊文章都表明必须以某种力量来改变社会。这位酷爱音乐和戏剧的人,这位崇敬霍夫曼(E. T. A. Hoffmann)和其他一些浪漫派作家的追捧者在流亡德累斯顿的俄国艺术家和职业革命家巴枯宁(Bakounine)身上,发现了一个新的良师益友,他采纳了无神论者普鲁东(Proudhon)和费尔巴哈的教导。他相信普世性的博爱,人民的权力和个性的绽放,他也鼓吹要让社会为人服务。

瓦格纳逃到瑞士的第二天,就着手写了几篇文章。在文章中,他陈述了自己关于艺术以及艺术与社会的关系的信念:这就是《艺术与革命》(*L'Art et la Révolution*)和《未来的艺术作品》(*L'Œuvre d'art de l'avenir*),两者都发表于 1849 年。

瓦格纳向往"绝对",但是他不在既成的宗教中寻求"绝对";他觉得似乎艺术就是"绝对"的最好化身;"它是生动地表现出来的宗教"①。从这点出发,他提出,在艺术活动和社会生活之间建立起某种双重关系。一方面,为了让艺术绽放,社会应该为它创造最有利的条件。而瓦格纳生活其中的社会,也就是当时的各日耳曼公国,远没有具备这些条件;必须改变它,因而必须支

---

① 瓦格纳,《散文作品集》(*Œuvres en prose*),今日出版社(Éditions d'aujourd'hui),1976 年,第三卷,第 91 页。

持革命。瓦格纳只是在政治能促进艺术绽放的情况下才对政治发生兴趣。对他来说,社会革命本身不是目的,而是有利于艺术革命的手段,是得以建设新大厦的基础。

为什么将此荣誉给予艺术家们?这就引入了艺术和社会的第二层关系:"人的至高目的是艺术目的"和"艺术是人的最高级活动",是罩在他尘世人生头上的光辉。"真正的艺术是最高的自由。"瓦格纳与圣西门们(les Saint-Simoniens)做着同一个梦,他梦想着,不远的将来,机器可以承担人的繁重劳动,人们一旦摆脱了令人精疲力竭的苦役,大家都可以自由快乐地转向艺术创作。艺术并不与生活对立,如浪漫主义学说的另一种说法,艺术是生活头上的桂冠。"艺术人类"是"人性自由尊严"的同义词。以艺术为业,无产者成了艺术家,工业的奴隶蜕变成美的生产者。将来的社会不再如瓦格纳即时要求的那样是为艺术服务的,因为一切生活都变得具有艺术性:艺术在此变成了社会的理想模式。不用再追捧艺术家,因为每个人都将成为艺术家。更确切地说,是就其整体上来说,社群在自由决定其存在的同时采取了创作者的态度。"但是,谁将是未来的艺术家?诗人、演员、音乐家、雕塑家吗?——一言以蔽之:人民。"①因为,唯有**共同的**努力能够实现瓦格纳选择作为针对个人主义(l'égoïsme)的计划,**共产主义**——一年之前,1848年,马克思和恩格斯发表了《共产党宣言》,集体拯救和个

---

① 瓦格纳,《散文作品集》,第19、16和243页。

人拯救最后一次地手牵手前进。

艺术因而既是社会的组成部分也是社会的模本。社会也应该既为它服务又吸收它来自我改变其内在；这就使得瓦格纳决不放弃任何尘世"绝对"的形式。个人形式和社会形式将互为补充，这就使得瓦格纳提议协调基督教带来的东西和异教带来的东西，协调耶路撒冷和雅典，耶稣基督和阿波罗同时所要表达的东西。对于瓦格纳来说，耶稣是一个纯人性的人物，他在一部名为《拿撒勒的耶稣》(*Jésus de Nazareth*)的歌剧中让耶稣登上了舞台，耶稣体现了对于社会公正的愿望。阿波罗体现了完美的艺术形式，《艺术与革命》以此形象作结束："**耶稣**以此说明我们这些人，我们大家都是互相平等的兄弟。**阿波罗**本可以给这种兄弟情谊敲上力量和美的印记，他本可以带领质疑其价值的人来悟识到他至高的神力。"① 在等待着由全体人民生产出艺术作品的同时，集体活动和个体活动，社会变化和艺术天才的创造，两者对于人类走向完美来说都是必不可少的。

艺术享受

没有任何东西预先决定波德莱尔成为瓦格纳最热情的巴黎追捧者之一。他不是专门的音乐迷，他甚至不具备任何音乐素养。他确实经历过1848年的革命风暴，但是他的经验和瓦格纳

---

① 瓦格纳，《散文作品集》，第58页。

的经验有所不同:回顾过去,他以"破坏的自然乐趣",而不是以更新社会的乌托邦希望来解释他的陶醉。总之,当他写关于瓦格纳的文章时,他提及了瓦格纳要在革命内部将艺术和社会结合起来的计划,将它作为一种可宽恕的弱点:"一心只想着要看到理想在艺术中决定性地统治日复一日的平淡无奇,它能够(这是人性的一种主要幻想)让人对政治层面中一些革命将会有利于艺术革命事业抱有希望。"①波德莱尔在这方面不吸取任何幻想的滋养,拯救人类不是他关心的问题。与首批浪漫派不同,他不再把艺术和美看作一种应该用来改良人类的工具。由此他揭开了现代唯美主义的序幕。

如果说波德莱尔对瓦格纳发生兴趣的话,那是将他作为艺术家的典范而言。1860年2月8日,他去听这位德国作曲家指挥的巴黎音乐会,直至那时他对这位作曲家只是有所耳闻,他出来时心灵被震撼了;他给一位朋友写信道,"这是我一生中极大的一次享受,十五年了,我没有一次被这样深深吸引过。"第二天,他给瓦格纳写了一封信,告诉瓦格纳他敬佩他,并试图向他自己作解释;一年以后,他对这位作曲家进行了研究。他惊讶地发现在瓦格纳的作品里非同寻常地实现了他自己的理想。这位创作者和"绝对"建立起了联系,和某个共同经验之外的彼岸建立起了联系,他在其中发现了"一种比我们生命更广阔的生命",

---

① 波德莱尔,《我心祖露》(Mon coeur mis à nu),《作品全集》,第一卷,伽利玛出版社,"七星丛书",1975—1976年,第679页,《理查德·瓦格纳》,第二卷,第787页。

"某种被扔掉的和正在扔掉什么的东西,某种向往攀登得更高的东西,某种过度的和至高的东西"。他给瓦格纳写道,"那是上升到极点的灵魂的至高呼喊。"他又回到他的文章:瓦格纳的音乐使人进入一种"由快感和认知形成的陶醉",让人进入一种屏息"观赏某种无限伟大、无限美的东西"①的状态,它让我们和超人性的东西建立起关系,而那正是人们要求于艺术的:忘却生命,(忘我),"绝对"在那里得以就位。

极度痴迷沉醉,心醉神迷,无限伟大,无限美好在波德莱尔生命中都微不足道,都没有在他生命中持续很久。读了他的通信,人们印象中似乎在和世上最不幸的一个人打交道。自从母亲再婚,更为甚之,自从1844年他被置于一位受命阻止他大肆挥霍遗产的人的监护之下时起,波德莱尔一再絮絮叨叨重复老一套话:"我是多么不幸,多么屈辱,多么伤心。""我总是那么潦倒。""我是那么痛苦至极。""我多么不幸呀。""我完了,绝对地完了。""如果我活着,我始终是个受苦受难的人。"1845年,他试图自杀过一次,之后,要结束生命的想法就始终追随着他。"那么多年以来,我一直处于自杀的边缘。""我面前总是看到自杀是解决所有我命中注定的、我生活其中那么多年的、可怕的、错综复杂的困境的唯一的,又是最容易的解决办法。"②

---

① 波德莱尔,《通信集》(*Correspondance*),两卷本,第一卷,伽利玛出版社,"七星丛书",1973年,第671和673—674页;《作品集》(*Oeuvres*),第二卷,第788页。
② 同上,第一卷,第122、143和587页;第二卷,第95、144、201、25和201页。

迫于生活在一种物质上和感情上的贫困潦倒之中,波德莱尔不能爱惜他自己,"我总是对自己很不满意"。"我是一个悲惨的,由懒惰和暴力造成的人。"但是,他抛弃社会更甚于他的自暴自弃。他感受到"一种对所有人的野性仇恨"。他的《恶之花》(*Les Fleurs du mal*)成了"我厌恶和仇恨一切事物的见证"。"我讨厌生活,"他在一封信中强调说,"我要逃避人的面孔。"他对女人的厌恶就算大大超过了他的愤世嫉俗,他的这种愤世嫉俗仍旧很彻底:"我想让整个人类来反对我。"[①]一年又一年,他受着梅毒的侵蚀,毒品的折磨,一封信又一封信,在向他的出版商们讨要酬金和发出指示中,波德莱尔一再重复这句老套话:"生活太可怕了,社会,太丑恶了。"

如果没有一条交替的道路,即将他引向美和"绝对"的诗歌道路,他会活不下去的。即使他对这个世界没有什么期待,他仍旧说他"除了文学别无他求",于是,文学成了一种例外和安慰。此外,对他特别有压力的是:将他的美学追求和他负载重重的人生隔开的深渊,"我精神上的清高和使人厌恶及不稳定的生活之间令人恼怒的反差"。唯有一种"绝对"留存于世:美。达到美和加强美也是为令人遗憾的日常生活赎罪的唯一办法。诗人这样做的同时,既改善了世界,也让他本人的生命具有了意义。因为美包含了真:想象,诗人特有的能力,"是最具**科学性**的能力"。美带来了善和准确:"一切好诗,一切好的艺术作品,自然地、必

---

① 《作品集》,第二卷,第293、300、96—97、114、254和553页。

然地揭示出一种伦理(une morale)。"①美被提升到人类理想的顶峰,它在《美的颂歌》(*l'Hymne à la beauté*)中受到了颂扬:

> 不管你来自天堂还是地狱,无关紧要,
> 呵,美呀! 巨型妖魔,又可怕,又天真,
> 能否以你的眼睛,你的微笑,你的脚为我打开
> 我既喜爱又从无所知的无限之门?
>
> 是撒旦的或者上帝的无所谓吧? 安琪儿的或者美人鱼的,
> 无所谓,你能否让媚眼的仙女款款举步,香气沁人,影影绰绰,
> 呵,我独一无二的王后! ——
> 世界丑陋少一点,时时刻刻的分量轻一点?

这不涉及到因此大家都能懂得的某种真理或者某种道德伦理。同时,波德莱尔仍不忘"赞扬化妆"和肯定"有正面而实际的大家都应该遵循的道德伦理。但是艺术也有伦理。它完全是另外一回事,自从世界开启以来,各种艺术都很好地证明了这一点"。②

可以理解,为什么波德莱尔认定"世界上没有比**诗意精神**和

---

① 波德莱尔,第二卷,第357页,第一卷,第438和336页,第二卷,第325页。
② 波德莱尔,《作品全集》,第一卷,第194页。

情感上的骑士精神更珍贵的了"。反之,他认为对他自己来说,最糟糕的威胁是失去这些精神,"在这摇晃不定的令人讨厌的可怕人生中,能作诗是令人敬佩的"。[①]作为诗人活着可让他保护住精髓:到达"绝对"、无限、永恒。但是,那是一个纯个人的道路:波德莱尔没有丝毫拯救人类的意愿,他将此幻想留给了维克多·雨果,甚至不想以瓦格纳的方式拯救他的人民。在这个问题上,他是新一代的标志,1848年以后的一代。正当他们的前辈对1789年(或者1793年)大失所望,提出要对人民进行美学教育时,1848年的失望者们更愿意从政治革命转向(哪怕将它留给职业革命家们),他们只顾着个人拯救,要实践一种新的崇拜,美的崇拜。

不仅只有诗人们想要让美替代善,或者置善于美之下。可以看到,波德莱尔在那时代赞扬过埃内斯特·勒南,称之为"智慧的人,英明的批评家"(勒南生于1823年,比波德莱尔晚两年)。勒南是学者兼哲学家。他1854年写道:"我同样设想将来伦理这个词也会变得不确切,将会被另一个词替代,就我个人用法来说,我喜欢用美学名词来替代它。面对一种行动,我更多地自问,它是美的还是丑的,好的还是坏的。"这种替代的优点不在于从抛弃一切伦理考虑的角度,而是在于从判断的标准严格地停留在个体性上。为善,就是要像艺术家那样为人,因为以个人

[①] 波德莱尔,《作品全集》,第一卷,第25页;《通信集》,第一卷,第335和327页。

心灵中的尺寸来衡量其行为,和以社会共同的伦理原则来衡量是不同的。"对我来说,我声明,当我做好事,做出一个善举时,是和艺术家从他心灵深处抒发出美感,将它在外部世界付之实现时一样,是一种自主和自发的行为……。有德之人是一个在人生中实现美的艺术家,就像雕塑家在大理石上实现美一样,像音乐家用乐声实现美一样。"①如果确立了以个性化标准来衡量美(某个存在或某一个生命的各部分之间的相互呼应),将它放到善的共同标准的位子,美学就替代了伦理学。唯美主义属于想要让美学从所有伦理道德的、宗教的或者政治的监护中释放出来的冲动,它源自为艺术而艺术的运动,唯美主义导致这些领域的一种新的联合,但是这次是由美来左右一切。

通往美的两条道路

将美置于价值观的顶端既然已定,波德莱尔考虑有两种生活方式与之相配合。第一种是尽可能让自己生活得美好一些。为了阐明这条道路,诗人用了一个具有新意的社会人物:这就是唐棣(Dandy)。在 19 世纪初,这个词指把一切都用于衣着打扮、夸夸其谈的纨绔子弟。起初,波德莱尔以近于它们通常意义

---

① 波德莱尔,《作品全集》,第 675 页;勒南,《沙漠、苏丹和科学的未来》(*Le Désert et le Soudan et L'Avenir de la Science*),收入《作品全集》,十卷本,第二卷,第 542 页,第三卷,第 1011 页,卡尔曼-列维出版社(Calmann-Lévy),1947—1961 年。

的方式来运用这个词。按他的说法,唐棣是"转用到物质生活上的'美'的概念的至高体现,它引领时尚形式和规范方式"。①《去旅行吧》(*L'Invitation au voyage*),诗和散文诗提出了这种物质美,这种唐棣—爱美者生活于其中的美好东西的汇聚。

> 光亮的家具
> 　　岁月中磨光
> 装饰我们的卧室
> 　　最稀罕的鲜花
> 　　花香弥漫于
> 玛瑙香波中
> 　　富丽的天花板
> 　　纵深的镜子
> 东方的灿烂
> 　　一切都悄悄与你倾心
> 　　隐秘交谈
> 家乡软语
> 那里,一切那么有序优美
> 奢华,宁静和享乐。

---

① 波德莱尔,《关于埃德加·坡的新注解》(Notes nouvelles sur Edgar Poe),收入《作品全集》,第二卷,第326页。

然而，也有某个时候，感官享受并不令人满足。波德莱尔提到自己的唐棣主义(le dandysme)生活方式很不以为然："我唯一的爱好就是寻欢作乐，不断寻求刺激。旅行，美丽的家具，画作，姑娘们，等等。"为了和这种观念决裂，必须在整个人生中，不管是思想上还是物质上，都改变唐棣的生活态度。盥洗间的气派只是"贵族精神优越感的象征"，唐棣的定义扩大了："这些人的精神状态只是一味打扮自身，满足自己的嗜好，追求感觉，整天胡思乱想。"当一个唐棣，不再只是满足于轻而易举地得到乐趣，热衷于周围奢侈化的环境，而是将生活置于理想的美近乎严苛的要求之下。在这个意义上，波德莱尔说，"唐棣主义近于唯灵论(Spiritualisme)的精神追求和斯多葛主义(Stoïcisme)。"在唐棣心目中，体验的质量胜过任何的考虑："对于能够在一秒钟里得到无限享受的人来说，永入地狱有甚要紧呢？"①

波德莱尔很欣赏这种生活方式，但他自己不能采纳此种生活方式，可能因为他始终手头拮据吧。然而，即使唯有富裕是美的象征，人们还是很欢迎它的在场："金钱对于那些一心热衷于他们的嗜好的人来说是必不可少的。"②

对于要在美的旗帜下生活的人来说，还有第二条道路：不再是让他的生活过得更美好，而是将他的一生完全贡献给创作美

---

① 波德莱尔，《作品全集》，第一卷，第53页；《通信集》，第二卷，第153页；《现代生活画家》(Le Peintre de la vie moderne)，收入《作品全集》，第二卷，第710页；《蹩脚玻璃匠》(Le Mauvais Vitrier)，第一卷，第287页。

② 波德莱尔，《现代生活画家》，第710页。

好的作品,换句话说,成为艺术家。可以将这个词的一般意义理解为不满足于按其原貌来表述世界,而是寻求以艺术手段来改变世界。对波德莱尔来说,"自然人"是丑恶的,只能通过艺术途径来使之完美。"一切美的和高贵的都是理智和计算的结果。人兽在母亲肚子里就吮尽了罪恶的滋味,这种罪恶是天生的自然属性,德性是人为的,超自然的……。邪恶不用花力气就做成了,*自然地*,命中注定的,善始终是艺术的产品。"这就是为什么波德莱尔能够歌唱"化妆的颂歌"和判定他的理想"高于其他人犹如*艺术高于自然*一样,在艺术中,自然由梦想得到改观,在艺术中,自然因梦想重新形成,在艺术中,自然得到修正、美化和重铸。"①

然而,可以从狭义上理解艺术、诗歌、绘画、音乐,因为各种艺术都被以"唯美"导向它们的完美,也因为艺术是一种"极端的探求"。以这种观点,波德莱尔说要毫无遗憾地放弃各种易得的乐趣,"只迷恋完美",只迷恋在他的诗意工作中瞥见到的完美。"通过这种诗意工作,一种梦想变成了一件艺术作品。"②诗人给世界上的美加上了双重意义:在创作优美作品的同时,在作品中加上前所未有的东西。于是,以他创作出来的作品的展现来改观这个世界。从这点上说,它可以与太阳相媲美。波德莱尔就

---

① 波德莱尔,《现代生活画家》,第715页;《去旅行吧》(L'Invitation au voyage),收入《作品全集》,第一卷,第302页。
② 波德莱尔,《泰奥菲勒·戈蒂埃》(Théophile Gautier),收入《作品全集》,第二卷,第111页;《通信集》,第一卷,第679和675页。

此说过:

> 如同一个诗人,当他来到城市,
>
> 他妙笔生花,拔高了最低劣的事情。

或者与一个炼金术士相比,就像波德莱尔为《恶之花》作的跋中所说:

> 呵!请您见证我已履行了我的义务,
>
> 如同一个优秀化学家,如同一个圣洁灵魂,
>
> 因为我从每样东西中提炼出了精华。
>
> 你给我泥浆,我以此炼出金子。①

一首散文诗,《凌晨一点》(1862年),也提到了这种献身于美的创作的第二种生活方式,还将这种生活方式置于一个近似于波德莱尔自己的诗人日常生活之中。诗以描述他的一天为开头——各方面都很伤脑筋的一天。首先,和其他人无趣的见面,令他想到就恶心,自责没有预先买一副手套②就和别人一一握手……。他的感受可用两个感叹句来概括:"讨厌的生活!讨厌的城市!"但是,单独一人也并没给他带来安宁,只是一种痛苦中

---

① 波德莱尔,《作品全集》,第一卷,第83和192页。
② 法语中"戴手套的人"意指有心计的人。——译注

的交替。"人际之间的面子问题可以不管,只剩下因我自己而痛苦了。"其实,他孑然独处并不比与人相处好:"我对所有人都不满,对我自己也不满。"帕斯卡(Pascal)的话就在耳边:"人们虚浮空幻,我自己也很可恨。"

于是,波德莱尔和帕斯卡一样,转向了上帝。但是,他心目中的上帝并不与他人同一,他要求于上帝的与众不同。他把祂作为一个辅助,如果说不是作为一个工具的话。因为,波德莱尔的祈祷如下:"主呀,我的上帝!请将恩宠降福于我,让我产生出美妙诗句向我自己证明我并不是最差劲的人,我并不在我所鄙视的人们之下!"产生出美的能力为一种平庸人生赎罪。上帝不再是一种终极目标,被他奉为的至善或在他心里的至善,祂只是引向另一个目标的中间媒介,引入另一种有别于他所爱慕的东西的活动的中间媒介,即写诗、创造美。诗替代了祈祷,诗将我们和美相连,犹如祈祷将我们和上帝相连。是个体本人最终掌握了的神圣,确认走向"绝对"。创造美或者仅仅只需洞察美——听音乐或者观赏画作也同样,波德莱尔不擅于实践这些艺术——能让人补偿人生中的所有不幸。他在给瓦格纳的信中也说到了这一点:"自从我听了您的音乐那天起,我不停地对自己说,尤其是在最糟糕的时候:如果,至少今天晚上,能让我听到一点瓦格纳的音乐该有多好。"[1]

于是,波德莱尔按照两种不同的生活方式阐明了生命和"绝对"之间的关系,一种用美来培养的生命或者一种献身于生产美

---

[1] 波德莱尔,《作品全集》,第 287—288 页;《通信集》,第一卷,第 674 页。

的生命。在两种情况下,总之,追求美与日常生存相对立,探求美仍是一种个体经验,无所关及群体命运:波德莱尔并不是巴枯宁的信徒。

我们现在可以看到浪漫派对于"什么是一种美好生活?"的回答不仅在于特别重视走向"绝对"的一条个性自由的道路,而且还重视在一种个性自由的人类学基础上对这个问题作出回答,在这种人类学中,人被理解和描述为自我满足。一方面基于艺术和美之间不可逾越的断裂苛求之上,另一方面基于一切其他完美的形式之上。而这种选择的存在性的结局是无可挽回的:它带来的不是幸福,而是痛苦、悲伤、毁坏和荒芜。荷尔德林拒绝屈服于他周围的人们所施加的压力,他失去了区分真实和虚幻的能力,陷入了疯狂。波德莱尔蔑视他的时代和他同时代的人们:他遭受到的疾病和贫困的惩罚是否因此而起?王尔德以为能够挑战他所处的当代社会,这个当代社会判他入狱服劳役,待出狱时他已被击垮。里尔克离弃社会以能够将他的生命存在献给艺术和诗歌,他一生都在和写作业交白卷及神经质抑郁症作斗争。茨维塔耶娃想要生活在天上而不想生活在尘世,生存的艰难多舛突然粗暴地最终将她扼杀。社会残酷地报复那些蔑视它的人。排他性的"绝对"崇拜是致命的,原因在于:死亡是无限的和绝对的——而生命不是。如果说茨威格那么欣赏克莱斯特的自杀,如果说他把里尔克的消失阐释为一种自愿赴死(从叙事性来看他是错误的,但从象征性来看他是对的),如果说他本人自杀了,如果说茨维塔耶娃也自杀了,那都不是偶然的。

不停地去欣赏和热爱那些体现了这种生活方式的人,我们会看到自己也对他们产生了同情之情。

福楼拜和乔治·桑

浪漫主义形成气候的时候,有些不协调的声音发了出来。克尔凯郭尔(Kierkegaard)的《或者……或者》(*Ou bien … ou bien*)于1843年起就提出了批评。几十年以后,对于浪漫主义学说的准确性重又展开了辩论,这次是在居斯塔夫·福楼拜(Gustave Flaubert)与乔治·桑(Geoger Sand)的一大札特别通信中进行的。福楼拜无条件地信奉浪漫主义信条,但这点并不妨碍他承认和他不一样想法的人的优秀品质——如乔治·桑,尽管她并不赞同福楼拜的原则,她仍不能停止爱作为男人的他,以及欣赏作为艺术家的他。于是,一场美好的友谊在1866年(乔治·桑生于1804年,福楼拜生于1821年)直至乔治·桑1876年去世期间绽放,他们留下了精彩的通信。

福楼拜在给桑的通信中,坚持他于1857年写给另一位女通信者的信中提出的信条:"生活那么令人可憎,以至于承受它的唯一办法就是逃避。人们通过在艺术中生活来逃避它,在无止境地追求美所赋予的真中来逃避它。"他憎恨生活和人们,他声明:"只有在'绝对'之中才能舒坦。"[①]然而,他在桑的身上所赞

[①] 福楼拜,《通信集》,第二卷,伽利玛出版社,1980年,第717和468页。

赏的恰恰与他本身的态度正相反,不是决裂,而是延续。"您,在一切事情中,大起大落,一步登天,又一坠落地……从中看出您对生活的宽容,您的从容不迫,说实话,您的大度。"①

桑认同福楼拜世界观中的某些成分。尤其,和他一样,她认为追求"绝对"必不可少。"啊!如果内心没有一点点神圣,内心没有一座可以无人知晓地躲避其中的金字塔,让人可以在其中观赏和梦想美和真的话,那就得说:何必呢?"但是与福楼拜不同,乔治·桑并不认为艺术和生活、绝对和相对截然断裂。即使两种提法截然分明,它们之间也还是会建立起某种连续:此并不是彼的负面,而是它的凝聚,它的净化,它的成形。于是,以揭示真实的人的处境为目标的艺术也应该克服摩尼教式的好坏分明,相反,应该指出此与彼之间持续的滑动。"艺术不仅是批评性和讽刺性的。批评和讽刺只是描绘出真实的一种面貌。我要看到作为其本人的人。他不好也不坏,他既好也坏。但是,还有一些细微差异的东西,对于我来说,艺术的目的就是表现细微差异。"几个月之后,乔治·桑在她最后通信之一中回到了这个问题:"艺术应该追求真实,真实并不就是描绘恶,它应该描绘恶和善。只看到一方面的画家和只看见另一方面的画家一样是错误的。"②

崇高和低劣之间具有延续性,这一发现引出一种和福楼拜

---

① 福楼拜/乔治·桑,《通信集》,弗拉玛里翁出版社,1981年,第521页。
② 同上,1872年1月28日,第371—372页;1875年12月18—19日,第511页;1876年3月25日,第528页。

很不一样的态度。福楼拜进行筛选、欣赏,尤其大肆攻击:他看不得愚蠢在他周围上升。桑没有无视愚蠢,但她更喜欢设想愚蠢和其余世界保持着连续性。"我不憎恨可怜又亲爱的愚蠢,我以母亲的目光来看它。"于是,她一生中并不谴责愚蠢,她能够欣赏世界的多样性。据她看来,福楼拜忘记了"还有东西在艺术之上,那就是睿智,达到顶点的睿智,艺术从来只是表达力。睿智包括一切,美、真、善,因而还有热情。它教我们看到我们之外还有比我们身上更高尚的东西,教我们逐渐地以观赏和崇敬来消化它以变为己有"。①

崇高和低俗、优美和平庸之间的差异没有抹去,但是还存在着由此及彼的可能性。还有可能设计一种不为福楼拜所知的"渐渐"的过程。女友的劝告说服不了福楼拜。无疑地,在没有变成另一个之前,在搁笔停下那些我们倍加赞赏的作品之前,他不可能被说服。桑本人认为男友的作品比她本人的作品更完美。但是她并不认为这种形式上的完美非要求它们的作者愤世嫉俗不可。再说,从福楼拜的信中形象地表现出来的他的态度,也并不囿于他的铭言。从中可见他在生活中而不仅仅是在艺术中,很会找到完美和品尝完美:在他内心深处,他知道,他更喜欢的是人而不是句子。

福楼拜比桑更理解艺术,但是桑对人的判断比他更准。她接受整个生活并不意味着她面对生活的不完美持有一种消极态

---

① 福楼拜/乔治·桑,《通信集》,1874年12月8日,第486页。

度。从这个观点来看,桑的从容使她比持续地愤世嫉俗的福楼拜更能干预生活。对福楼拜来说,战胜愚蠢的任务是不可能实现的,他最终罢手听之任之。对于桑来说,善恶之间的延续性相反地会激发出在完美意义上的趋动性。出于同样的理由,桑不赞同福楼拜对于民主的成见。她也知道愚蠢弥漫在群众之中,但是既然愚蠢和智慧之间并不截然分明,她认为有可能帮助抑此扬彼。每时每刻都可发现世界的美并不是说拒绝对这个世界做些什么来使它更美。

奥斯卡·王尔德,非常了解他那个时代的法国文学,他同时受到福楼拜和乔治·桑的吸引。他知道福楼拜令人赞赏地体现了他视为己任的道路之一,将一生献给创作的艺术家的道路。福楼拜是一位懂得与社会及其要求隔绝的"艺术家王"。幸亏有了这个选择,他得以"实现他内心的完美,他个人从中无可比拟地受益匪浅,并且让整个世界从中无可比拟地持续地受益匪浅"。王尔德对乔治·桑的赞赏似乎显得更令人惊叹,他把她奉为伟人,像一个文学天才那样具有一种强烈火热的精神。但是,特别吸引他的东西——我们知道他本人介入的那条道路——是她的"美妙的人格","贯穿她作品的精神"。王尔德宣告,这种精神是"现代生活的真正起因。它为我们改造了世界的模式,重新再造了我们的时代"。[①]福楼拜和乔治·桑代表了王尔德的双重

---

① 王尔德,《人的灵魂》,第 929 页;《卡罗先生论乔治·桑》(M. Caro on G. Sand),《批评文集》(*Critical Writings*),芝加哥大学出版社(University of Chicago Press),1969 年,第 86—87 页。

理想。

"美将拯救世界"

陀思妥耶夫斯基不了解两位法国作家的通信,但是,他对他们的作品很熟悉。别人经常向他举出《包法利夫人》(*Madame Bovary*)作例,但他对福楼拜的立场不能苟同。至于乔治·桑,她是年青的陀思妥耶夫斯基在赞同社会主义者的信仰时期崇拜的偶像之一。后来,他改变了许多,然而,在桑去世时,他在《一个作家的日记》(*Journal d'un écrivain*)中有好几页专门写她,主要是热情洋溢地赞扬她。他首先回忆起她以其对理想的执着和笔下女主人公们道德的无比纯洁所给予他的所有幸福和快乐,这些都是预先假定作者内心"对仁慈、怜悯、耐心和正义中的崇高美"有一种理解和认同。即使1876年时的同一个陀思妥耶夫斯基也还感觉到桑很亲近,在她作品中读出了和他类似的观念。"乔治·桑也许是最能完美地告解基督而不自知的女人中的一个。她将她的社会主义,她的信念,她的希望,她的理想,建立在人所具有的道德感上,建立在人类的精神饥渴之上,建立在人类对完美和纯粹的向往之上,而不是建立在必要性上。连蚂蚁都具有这种本性。她无条件地相信人格(甚至相信人格不朽),她颂扬并将她自己想要成为的人物塑造表现于她每部作品之中,以此,她在思想上和感情上重又找回基督教义的基本思想观念之一,即对人格自由的认可(因而也是对其责任感的认可)。"①

陀斯妥耶夫斯基的意见对我们来说,具有一种特别令人感兴趣的东西,因为他提出"美将拯救世界";更确切地说,这句话在他的小说中出现了两次。在小说《白痴》(*L'Idiot*, 1868)中,这句话是通过两个人物的口对主人公梅什金公爵(Mychkine)说的;这句话凝聚了他的哲学思想。但是,这句话到底是什么意思呢?

公爵在说他的铭言时想到的"美"并不是身体美,例如女人的美,即使在小说中梅什金对此非常敏感。为了弄明白这个词的意义,在此回想一下陀斯妥耶夫斯基在着手写作《白痴》时孜孜以求的计划到底要说明什么问题。他对他的朋友迈科夫(Maïkov)这样说:"这个想法,要表现一个完美的男人。"第二天,又对他的侄女索菲亚(Sofia)重复道:"小说的主要思想,就是要表现一个正面美的男人。"陀斯妥耶夫斯基又加了这句根本上相当的话:"美是理想,而理想,我们的理想,或者文明欧洲的理想,还远没有制定出来。在世界上只有一个"绝对地美"的存在,那就是基督,于是,这个极其美、无比美的存在的出现肯定是一种无限的奇迹。"认为美将拯救世界的梅什金本人即是基督这个人物的一种当代和纯人性的变形。小说草稿公开地多次提到

---

① 陀斯妥耶夫斯基,《一个作家的日记》法文版,伽利玛出版社,1951年,第326—328页。

了这点:"公爵——基督"①。

必须说明,在同一时期,陀斯妥耶夫斯基经常用"美"和"基督"作为可相互替换的用词。在开始构思《白痴》的时候,他在一封给迈科夫的信中谈到受无神论者们指责的"基督"的"至高又神圣的美"。几年之后,在1873年的《一个作家的日记》中,他提到了这些异教徒,将他们和基督美作对比。"它仍保留了人—上帝的光辉形象,它的不可企及的伟大思想,它的美妙而神奇的美。"例如,甚至勒南那样的无神论者,对此也能感觉到。勒南在他完全蔑视宗教的著作《耶稣传》(*La vie de Jésus*)中仍把基督作为"人性美的理想"。②

梅什金的态度在哪里成了基督在当代世界里的态度呢? 公爵最突出的首要特征在于他与自我的关系:可以说他不知道有自尊心,这种性格特点并不完全独立于他和其他人的关系上,因为这就是说他一点不顾及自己在他人心目中的形象,于是他也

---

① 《全集》(*Polnoe sobranie sochinenij*),列宁格勒,科学出版社(Nauka)。也参见弗兰克(J. Frank),《陀斯妥耶夫斯基的奇迹岁月》(*Dostoïevski, les années miraculeuses*),阿尔勒,南方文献出版社,1998年,有时候译本有所改动。《致迈科夫的信》(Lettre à Maïkov),1867年12月31日;《全集》,第二十八卷,2,第240—241页;参见《陀斯妥耶夫斯基的奇迹岁月》,第380页,《致索菲娅的信》(Lettre à Sophia),1868年1月1日;《全集》,第二十八卷,2,第251页;参见《陀斯妥耶夫斯基的奇迹岁月》,第383页。《草稿》(Brouillon),《全集》,第九卷,第246、249和253页。

② 同上,1867年8月16—28日的信,《全集》,第二十八卷,2,第210页;参见《陀斯妥耶夫斯基的奇迹岁月》,第317页。《过去的人们》(Gens d'autrefois),收入《一个作家的日记》,第107页。

不懂得内敛,更不试图去符合他所揣摩的别人对他的期待。

然而,他表现出来的还不仅仅是通常一般的这种厚道仁慈,当看到面前的人痛苦万分,他马上就会作出异常举动。于是,公爵再也不满足于对一切的敌视避而远之,他采取了更加积极的态度,倾注同情的爱,他遇见的人越痛苦,他就越爱他。在这点上,他符合基督的教导:"邻人"即是去帮助受苦之人的人。一旦看到他人遭受痛苦,公爵就把他的仁慈转变成爱;然而,这种爱不是感官上的激情(la passion des sens),它既不是性爱情欲(erôs),也不是爱好崇拜(philia),而是友爱(agapê),或者是怜爱(amour-charité)。梅什金的人生是建立在这种深沉的信念之上的:"同情是主要法则,也许是全人类得以存在的唯一法则。"所以,他赞成真诚和坦率成为行为准则是不够的,它们只与我有关,与他人无关;这就是"单独地讲真理是不公正的"①这句话所要表达的。

梅什金很明白完美不属于人的生存条件。人们向往永生,然而他们都是会死的。但是意识到人的生命会终结并没有让他陷入失望,因为这种意识并不否认无限的存在。在他提到的一幅名画,藏于巴塞尔的荷尔拜因(Holbein)的《基督之死》(*Le Christ mort*)中可以看到这种反响。我们知道,这幅表现从十字

---

① 《全集》,第八卷,《白痴》,第192页;法文版,《白痴》,阿尔勒,南方文献出版社,"巴别塔"(Babel)丛书,1993年,两卷本,第一卷,第382—383和355页;第二卷,第176页。

架上下来的耶稣给陀斯妥耶夫斯基本人留下了深刻的印象,这幅画严格表现了耶稣的人性及其简单的死亡:这是一具人的尸体,再无其他。但是,他了解其中的道理和力量,这幅画作并没有让他丢失信仰。作为对另一个也被此画深深震撼的人物罗戈金尼(Rogojine)的回答,公爵只是叙述了四个小故事。这些小故事都与信仰有关,但并未体现那么值得称道的行为(除了农妇高兴地看着她孩子的笑容)。那些欠缺之处,并不比耶稣很真实的死亡更令人沮丧,它们并不意味着人们应该停止去爱这个世界。

"基督教感情的精髓没有进入任何反思之中,它和任何错误的步子或任何罪恶,或任何无神论无关。"① 梅什金的世界观一点也不天真。他并不把人们想象得比他们本身更好;美不是审美对象或人的一种固有属性,人们因其对它们采取的态度而接受美。陀斯妥耶夫斯基本人能够从荷尔拜因画作表现出来的信仰中认识到他自己:睁眼面对邪恶和死亡,不沉浸在幻觉之中,然而总是赞同基督的启示。

这就是陀斯妥耶夫斯基主张的深层基督教道德观。它概括为如下训条:以一种非占有的爱去爱邻人。"同情,贯穿整个基督教义,"他在《白痴》的草稿中写道。在这点上,他始终忠于耶稣使徒们的训示:忠于将怜爱作为基督教基础的保罗所说("一切法则都凝成了以下的一句话:爱己及人"),忠于约翰所说,爱

---

① 《全集》,第八卷,《白痴》,第184页;法文版,第一卷,第366页。

上帝即爱人们;"上帝就是爱","如果我们彼此相爱,上帝就在我们心中"①。这也就是美的意义——也许——美将拯救世界。

陀斯妥耶夫斯基清楚地意识到他对"美"字的用法并非所有人都赞同。在巴黎公社的时候,他认识到公社社员们是以另一种美的观念的名义行动的。他给一位朋友的信中写道:"巴黎的大火是极端可怕的:'他们没有成功,世界遭殃了,因为他们将公社置于人们的幸福之上,置于法兰西之上!'他们(还有许多其他的人)把这种疯狂当成了美,现代人类的美学观念被搅混了。"在他后来的伟大小说《群魔》(Les Démons,1873年出版)中,陀斯妥耶夫斯基将另一种美的观念归咎于危险的阴谋家们,他揭露了他们的卑劣行径。阴险的彼奥特尔·维克霍文斯基(Piotr Verkhovenski)是个很会算计的冷血狂热者,他对他的偶像斯塔弗洛尼基(Stavroguine)说了以下的话:"斯塔弗洛尼基,您很漂亮!……我爱美。我是虚无主义者,但是我爱美。"②公社社员们,维克霍文斯基,或者尼采面对克拉卡多阿火山爆发心醉神迷,采纳了一种非道德的、与人类是否能从中获益无关的美的观念。另一种由陀斯妥耶夫斯基阐明的美的观念中,美严格地说是具有人性的,因而它与爱的能力混淆在一起。

---

① 《全集》,第九卷,第270页,加尔(Gal),第五卷,14;I de Jn.,第四卷,8和11。
② 致斯特拉克霍夫(À Strakhov),1870年3月25日,《全集》,第二十九卷,1,第115页。参见《陀斯妥耶夫斯基的奇迹岁月》,第567页;《群魔》,《全集》,第十卷,第323页,参见《陀斯妥耶夫斯基的奇迹岁月》,第633页。

在《白痴》中,梅什金公爵吁求美的这种最终形式,但是,是否可以说小说表明了他的胜利了呢？很难说。在此必须提醒一下《白痴》在陀斯妥耶夫斯基的伟大小说,诸如《罪与罚》(*Crime et Châtiment*)、《群魔》、《少年》(*L'Adolescent*)、《卡拉马佐夫兄弟》(*Frères Karamazov*)等中,另外占据了一个位子。作者指出了当代唯物主义和无神论形成的观念以及由这些观念所引发的后果。相反,《白痴》源自于正面的陀斯妥耶夫斯基思想,因为它的主要人物是基督的现代化身。而小说叙述的故事完全不是一场胜利。公爵的无条件仁慈最终羞辱了受其仁慈的人们。他的普世同情式的爱扰乱了人际交往,因为它排斥激情,促使公爵在两个女人之间分摊他的爱,这样使得两个女人都无法得到满足。小说中其他人物非但没有从他们和这位真正好人的关系中获益,反而更陷入他们的不幸和痛苦之中,变得更加傲慢和阴险。公爵的在场变成了小说终了发生的罪行的间接原因,娜斯塔西娅·费里波夫娜(Nastassia Philipovna)被罗戈金尼杀害了。

《白痴》的教训不在于要大家都学梅什金那样为人；这种为人相反引发了灾难。而梅什金却正是一个完全正面美好的人,基督的一种现时再体现,也是陀斯妥耶夫斯基的理想的一种有说服力的展现……。那么,怎样来理解这场失败呢？

毫无疑问,生活在基督的怀抱里并不意味着像基督一样行事；作为人,他也是上帝——我们这些人是做不到的。世界上并没有充满英雄,而是充满了普通凡人。在他们中间有一个真圣人带来更多的是悲剧而不是幸福。和基督融合在一起不是这个世界上的事,这只是在世界末日才能实现的事。1864年4月16日,陀斯妥耶夫斯基首任妻子去世的次日,当她的遗体还停留在他们的卧室里时,他在一篇文章中用几句言简意赅的话语表述了他的世界观。他写道:"根据基督爱己及人的训条做人是不可能的。尘世的人格法则是连接,而个人自我却要阻止连接。唯有基督可以爱己及人,但是基督是一种人向往之的常在永恒的理想,根据自然法则,人也应该向往这个理想。"① 梅什金不知道要警觉这一点,他忘了导引尘世凡人们的是自私自利和自尊心,他甚至不了解自己面对一个女人也有——自私的——自尊心。他要让无限来左右生命有限的凡人们,结果就是:他出现在他们中间,非但没有让他们接近快乐,反而扩大了他们的悲伤痛苦。所以说,《白痴》讲述了一个悲剧性的故事。由此可以下结论,只有当美自这个世界中喷发而出,而不是自外部强加而来,才是唯有美能拯救世界。

小说的最后场景给人留下了难忘的记忆。罗戈金尼刚刚刺透了娜斯塔西娅·费里波夫娜的心脏,梅什金就在她阴暗的住处找到了他,他见到了她的尸体。两个男人肩并肩躺在床脚下,床上躺着已死去的女人。在那里,他们听到她的魂灵逝去。罗戈金尼整夜在说胡话,公爵抚摸着他的头让他安静下来。他们早上将要被带走。罗戈金尼将被带往监狱,然后去服刑;梅什金将被带往精神病院再也不会出来。通过这个场景,陀斯妥耶夫

---

① 《全集》,第二十卷,第172页。

斯基似乎要提醒所有试图体现善、爱和美的人们:仅仅有良好的意愿是不够的,它们甚至可能有引向灾难的危险。难道这个场景没有宣告王尔德的堕落、里尔克的抑郁、茨维塔耶娃的自杀吗?

目前的考虑

概述

1789—1848:正是尘世"绝对"的两大形式确立的年代。一种是集体性的,一种是个体性的。然而,所谓"唯美"的个性道路的推动者们紧紧关注着他们国家的政治命运,他们认为艺术对于好公民的教育必不可少(席勒),艺术应该占据宗教的社会地位(首批浪漫派),艺术注定要变成一切人类活动中的楷模(瓦格纳)。换句话说,在他们看来,两种形式是相连的,但都是在美的监护之下,因而是在个性的监护之下。

1848—1915:席卷欧洲各国的革命失败反而引起了两条道路的分道扬镳。对于波德莱尔来说,希望看到艺术影响世界属于幻想;而马克思,不关心个人的美学教育。他们俩傲慢地互相不知道对方。尽管如此,他们俩谁也不想去放弃"绝对",王尔德、里尔克、茨维塔耶娃也名列这个范围之内。

1915—1945:两种形式以两种非常不同的方式又重新相互作用。第一次世界大战之后,不管是在俄国、德国还是在意大利,先锋艺术家们想要将他们的创造性行动范围扩展覆盖整个生活;他们的代表人物自命为宣传鼓动者,一种真实艺术的制作者,建筑师。另一方面,在这三个国家掌握政权的独裁者们多少有意识地采取了自由狂放的艺术家态度来塑造一种"新人",一种"新社会",一种"新人民"。先锋艺术家们和极权头子们大部分时间都不自觉地分担了同一个革命计划。先锋派们的社会野心只是达到了极其混杂的结果;从独裁者们方面来说,效应是毁灭性的。在极权国家里,集体性的"绝对"压抑了一切维护个性"绝对"的哪怕一丁点的愿望。

在第二次世界大战结束,纳粹及法西斯主义国家消灭之后,在当代又发生了什么呢?起初,1945—1975年,保持甚至加强了另一个极权主义国家苏联的威望,延迟了思想意识上的蜕变。加入共产主义理想在西欧从来没有成为大多数人的愿望;不过,它还是具有很强的影响力,根据曝光程度不同,一方面是它的捍卫者如艺术家和知识分子,另一方面是年青的大学生。尽管1956年匈牙利事件和随后的1968年苏联入侵捷克斯洛伐克事件,使人们大失所望,还得等到1970年代中期才能看到"共产主义意识形态"在东欧影响的削弱——这种影响削弱直至十五年以后,才确认了"共产主义"在东欧和苏联的统治的最终崩溃。我们现在的状态也自那时候起:随着苏东社会主义阵营的解体,20世纪的首个也是最后一个政治大宗教消失,于是,大家对一条集体走向"绝对"的道路的信念也随之消失。

今天居住在欧洲国家的个人们是否向往另外一条道路呢?我在开头讲过:从前追求"绝对"的种种形式没有消失,它们改变了方向。在某个传统宗教框架内，追求天上的"绝对"总是存在着，但是，与其说它鼓吹牺牲个人幸福，将它贡献于一种严酷理想的祭坛上，不如说它将宗教作为一种扩大和丰富个人经验的工具。狂热地加入种族或宗教意义上的族群，不管它们是伊斯兰教的、犹太教的或者基督教的，这种加入从深层意义上说是出于自我肯定的需求。是的，我们看到这里那里的人们为了恢复人们所以为的将个人意愿置于集体意愿之下的宗教传统形式作着各种尝试。尽管如此，按一般的规则，在某种传统宗教框架中生活过的人们，触及"绝对"是出自于内心需要，而不是因为想符合于某种社会标准。就好像如果说今天那些相信某个政治性的或者人道性的计划的人仍为数众多的话，那么在他们自己看来，他们的参与只在追求公共的、非个人的目标和一种强烈的个人经验相重合的情况下才能自圆其说。追求集体型的尘世"绝对"在欧洲没有绝迹。人们仍继续为着各种各样的事业而奋斗。然而，完全忘我却是罕见的；不管明说与否，人们期待着这种种介入能大大促进个人的发展。

民主政体，是欧洲国家的政治制度。它并不给公民们提供共同的处方来完善内心，它让每一个人为自己负责。它的居民们一般都很依恋他们生活其中的政治秩序，但是，他们并不把它作为一种"绝对"，并不把他们的生命意义寄托于其中。这样的国家为他们提供自由导向生活经验的必要条件，但并不是充分条件。普遍选举，言论自由，社会安全，针对失业的各种措施，都不被看作是"绝对"的一种表现，即使最最抓住这些问题不放的人们也不如此看。意识到要遵循公正的法律不足以使生活美好并富有意义,也不比意识到要丰衣足食才能实现这一点更强:贫乏创造不出充实完美来。民主国家不是"绝对"的一种化身。它是一种相对的、可以改进完善的秩序而不是一种拯救的允诺。我们要求它守护我们的安全,保护我们不受人生反复无常的困扰,不要求它告诉我们怎样活着。相反,我们越来越多地要求国家让我们能够越来越多地独立自主!

在欧洲,20世纪上半叶被一些宏大诱人同时又很具威胁性的计划所左右,某些明智有头脑的人们,以需要捍卫某些不可触犯的道德伦理原则来反对这些计划。最近,另一种冲突取代了这种政治与道德伦理之间的冲突。这另一种冲突,即使没有总用这些提法,也已经潜伏了好几个世纪,它越来越成为现时的。它将政治和道德伦理放在一起作为一边,因为它们总是参照某一种共同的框架;另一边,是一条个性的道路,在这道路上,个人追求一种适合他的生活艺术。这种追求到达何种前景呢?

对欧洲大陆的一大部分人来说,不用说世界其他地方的人了,他们首先关心的是"提供他自己的需要"(但是这种表达法不是有欺骗性吗?言下之意,所谓的需要只是物质性的,而不是其他)。权力的欲望,性的诱惑,需要得到周围人的承认仍是行为的巨大驱动力。将职业生涯中的成功,生意上或者体育上的出色成绩、赚钱或者出名,放在其等级观之顶端的人是非常多的。这样的动机没有什么特别。然而,新鲜的是它们不再听命于首先由宗教训条或者政治制度施加的压力以及社会标准或强制性的思想形成的框框,所有对个人行为的要求就是个人行为,不能越过法规的限制。与这种框框的缺失相适应的是物质上或者文化上的各种消费形式日益强大的增长,同样,充实每个人空余时间的无数的消遣方式层出不穷,人们可以千方百计尝受各种愉悦。然而,设想一下,即使这些活动达到了它们的目的,却没有带来预期的满足感。"尽情地享受"是我们当代人难以实施的口号。这场持久的赛跑没有让我们满足,却产生了被剥夺感和空虚感,就像吉尔·利波维斯基(Gilles Lipovetsky)所注意到的:"越多地得到物质上的满足,越多地想去旅游、玩耍、活得更久,然而,这一切并没给我们打开生活快乐的大门。"①

某些人急于要在这种空虚中看到那些集体的、宗教的、政治的信念不可避免崩溃的结果;那就是个性自由(个性主义,individualism)的真实面孔,厚颜无耻和歇斯底里消费的混合。是否注定要有这种空乏贫瘠和过度丰足的交替呢?是否注定要在与"绝对"决裂和屈居于外界强加的"绝对"之下之间作出抉择呢?我们时代的女人们和男人们似乎并不相信这些东西。他们不放弃外界公共舆论对他们的认可,他们内心如果不是说(比过去)更多地,也是同样地关心生活质量的提高和完善。他们不完全相信公众的判断,不大寄希望于最后审判的结果,他们是在一种和自身的无声对话中寻找认同他们自己的悟识的——同时,要

---

① 利波维斯基,《超级消费社会》(La société d'hyperconsommation),收入《辩论》(Le Débat),第 124 期,2003 年 3—4 月,第 98 页。

求这种悟识不完全专属于他们,而是要成为人类的普遍属性。

其实他们看到了他们并不想放弃的许多行为,他们的这些行为并不出自于消费逻辑,也不出自于认知逻辑,不能用追求即时享乐或者急功近利来解释它们。和他人的交往是他们行为的中心,其中最高的形式是爱,有情人的相爱,也有父母对子女的爱(反之亦然),朋友之间或者亲人之间的爱。要和所爱的人在一起不是为了生涯升迁,也不是为了更好消遣,而是享受此人的存在。另外,有一种活动也跳出了实用的逻辑,是源自于我们的精神思想直面周围环境的求知欲和创造欲。冲动引导我们更好地理解自然、文化,这种冲动以科学探索为基础,也以千百个日常活动为基础,它和消费行为不可同日而语,——与另外一种需求更不可同日而语,在艺术活动中创造达到极致。但是,艺术活动又为大家所熟悉。致力于内心完美和个人完善,进而成为多少有那么一点明智豁达的人,这种工作最终属于上述的整体工作。

这些不同活动的共同点是具有双重意义,它们并不带来明显可见的好处。即使个人希望他作为学者的努力,或作为艺术家受到的磨难,能让他赢得当代人的尊敬,也并不是他走这条路的理由。同时,如果说这些活动为他带来了更强烈的满足感的话,那恰是因为它们给他一种印象,以为自己和某种具有普遍性的东西建立起了联系:真、善、美、爱,他个人意志以外的那种东西。在此,我们触及到了既完全自由地获得又独立于各个主体意志的个体性"绝对"的悖论。一种个体性"绝对"的观念本身当然是个悬而未决的问题:如果每个个人断然决定在他生活中将成为"绝对"的东西,那么,人们不就会被带到本以为流逝了的"相对主义"了吗?问题肯定是有的,但并不是不可解决:这从来不是一种独断的选择。我们每个人都会去发现其本人身上的勃勃生气,每个人都会去发现任由他暴露于光天化日下能和其他人交流的东西。悖论并不意味着不存在,正是这种个体性"绝对"的在场让我们再次感到我们称之为"美好的"或者"富有意义的"生命和只是饰有"成功"或者"受到逢迎"的生命之间的差别。

大家都知道这些举动和这些态度谋求的完美感,但是,我们的世界缺乏集体性的、宗教性的、伦理道德性的或者政治性的方位标,我们不会去想到这一点,以至于有时候我们怀疑它本身的存在。必要时,在美和完美人性的氛围下,我们会将关于"永恒"的艺术和"绝对"的诗歌,心醉神迷和极致,无限大和永恒美等滔滔不绝雄辩的句子连在一起。但是,我们不愿意用这些来谈我们本身的人生存在。我们生活在21世纪,我们要面对一些人类在过去没有解决的困难,我们要被带到战场之外去走走。我们经常游荡不定,并不奇怪;我们的寻觅是理所当然的。

人们需要保障他们的物质生活,得到社会认同,享受生活的乐趣,然而他们也需要在人生中不那么有意识地,但又不那么迫切地为"绝对"探求一个位子。自从人们开始下葬逝者及至今日,始终如此,包括当他们似乎完全被疯狂消费或者渴望成功消耗殆尽的时候。因为,与通常的传言正相反,"一切都是相对的",这种提法并非是对的。

最美好的生活

唯美主义和摩尼教义在基督教范围之内或之外一样地对欧洲思想影响很大,因为,从18世纪末起,浪漫派和革命者们从它们那里借用了好几种公设。不过,并不仅仅是这些传统对思想家们发生影响。在整个历史进程中同样存在着敌视它们的各种思潮,它们让人们更好地明白在日常共同生活中如何走向完美。现在可以哪怕只用几句话提及其他那些传统,它们培养起了另一种不同的和"绝对"一起生活的方式。

我们首先来回想一下,即使基督教义中浸透了二元论传统,它仍旧与二元论争斗不休,最终战胜了它。既是人又是神的耶稣这个人物本身,与摩尼教势不两立;如果说这个教派或者其他类似的教派不仅撞上了基督的训示中的这个那个元素成分,还撞上了它的神性本身,那不是偶然的。之后,基督教内部各种不同思潮,在断裂和延续之间继续着冲突。

我们同样要提到远东的某些传统,同样也拒绝摩尼教的各种表现形式——尽管是以与基督教不同的方式。令人想起在那里丰富了日常生活的所有平淡无奇的艺术:侍花弄草照料花园,扎一束花,布置摆设,拼接布块,包装一盒礼品,或者喝茶品茗等。谷崎润一郎(Junishiro Tanizaki)在他的评论——带着半明半暗的赞扬——中提到,至少在理论上,古代日本人寻求一切事物诗意化,与其说他们要取消或者抹掉某个污迹,不如说他们要将它变成美的组成部分。他举出了许多可能将常见的东西变得优美的例子,从修整消遣场所到选择某一景点来观赏满月。他在日本传统和欧洲传统的某种反差对比中找到了这种态度的解释:"因为我们这些东方人,我们总是顺应强加给我们的限制,无论何时,人们都满足于现时的生存处境。"因而更喜欢揭示隐藏于事物内在的美,而不是寻求彻底改变世界。西方人正相反,"总是伺机进取,始终跃跃欲试追求一种比现状更好的状态"。①

将自我描述为处于"一种混合生存处境"的蒙田(Montaigne)也属于那些思潮,他留下的行为信条如下:"培养风俗是我们首要的义务,而不是写书,不是打仗占地赢得胜利,而是我们行为的秩序和安宁。我们伟大光荣的杰作,是合时宜地生活。其他一切事情,攒钱,造房,至多只是附加和辅助的。"每个人都能以工匠或艺术家的方式来经营他的生活,以秩序替代混沌,这甚至是我们的义务,如果我们想要让包含在人类处境中的允诺得以完成的话,没有必要为此限制作家们或者国家政要们的行动。教训是双重的,(自由)王国在我们心中,而不是在我们身外;在(自由)王国和非(自由)王国之间并不截然断裂。第一个结论,让人与乌托邦主义(自由王国是存在的,但是为了征服它,必须进行战斗)和虚无主义(自由王国并不存在)都保持距离。第二个结论,教我们放弃摩尼教式或者浪漫派的幻想。蒙田可

---

① 谷崎润一郎,《阴翳礼赞》(*L'Éloge de l'ombre*),POF,1977 年,第 79—80 页。

以下结论道:"最美好的生活,依我看,是有秩序地置于人性的共同模式之列,既平淡无奇,又非荒诞不经。"①

与其诋毁尘世人生和诅咒我们被判定的物质性,还不如想办法让低俗和崇高、现实和理想、相对和绝对、通常和高尚之间的连续变得容易一些,因而也可以使得"无限"文明化(就如弗拉奥尔特所说)。与其看到在尘世生活和天国之间有一个不可逾越的深渊,还是从相信天国现时此在出发——仅就人们对它些许认知而言。选择不再是在理想主义和现实主义之间,而是在它们根本上的分离和毗连之间。浪漫派针对现实选择梦想,继而,一切都像是这个现实因为他们试图抵制它而惩罚了他们:继逃避之后轻易的满足,是痛苦地面对人们的苛求。另一个解决办法不是放弃梦想,而是承认它的地位。于是人们寻求一种更艰难、更强烈、更持久的酬劳,由日常的美给予的酬报,它让人在生活本身中去发现生活的意义。既不是为生活牺牲艺术(像王尔德最终所做的那样),也不是将生活供奉于艺术的祭坛之上(像里尔克所劝告的那样),也不是将做人和谋生存分开(像茨维塔耶娃所愿望的那样),而是要让共同的生活更美好。"绝对"或者无限,或者神圣等,与这些观念所提议的正相反,其本身不是一种"善"——完美的另一种称谓。因为生活是有终结的和相对的,这样将"善"置于生活之外,冒有拒绝接受人类处境的危险。

---

① 蒙田,《随笔集》(*Essais*),第三卷,13,阿尔莱阿出版社(Arléa),1992年,第 845—846 和 852 页。

作为不完美的人,非天使的人,我们不可能始终生活在心醉神迷之中,不可能只是陶醉于完美之中。苛求完美相当于自寻困扰将自己陷于困境——这就是茨维塔耶娃、里尔克、王尔德的命运。

如果要追求纯粹状态下体现出的"绝对",就会面对死亡,面对虚无:活着的人必定不完美,肯定会死的。这就解释了为何人爱好想象极端状态:这些极端状态是"绝对"的最可靠的标志。施爱人的牺牲——或者被爱之人的牺牲——证明了爱情的品质。而我们可以在我们的有限世界里认识完美。笛卡尔说过:"没有一个如此不完美的人能享有到完美的友谊。"[①]这种情感并不是取决于客体的品质,而是取决于主体的爱好倾向。在父母与子女之间的爱中让我们感动的不是此和彼的品质,而是促使此向彼或者彼向此的冲动的品质。一切爱都如同此理。"绝对"并不在那里,它在我们之外,等待着有人去把它摘下,它每时每刻都可以被制造出来:一次偶遇变成了一种生活的必然。但是,它同样也可以一掠而过。我们触及的"绝对"从品质上和"相对"没有什么不同,它只是从状态上比"相对"更紧密,更纯化。让诺斯替教派和摩尼教派很厌恶的混杂说出了人类处境的真谛:与其说它(混杂)是不幸,不如说它是完美欲望必定的出发点。同时,混杂将我们带到此时此地。我们不能只满足于抽象

---

① 勒内·笛卡尔,《灵魂的激情》(Les Passions de l'âme),83,《作品和通信》(Œuvres et lettres),伽利玛出版社,1953年。

地爱一个孩子,还必须喂养他,呵护他,照看他,和他说话。

对于艺术也同样如此。即使有时在艺术媒介和构成日常生活的物质之间,如在音乐中,有了断裂,创作才干对于平常人也仍不陌生,语言表达艺术并不为写书的作者们仅有……浪漫派们想要恢复生活和艺术之间的一种截然对立,拒绝在艺术中看到一种只是更集中了的生活形式,不愿意接受艺术不是生活的负面,而是表现生活的某种形式,是生活的一种净化形式这样一种观点。发现,总是暂时地发现生活的意义。然而,是的,既具有独特性又具有普遍性的艺术作品仍然是雄辩的完美形象。艺术透露了人的内心存在,最具破坏性的艺术同样也承载着形式和意义,它的附加优点——广义上的艺术的附加优点,包括叙事、形象、节奏——可以与所有事物和人交谈,不知不觉地激发每个人向世界之美敞开心扉。它的启示不是僵化的宗教或者哲学的教条,它与其说是强加于人不如说是建议于人,因而,它也尊重每个人的自由。人是物质性的,人在物质中生活;科学教会他们认识物质、改变物质的技术。但是,他们也生活在他们的表现之中,他们自己的表现,人类的表现,他们需要改变这些表现更甚于需要认识这些表现。为了做这件事,艺术是一个好伙伴。在艺术和技术之间,不是选择的问题,没有必要留下一个完全排斥另一个,两者对于我们都是必需的。

在个人生活中追求完美并不意味着声明一切日常的生存过日子都是无可救药地平庸,要发明另一种生存状态来替代;而是说要学会从内在来使它发光放彩,要学会使它更加明亮又充实紧凑。那些接受浪漫派学说的人们知道在他们日常生活中过"绝对"的生活,但是他们不知道把这种生活经验结合进他们的学说中去。我们的履险者们,经常不自觉地体现了这种教训。特别是在他们的通信中,成功的交互作用找到了它的位子,这就让我们能够在很久以后读到他们的通信,同时也赞扬他们的人格和文字。《深渊书简》是王尔德写下的最动人的作品之一。里尔克和露·安德烈亚斯-莎乐美的通信,他给"年青诗人"的信,或者给本芙努塔和梅琳的情书都是他最美丽的篇章中的组成部分。分散在茨维塔耶娃的通信和笔记本中的她的自传式的忏悔录都堪与她最灿烂的诗篇媲美。在他们这些既属于日复一日的生活又属于作品的通信中,这些作者们和其他浪漫派信徒们一样都体现出一种他们在其他时候没有认识到的美,实践了一种连续性而不是他们所主张的断裂。

对美的要求不足以全面安排人生。只有如陀斯妥耶夫斯基做的那样,以"美"来指称普遍性的爱,推广美的意义,才能普及美。但是,我们是否赢得了许多人都来实践这种对美的推广呢?陀斯妥耶夫斯基刚刚设立了他的原则,他本人就不得不面临区分美—爱与美—疯狂的困境。更有甚者,他是否必须将"绝对"单一地降格为爱呢?他的箴言的其他提法也将重新阐释我是否应该按我的意图重新来提它。因为这不是它所涉及到的外部世界:陀斯妥耶夫斯基期待于美的行动只与人有关,而不与无生命的物质和国家有关。(美)"将拯救"的提法也不准确,因为它牵连到与我们现时处境断裂的一种真福的终极状态;而战胜混沌和邪恶既不会是决定性的,也不会是整体性的。与之相悖,拯救在于明白它并不在他方,而总是已经在此时此地。

探求"绝对"的历险者们付出了昂贵的代价,他们传递给我们的信息因而显得尤为珍贵。它首先在于有力地肯定了世界之美和生命之美,同时以他们的作品体现出来。如果说我们口头上不相信他们的话,那么我们可以以欣赏他们的文章来证实这一点。它们让我们瞥见他们达到的这些完美时刻的灿烂光辉。无论他们的经历如何悲惨,把他们带进悲剧性经历的冲动终究是美妙的,我们可以听凭它将我们带入其境界。如此确认达到完美的可能性,它们不是让我们退回到过去,从前的或者最近,退回到各种传统宗教或者政治乌托邦主义,而是给我们指出每个人都可以在一种个人探寻的范围里找到这条道路。最后,他们以各自痛苦的命运也告诉我们应该当心哪些陷阱:梦想和现实混淆不清,忘记了个人的社会属性、摩尼教义、唯美主义。接受了浪漫派积习的教训,我们可以在我们的公共生活和私生活中,在孤独或者爱情中找到意义和美。这就是我们该从过去带到将来的遗产。

这种完善内心的生活对每个人来说和什么东西相像呢?这该由每个人去发现:即使个人可以希望他周围其他人理解和赞同他的选择,集体回答的时代已经过去。但是已经可以说,为了达到这种美,或者达到这种明智,并不需要写作或阅读书籍,不需要绘画或者观看画作,他以前没有,现在也不会更需要祈祷上帝,跪拜偶像,建造理想国,和他的敌人打斗。人们可以在审视头上的满天繁星或者心中的道德伦理法则,发挥他的智慧力量或者全心全意对待他的亲人们,耕作他的园子或者建造一堵坚实的墙,准备晚餐或者和一个孩子玩耍的同时做到这点。

艾蒂·伊勒桑(Etty Hillesum),一个死于奥斯威辛的荷兰犹太女孩,曾写下震撼人心的文字,她把里尔克的诗和通信作为枕边书。她从中深受启发,以此来引导自己的生活方式,正如她在日记中所写:"里尔克肯定是过去一年中我崇拜的大师之一,每时每刻都让我行坚振礼。①"1942年10月17日,即被关进维斯特堡(Westerbork,她就是从那里被押往奥斯威辛的)前夕,在这天最后一页日记中,伊勒桑自问诗人(里尔克)在她的人生中所起的作用。她写道:"这是一位脆弱的男子,他在他寄居的城堡的四壁之内写下了大部分作品。如果他必得生活在我们今天经历的处境下,他也许抵御不住。但是如果在和平的时代,在有利的情况下,敏感性很强的艺术家们有余暇心无旁骛地去追寻最美好、最适合表述他们最深沉的直觉的形式,让那些生活在磨难更多、更加凶残的年代的人们,在一切精力被不幸所消耗的情况下,读了他们的作品能够得到些许安慰,让他们在书中找到一个现成的躲避战乱的避难所,躲避他们自己无法表达也无法解决的问题,难道这不是让人能缓一点点气的办法吗?"②在混乱

---

① 坚振礼,天主教和东正教七件圣事之一。即主教将右手覆于教徒头上,将圣油敷在其额上,同时口念经文,使教徒接受圣神恩宠,以坚定信仰。——译注
② 伊勒桑,《动荡一生》(*Une vie bouleversée*),瑟伊出版社,1985年,第210和229页。

不堪凶残的年代里,艺术是必需的。里尔克,还有王尔德、茨维塔耶娃,还有那么多其他作家帮助每个人更好地思考和引导他的人生。

佛罗伦萨科学院收藏了四座未完工的大理石雕像,是16世纪最初几十年中由米开朗基罗打的草坯,准备用于建造朱尔斯二世(Jules II)的墓地,后来被搁在了一边。人们称它们为《奴隶》(*Esclaves*)。由于合伙人中途变卦,这些雕像就不再受到欢迎,因而作品没有完工。因为事故,人像和矿物材料错综复杂地混杂在一起。然而,今天,我们情不自禁地要在这种具形和非具形的互相渗透中读出一种象征。什么的象征?有些人试图在其中看到一种奴性的表述,人屈居于物质之下的表述。对于我来说,当我看着这个正在苏醒的奴隶(*Esclave s'éveillant*),我接收到了完全另外的信息:逐渐发现一种形式和一种意义的信息,混沌中一种秩序喷发而出的信息。在这同一时刻,物质变成了美。

图书在版编目(CIP)数据

走向绝对:王尔德、里尔克、茨维塔耶娃/(法)茨维坦·托多罗夫著;
朱静译. --上海:华东师范大学出版社,2020
("轻与重"文丛)
ISBN 978-7-5760-0193-8

Ⅰ.①走… Ⅱ.①茨… ②朱… Ⅲ.①王尔德(Wilde,Oscar 1856—1900)—人物研究②里尔克(Rilke,Rainer Maria 1875—1926)—人物研究③茨维塔耶娃(Tsvetayeva,Marina 1892—1941)—人物研究 Ⅳ.①K835.615.6 ②K835.125.6

中国版本图书馆 CIP 数据核字(2020)第 041780 号

华东师范大学出版社六点分社
企划人 倪为国

LES AVENTURIERS DE L'ABSOLU
By Tzvetan Todorov
Copyright © 2006 Editions Robert Laffont / Susanna Lea Associates
Simplified Chinese Translation Copyright © 2014 by East China Normal University Press Ltd.
Published by arrangement with Editions Robert Laffont and Susanna Lea Associates through Garance Sun.
ALL RIGHTS RESERVED.
上海市版权局著作权合同登记 图字:09-2013-567 号

"轻与重"文丛

走向绝对:王尔德、里尔克、茨维塔耶娃(第 2 版)

主　　编	姜丹丹　何乏笔
著　　者	(法)茨维坦·托多罗夫
译　　者	朱　静
责任编辑	高建红
特约审读	卢育贞
责任校对	施美均
封面设计	姚　荣
出版发行	华东师范大学出版社
社　　址	上海市中山北路 3663 号　邮编　200062
网　　址	www.ecnupress.com.cn
电　　话	021-60821666　行政传真　021-62572105
客服电话	021-62865537　门市(邮购)电话　021-62869887
地　　址	上海市中山北路 3663 号华东师范大学校内先锋路口
网　　店	http://hdsdcbs.tmall.com
印 刷 者	上海盛隆印务有限公司
开　　本	787×1092　1/32
印　　张	10.75
字　　数	195 千字
版　　次	2020 年 6 月第 2 版
印　　次	2020 年 6 月第 1 次
书　　号	ISBN 978-7-5760-0193-8
定　　价	68.00 元
出 版 人	王　焰

(如发现本版图书有印订质量问题,请寄回本社客户服务中心调换或电话 021-62865537 联系)